ADIEU AU LAC MÈRE

YANG ERCHE NAMU
CHRISTINE MATHIEU

ADIEU AU LAC MÈRE

Traduit et adapté de l'anglais
par Christine Mathieu

Ouvrage traduit avec le concours
du Centre national du livre

calmann-lévy

En quatrième de couverture :
photographie de Namu © Hou Hang

Titre original :
LEAVING MOTHER LAKE

Première publication :
Little, Brown and Company, (Inc.)
New York, 2002

ISBN 2-7021-3548-X

À nos mères.

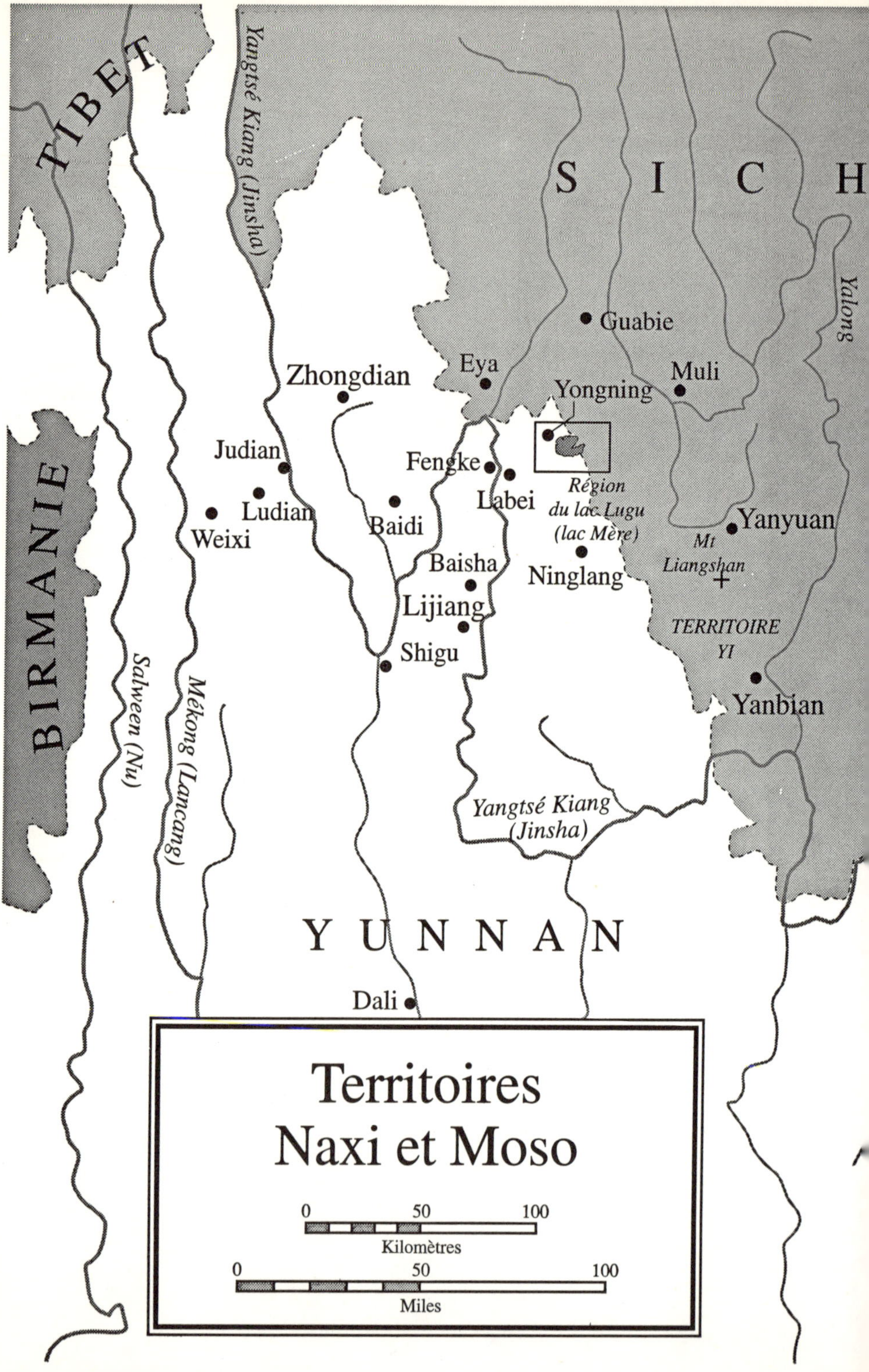
TIBET
BIRMANIE
SICH
Yangtsé Kiang (Jinsha)
Salween (Nu)
Mékong (Lancang)
Yalong
Guabie
Eya
Zhongdian
Muli
Yongning
Judian
Fengke
Labei
Région du lac Lugu (lac Mère)
Ludian
Weixi
Baidi
Yanyuan
Mt Liangshan
Baisha
Ninglang
Lijiang
Shigu
TERRITOIRE YI
Yanbian
Yangtsé Kiang (Jinsha)
YUNNAN
Dali
Territoires Naxi et Moso
0
50
100
Kilomètres
0
50
100
Miles

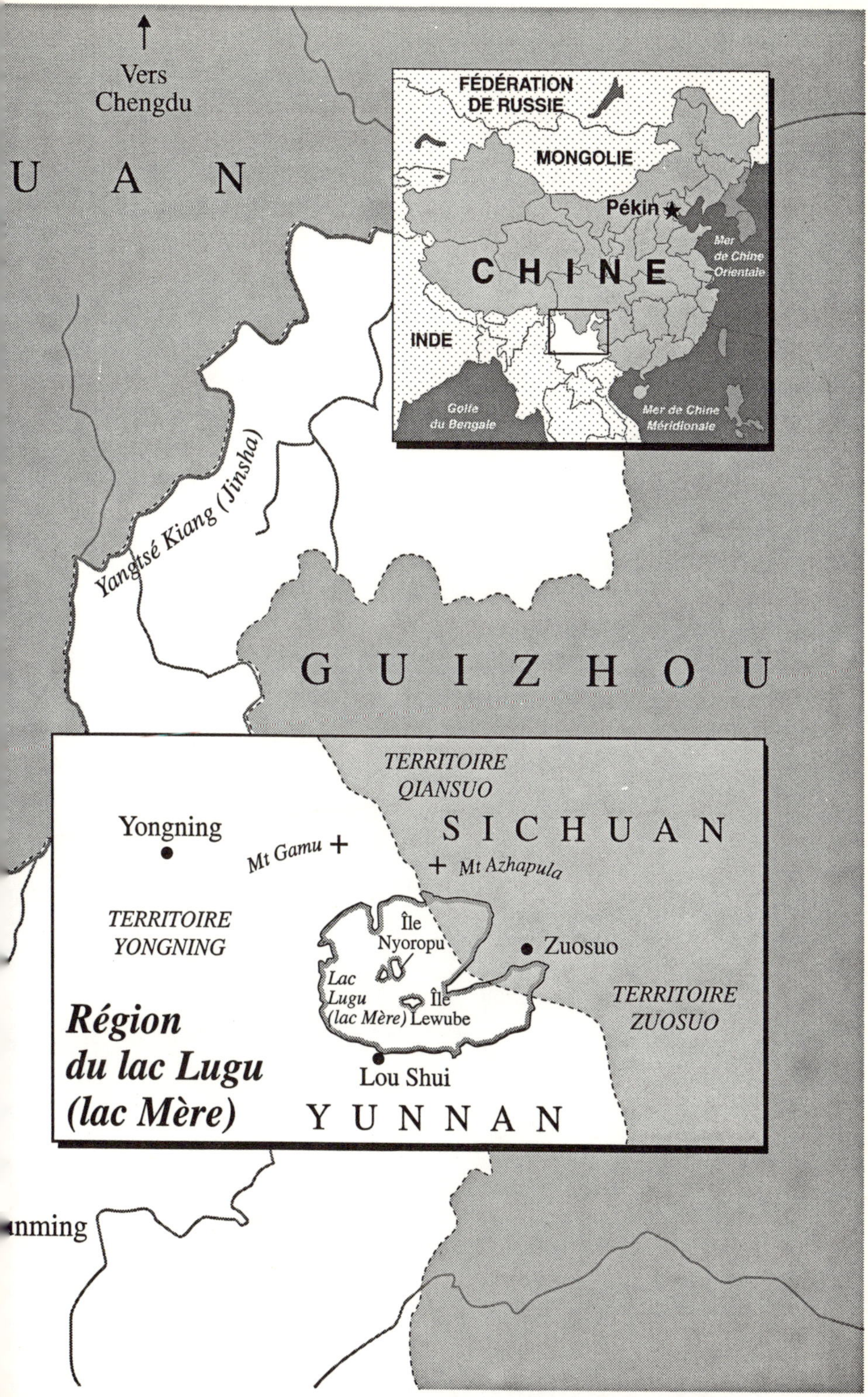

Région du lac Lugu (lac Mère)

Assez de larmes pour toute une vie

Ma mère a tout oublié de ma naissance. Elle a oublié l'année, le mois, le jour. Tout ce dont elle se souvient, c'est que je pleurais trop.

– Toi, du moment où tu es née, tu nous as causé des ennuis.

Alors, j'insiste :

– Ami, essaye un peu.

Ma mère boit une petite gorgée de thé au beurre et elle me répond :

– Demande à Dujema, elle était là aussi.

Dujema, c'est notre voisine. C'est aussi la meilleure amie de ma mère. Elles passent beaucoup de temps ensemble à travailler et à chanter pour se remonter le moral, et quand elles rentrent des champs, elles s'asseyent de chaque côté de l'âtre, elles boivent du thé, et elles parlent. D'habitude elles parlent du temps ou des récoltes, et tout aussi souvent elles parlent des hommes. Dujema est grande, forte, très belle et elle a de nombreux amants. Quand ma mère et Dujema parlent des hommes, elles rient ou elles pleurent. Ou bien elles font les deux en même temps.

En ce moment, Dujema rit et, dans la lumière du feu, son beau visage hâlé luit comme de l'ambre poli.

Je me glisse sur les genoux à ses côtés et je m'assois tout près d'elle :

– Alors, raconte-moi, Ami Dujema. Comment c'était quand je suis née ? Tu te rappelles ?

– Ça oui, je me rappelle.

Je me blottis sous son bras et elle me raconte.

C'était pendant l'année du Cheval, au début de l'hiver. Les montagnes étaient déjà toutes blanches, mais ma mère ne ressentait pas le froid, et elle n'entendait pas le silence qui s'étendait sur les champs couverts de neige. Elle n'entendait pas non plus les gloussements de mes sœurs qui se chamaillaient de l'autre côté du feu. Ma mère ne pensait qu'à une seule chose : au petit garçon dans son ventre qui refusait obstinément de sortir.

Dujema était à genoux sur la natte de paille qu'on avait posée à même le sol, près du feu, où ma mère était couchée. Elle essuyait les larmes qui coulaient sur ses joues, et lissait son front. Elle glissait ses mains sur le ventre tendu pour s'assurer que le bébé était bien dans la bonne position. Quand la douleur devenait insupportable, elle lui mettait un épi de maïs séché entre les dents et lui disait de le mordre. Quand, enfin, ma mère se calmait, Dujema rajoutait du bois dans le feu et elle fixait d'un regard anxieux les flammes longues et vives, et la même pensée inquiétante lui revenait : c'est son troisième enfant. Ça devrait être plus facile. Quand ma mère d'un coup recracha l'épi de maïs et qu'elle serra son ventre de ses mains tremblantes, Dujema lui dit :

– Latso, tu sais bien que les garçons, ça fait toujours plus mal. Celui-là doit être un très, très gros garçon.

Ma mère ferma les yeux et retint ses larmes.

– Ah ! oui, un garçon. Ça en vaut la peine.

Elle répéta :

– Ça en vaut la peine.

Cela dura ainsi toute la journée et toute la nuit.

Le lendemain matin, peu de temps après que le coq eut

appelé le lever du soleil, Ama poussa un grognement très fort, et elle poussa encore, et encore une fois, et Dujema s'écria :

– Ça y est, Latso ! Je vois la tête !

Et, enfin soulagée, elle éclata de rire.

– C'est une grosse tête. Une grosse tête de garçon !

Elle me tira, moi qui pleurais et me démenais déjà, dans le faisceau de lumière qui filtrait par l'ouverture du toit au-dessus de l'âtre.

– Il va bien ? demanda Ama avec une certaine angoisse.

Elle essaya de se relever sur ses coudes pour me voir, mais elle était beaucoup trop faible et elle retomba sur la natte. Elle ferma les yeux et laissa Dujema m'examiner d'un peu plus près dans la chaude lueur du feu de bois.

– Oui, le bébé va bien, répondit Dujema en me recouvrant d'une petite couverture et en se retournant pour faire signe à mes sœurs de se taire et d'arrêter de se bousculer.

Les grognements de ma mère les avaient réveillées et elles avaient sauté du lit pour s'empresser de voir leur petit frère.

Dujema rassembla ses jupons et se redressa, les genoux grinçants et douloureux de toutes ces heures passées accroupie à côté de ma mère. Elle fit claquer sa langue avec impatience et ordonna à ma sœur aînée de se dépêcher de trouver les ciseaux dans le panier à couture. Puis, elle retira du feu un morceau de bois brûlant avec lequel elle alluma les branches de genévrier qu'elle avait préparées dans le gros pot en fer, deux jours plus tôt.

Le genévrier crépita. Une fumée épaisse et parfumée se répandit lentement dans notre maison, et s'éleva vers le trou dans le toit, par où elle s'échappa pour rendre hommage aux dieux du Ciel. Tandis que la fumée purifiait ainsi notre maison jusque dans les derniers recoins, Dujema versait des grandes louches d'eau tiède dans notre bassine en émail bleu. Après un travail si long et si dur, il fallait me séparer de ma mère au plus vite. Dujema prit les ciseaux que ma sœur lui tendait. Elle les passa à travers la fumée de genévrier et elle coupa le cordon ombilical. Puis elle me plongea dans la bassine en émail.

– Tout est bien, tout est pour le mieux, tout nous est favorable, chantait Dujema par-dessus mes cris de nouveau-né. La maison est purifiée. Le bébé est en bonne santé. L'eau est pure. Tout est harmonieux.

Quand elle m'eut lavée et séchée, Dujema oignit mon front d'un petit bout de beurre de yack. Elle posa une couche entre mes jambes et, suivant la tradition, elle m'emmaillota d'un carré de coton qu'elle entoura d'une petite ceinture de fils rouge et verte dont elle fit un nœud sur mon petit ventre.

Elle me tendit à ma mère qui somnolait sur la natte.

– C'est une fille, Latso.

Ma mère ouvrit les yeux.

– Une fille ?

Peut-être avait-elle mal compris.

Dujema regarda ma petite figure toute ridée et elle sourit à travers mes pleurs.

– Eh oui ! C'est une petite fille !

Alors mes sœurs recommencèrent à glousser.

– Oui ! Oui ! C'est une fille ! répétèrent-elles à leur tour. C'est une grosse fille. Une grosse fille avec une grosse tête !

Et maintenant, moi aussi, je trouve ça drôle ; je ris en cachant ma figure dans la jupe de Dujema et je lui demande :

– Alors dis-moi pourquoi ça lui a fait si mal à ma Ama d'avoir une fille ?

Dujema rit à son tour.

– Eh bien, peut-être que tu ne voulais pas sortir parce que tu ne voulais pas la décevoir !

Ma mère rit. Avec sa manche, elle essuie le visage du petit Howei, qui avale goulûment son lait, et prend une autre gorgée de thé au beurre.

Le chagrin que ma mère éprouva à ma naissance était assez inhabituel. Car nous, les Moso, nous aurions plutôt tendance à préférer les filles – c'est pour cela d'ailleurs que les Chinois appellent notre pays le Pays des filles. Chez nous, ce sont les femmes, et non pas les hommes, qui transmettent la maison familiale et dirigent les familles. Mais une famille a besoin de fils et pas seulement de filles. Ce sont les hommes qui gardent les troupeaux dans les montagnes, les hommes qui partent à cheval avec les caravanes pour faire du commerce dans les contrées lointaines. Et ce sont les hommes qui font le long voyage jusqu'à Lhassa pour étudier les saintes écritures bouddhiques et se faire lamas. Sans nos lamas, nous ne pourrions pas nommer les enfants, ni envoyer les âmes des défunts vers le prochain cycle de leur vie.

Il n'y avait pas d'hommes dans notre famille. Chez nous, il n'y avait ni oncles, ni frères, ni fils. Mais il n'y avait pas non plus de grands-mères ou de tantes. En fait, nous n'avions aucune famille aux alentours. Notre famille à nous ne ressemblait en rien aux autres familles du village, et tout cela parce que, des années auparavant, ma mère avait rompu avec la tradition moso.

La tradition nous enseigne que les membres d'une même famille ne devraient jamais se séparer. Les filles et les fils doivent rester toute leur vie avec leur mère et avec leurs parents maternels. Dans une famille idéale, les gens meurent dans la maison où ils sont nés, la maison de leur mère et de leur grand-mère. Mais justement, quand ma Ama était très jeune et très belle, elle a quitté la maison de sa grand-mère. Elle était curieuse et exigeante et elle voulait voir le monde, le monde merveilleux que ses oncles parcouraient à cheval avec les caravanes. Elle ne voyagea pas très loin. Après seulement deux jours de marche, elle s'arrêta de l'autre côté de la montagne, dans la vallée de Zuosuo, où elle donna son cœur à un beau jeune homme et abandonna les rêves qui l'avaient appelée de par-delà les montagnes. Quand son ventre fut rond comme la pleine lune, elle décida de faire construire une maison et d'élever sa propre famille près du village de son amant.

Ma sœur aînée Zhema vint au monde quelque temps après que notre maison fut construite. Et quand Zhema eut fait ses premiers pas, ma mère se remit à chanter les chansons courtoises avec un autre beau jeune homme, et plusieurs mois plus tard elle donna naissance à une autre fille : Dujelema. Après cela, elle tomba amoureuse d'un autre homme. Il s'appelait Zhemi et il venait de Qiansuo où vivait ma grand-mère. Il passait souvent par Zuosuo quand il se rendait au Tibet avec les caravanes. Zhemi était grand et il avait les mains fines et belles. Ma mère se plaisait à raconter à notre voisine Dujema qu'elle s'était éprise de Zhemi à cause de ses mains.

Zhemi est mon père.

Les familles moso vivent ainsi. Les femmes et les hommes ne doivent pas se marier, car l'amour est comme les saisons, il vient et il passe. Une femme peut très bien avoir plusieurs amants durant sa vie et elle peut bien sûr avoir plusieurs enfants, mais chaque enfant aura peut-être un père différent, et aucun des pères ne vivra avec ses enfants. Les enfants sont élevés dans la maison de leur mère et ils prennent le nom de famille de leurs ancêtres maternels. Ils grandissent avec leurs cousines et leurs cousins – c'est-à-dire avec les enfants de leurs tantes maternelles. Les seuls hommes qui vivent dans la maison sont les frères et les oncles des femmes. Au lieu d'avoir un seul père, les enfants ont plusieurs oncles qui s'occupent d'eux. Dans un sens, nous avons aussi plusieurs mères parce que nous appelons nos tantes *azhi Ami*, ce qui veut dire « petite mère ».

Quand je vins au monde, mon père vivait dans la maison de sa mère, à Qiansuo, et comme nous n'avions ni oncles ni tantes, il n'y avait personne à la maison pour aider ma mère

– pas de sœur pour fendre le bois ou préparer à dîner, et pas de frère pour bercer le nouveau-né. Dujema nourrit ma mère d'œufs, de potage au poulet et de gruau de maïs, ce qui constitue la diète traditionnelle des femmes en couches, et quand ma Ama fut assez forte pour se tenir debout, on m'attacha sur son dos, et avec mes deux sœurs accrochées à ses jupes elle m'emporta partout où elle allait tandis qu'elle faisait la cuisine ou le ménage ou qu'elle s'occupait des poules et des cochons.

Je devins très vite un fardeau.

Du moment où je vins au monde, je pleurai. Je pleurai toute la journée et toute la nuit, et je pleurai pendant des semaines, puis des mois. Personne ne comprenait pourquoi je n'arrêtais pas de pleurer. Pourtant ma mère avait tout essayé pour me consoler. Elle me chantait des berceuses. Elle me câlinait et me faisait sauter doucement sur son épaule. Elle me donnait le sein jusqu'à ce que j'eusse tété sa dernière goutte de lait.

Quand elle ne supportait plus de m'entendre crier, il lui arrivait de m'envelopper dans une peau de chevreau et de me placer sous le *kang*, cette plate-forme en bois sur laquelle la famille s'assied le soir autour du feu. Alors elle se couvrait les oreilles des deux mains, et elle s'enfuyait dans la cour pour s'en prendre aux cochons et aux poules. Et quand elle avait assez crié, elle faisait les cent pas jusqu'à ce qu'elle soit assez calme pour venir me rechercher sous le *kang*, où je pleurais toujours.

Une nuit où elle me laissa toute seule à pleurer sous le *kang*, je me tortillai si bien que je sortis les bras de la peau de chevreau. Fascinée par des morceaux de braise ardente qui étaient tombés à travers les fissures du plancher, j'étendis ma petite main, mes doigts se refermèrent sur un charbon rougeoyant, et je hurlai de toute la force de mes poumons de bébé. Ma Ama accourut, mais ma main était déjà horriblement brûlée. Aujourd'hui encore, quand ma mère regarde la cicatrice sur ma main droite, ses yeux se remplissent de larmes.

Après ma brûlure, Ama décida de chercher de l'aide. Elle découpa un petit coin de ma layette, s'en fut ramasser des branches de genévrier et partit consulter le vieux lama Ruhi.

Le saint homme chassa ses poules et ses porcelets, et ma Ama franchit le seuil de sa cour par le portail en bois. Une fois dans la cour, comme l'exige la coutume, elle se découvrit la tête respectueusement en déroulant son turban, long de plusieurs mètres, et elle fit trois *koutou*, en touchant à chaque fois de son front la terre froide. Quand elle se releva, elle remit de l'ordre dans sa longue jupe, ramassa son fagot qu'elle prit sous un bras tandis qu'elle mettait son turban sous l'autre, et elle suivit le lama dans une deuxième cour intérieure, close sur deux côtés par les chambres des femmes, avec, au fond, une petite chapelle. Le lama conduisit ma mère vers un grand encensoir en terre cuite à gauche de la chapelle, dans lequel elle entassa son genévrier. Le vieil homme y jeta une allumette.

Les branches crépitèrent, la fumée s'éleva par le tuyau de cheminée et s'enfuit vers le ciel.

Lama Ruhi contempla la fumée pendant un bon moment, après quoi il se décida à conduire ma Ama en haut des escaliers, et l'invita dans sa petite chapelle égayée par le parfum de genévrier et la lueur de petites flammes qui dansaient dans les lampes à beurre alignées sur l'autel. Ma mère s'inclina jusqu'au plancher, cette fois pour honorer les portraits des bouddhas accrochés au-dessus de l'autel et qui veillaient du haut du mur avec des regards bons et sereins. Après ces formalités, Lama Ruhi put enfin s'asseoir sur un large coussin rouge, tandis que ma mère s'agenouillait devant lui, à même le plancher, et qu'elle joignait les mains, les auriculaires pointant vers le ciel et les pouces vers son cœur.

– Oncle Lama, comment va votre santé ? lui demanda-t-elle. Comment vont les champs et les cultures ?

– Et comment se porte votre famille à Qiansuo ? répondit-il en souriant. Vous avez des nouvelles de votre mère ? Et de vos sœurs et frères ?

– Ah, je vous remercie, continua-t-elle, mais la caravane n'est pas encore arrivée et je n'ai pas les dernières nouvelles.

– Il y a eu de la grêle à Qiansuo cet été. Est-ce que votre famille a quand même fait une bonne récolte ?

– Merci, Ape, c'est très gentil de vous inquiéter pour nous. Mais tout le monde va bien. Et puis, je ne suis pas venue ici pour discuter de ma mère ou de mes sœurs et frères, ou des récoltes. Je suis venue vous voir parce que ma troisième fille n'arrête pas de pleurer. Il y a déjà assez de tapage avec les cochons, les poules et les vaches. Je ne dors plus, moi. Tenez, je suis tellement fatiguée que si elle continue comme ça, je vais perdre tous mes cheveux. Elle pleure tout le temps ! J'ai tout essayé, il n'y a rien à faire, elle n'arrête pas !

Ma mère dénoua ses mains et tira de sa ceinture le petit morceau de layette.

– Je vous en prie, mon oncle, aidez-moi !

Lama Ruhi s'inclina et prit le petit morceau d'étoffe qu'il approcha de son nez. Il renifla, ferma les yeux, et renifla à nouveau avec grand soin, et enfin il regarda ma mère et lui demanda :

– Quand est-elle née ?

Ama eut un moment d'hésitation :

– Au chant du coq.

– Ah oui, et elle est née sous quel signe ?

Ama fronça les sourcils.

– Eh bien, c'est l'année du Cheval, alors elle doit être cheval…

Le lama éclata de rire.

– Que voulez-vous dire, « elle doit être cheval » ? Vous ne savez donc pas quand votre fille est née ?

Ama baissa les yeux.

– Tout ce que je sais, c'est qu'il est grand temps qu'on lui donne un nom. Elle a peut-être deux mois. Vous savez, avec quatre bouches à nourrir et les cochons, les poules et les chevaux, et sans frères ou sœurs pour m'aider, je ne me souviens même pas de ma propre date de naissance !

Le vieux moine réprima un sourire. Il ferma les yeux et de sa voix basse et profonde entama un sutra. Quand il eut terminé, il posa un regard calme et plein de sagesse sur ma mère, et lui dit :

– Latso, un destin extraordinaire attend votre fille. Mais pour régler votre problème, vous devez avant tout lui trouver un nom favorable.

– Et comment puis-je lui trouver ce nom ? s'empressa de demander ma mère, à la fois soulagée d'entendre qu'il y avait une solution et impatiente de l'appliquer aussi vite que possible. Ape, vous ne pourriez pas lui donner ce nom ?

Lama Ruhi se fit grave.

– Au quinzième jour de ce mois, vous quitterez votre maison avant le chant du coq, vous emporterez ce bébé jusqu'au croisement au milieu du village, et vous attendrez là. Il vous faudra demander à la première personne qui passera de lui donner un nom. Après cela, elle arrêtera de pleurer.

Le quinze de ce même mois, Ama se leva très tôt, bien avant le chant du coq. Elle m'enveloppa chaudement et m'attacha sur son dos ; elle décrocha un sac de toile rempli de victuailles qu'elle prit en bandoulière et elle sortit. Au carrefour, elle étala la peau de chevreau à même la terre et m'y déposa, puis elle sortit ses offrandes qu'elle plaça soigneusement par terre en hommage aux dieux locaux – un bol de riz brun, une tranche de jambon et un poulet bouilli. Cependant, il faisait si froid qu'elle ne pouvait s'empêcher de penser qu'il faudrait quand même être un peu fou pour s'aventurer dehors par ce temps-là et, en plus, si longtemps avant le lever du soleil. Et que ferait-elle si personne n'arrivait ? Est-ce que le bébé pleurerait à jamais ? Que diraient les autres petites filles si elles se réveillaient toutes seules dans le noir ? Et si le bébé attrapait froid ?

Elle saisit son rosaire et obtint très vite un miracle. Car à peine avait-elle marmonné quelques *mantras* qu'une clochette de lama tintinnabula dans la pénombre voisine. Ama plissa les yeux vers la forme obscure qui longeait le chemin et approchait. Elle sourit. C'était le vieux moine bonpo, Lama Gatusa, qui marchait à petits pas, courbé sur sa canne en bois, les yeux fixés vers le sol. Il se rendait sans doute au lac chercher de l'eau pour les prières du matin.

– Oncle Lama ! Vous êtes si matinal ! fit-elle en lui présentant un *koutou.*

Le vieil homme regarda ma mère prosternée sur la route dure et froide, les offrandes et le bébé qui couinait sur la peau de chevreau.

– Qu'est-ce qu'il a, ce bébé ? demanda-t-il.

– Oncle Lama, répondit Ama en relevant son front, c'est ma troisième fille. Elle n'arrête pas de pleurer. Je suis allée consulter Lama Ruhi et il m'a dit qu'aujourd'hui serait un jour favorable pour lui trouver un nom. Il m'a conseillé de venir ici, au croisement, et d'attendre. Je ne me serais jamais doutée que la première personne à passer serait un saint homme. Ma fille a vraiment de la chance. Dites-moi, mon oncle, vous ne pourriez pas lui donner un nom ?

Lama Gatusa se courba davantage et, quelque peu tremblant, il avança sa vieille main vers ma mère pour l'inviter à se relever. Puis il fit un mouvement vers moi, mais changea d'avis et demanda à ma mère qu'elle me prenne dans ses bras pour pouvoir me regarder de plus près.

– Elle est jolie comme un rayon de lune, dit-il.

Sa vieille figure se plissa d'un sourire plein de bonté. Il posa une main sur mon ventre, me regarda longtemps, et se mit à chevroter une prière de sa voix basse et usée. Quand il eut fini, il dit tout simplement :

– Elle s'appelle Erche Namu.

Ama hocha la tête. Dans notre langue, *erche* veut dire trésor et *namu* signifie princesse. Et comme à ce moment même je ne dormais plus et ne pleurais pas, ma mère fut très impressionnée par les pouvoirs magiques que mon nom révélait déjà.

– Mon trésor de princesse ! répéta-t-elle doucement.

Quand le vieux lama reprit de son pas vacillant la direction du lac, Ama le suivit en me serrant dans ses bras, et en veillant à demeurer derrière lui.

Nous, les Moso, nous disons que très tôt le matin, avant que les oiseaux ne viennent y boire, les eaux du lac Lugu (que nous appelons aussi Xienami, le lac Mère) sont les plus pures, et c'est pour cela que les lamas viennent avant l'aube y puiser l'eau pour les prières. Quand Ama et le vieux lama Gatusa atteignirent enfin les rives du lac, la nuit était encore parfaitement calme, mais la lune pâlissait et l'aurore naissante éclairait déjà d'une faible lueur les cimes déchiquetées des montagnes noires et immenses. Nous étions arrivés juste à temps, parce que les oiseaux se lèvent avec le soleil.

Sur les conseils du lama, ma mère plongea sa main droite dans le lac et puisa juste assez d'eau pour me laver le visage. Puis elle me porta vers le ciel sous le regard approbateur de notre mère et déesse, la montagne Gamu.

Quant à moi, l'eau glacée m'avait si bien réveillée que je hurlai de toutes mes forces.

À vrai dire, mon nouveau nom, même un si beau nom, ne m'empêcha pas de pleurer. En dépit des prédictions du lama Ruhi, il semblait même que mes cris gagnaient en force au fil des jours, à mesure que mon corps se fortifiait grâce au lait de ma mère. Si bien qu'une rumeur se répandit dans les villages voisins et plus loin encore, selon laquelle ma mère aurait donné naissance à une fille qui aurait dû être un garçon et qui n'arrêtait pas de pleurer. Mes larmes devenaient légendaires.

Un jour d'été, Dujema nous rendit visite. Elle avait apporté des galettes d'orge, et désirait s'asseoir avec ma mère au coin du feu pour prendre le thé comme elles en avaient l'habitude. Et moi, comme d'habitude, je pleurais. Ma mère mit les galettes dans une assiette qu'elle plaça sur l'autel des ancêtres et elle alla chercher le beurre et le sel pour faire le thé, tandis que Dujema me prenait dans ses bras et qu'elle allait et venait dans la grande pièce en me chantonnant une berceuse et en me faisant sauter tout doucement sur son épaule.

Quand le thé fut prêt, Dujema s'assit près du feu, à la place réservée aux invités d'honneur. Ama prit sa place de l'autre côté, celui de la maîtresse de maison.

– Mais regardez-moi cette petite gueularde ! s'exclama Dujema en m'observant à la lueur du feu. Alors, petit cochon ! Petite patate ! Tu ne veux pas t'arrêter de pleurer un peu ?

Et elle m'offrit son sein. Comme je le pris volontiers, Dujema conclut :

– Tu vois, Latso, elle n'est pas si méchante que ça.

Et après une pause elle ajouta :

– Tu as de la chance quand même. Tu as trois filles. Moi, je n'ai que deux garçons.

Ma Ama ne dit rien. Elle psalmodia les incantations d'usage et versa avec calme quelques gouttes de thé sur l'âtre en l'honneur de Zabbala, le dieu du Feu. Puis elle versa deux bols de thé et, comme l'exige la coutume, elle offrit le premier à Dujema en le présentant poliment des deux mains. Ensuite, elle alla chercher l'assiette de galettes qu'elle plaça sur le plancher devant Dujema.

Dujema but une petite gorgée de thé et mordit dans sa galette, l'air préoccupé.

– Et si je n'ai pas de filles, qui me donnera des petits-enfants ? Voyons, tout le monde sait que la richesse d'une famille, c'est ses filles.

Ma Ama me regarda glouglouter au sein de Dujema et elle se demanda si le lait de son amie n'était pas plus doux que le sien. Mais elle resta silencieuse et fixa son regard sur le feu.

– Elle t'aime bien, dit-elle enfin.

Dujema hocha la tête.

– Je te la donne, dit ma mère.

Dujema sourit. Elle ne s'attendait pas à moins. Elle leva les yeux vers le visage fatigué de ma mère.

– Je te donnerai Tsili en échange. Il a déjà deux ans, et il n'est pas très difficile. Et puis tu sais ce que les gens disent, Latso : si nous échangeons nos enfants, la prochaine fois tu auras un garçon, pour sûr.

Ainsi, ma Ama et Dujema se mirent d'accord pour échanger leurs enfants – une fille contre un fils.

Malheureusement, je n'eus pas l'air d'apprécier ce marché, car aussitôt arrivée chez Dujema je me remis à pleurer. Et là, je pleurai tant et si fort que Dujema et le reste de sa famille passèrent la nuit entière debout en se bouchant les oreilles. Je pleurai si fort que ma mère raconte qu'elle aussi passa la nuit à écouter mes cris qui lui parvenaient à travers les murs de notre maison en bois.

Après quatorze nuits blanches, la mère de Dujema ordonna :

– Redonne-la à sa mère ! Si elle continue comme ça, la maison va nous dégringoler dessus !

Dujema me rendit à Ama et elle reprit Tsili.

Un an plus tard, une femme, qui venait d'un village voisin où elle avait entendu dire que ma mère s'affaiblissait d'élever une fille qui voulait être un garçon, vint nous rendre visite. Elle apportait du thé, du jambon, un poulet, des œufs et des galettes d'orge. Elle repartit avec moi.

Cela faisait des années que la pauvre femme voulait un enfant, mais elle ne me garda que deux jours. Le troisième jour, elle me ramena chez nous, les yeux rougis et gonflés par le manque de sommeil.

– Cette petite fille a un affreux caractère. Nous avons tout essayé. Il vaut mieux ne pas avoir d'enfants que d'avoir une fille qui n'arrête pas de pleurer.

Je me retrouvai avec ma Ama.

Les semaines passèrent, et les mois. Sur les rives du lac, les arbres prirent des couleurs de rouille. Les grues s'envolèrent par-dessus les montagnes. La neige recouvrit les cimes. Et puis, un jour, le coucou chanta dans la forêt et le printemps revint.

Un après-midi ensoleillé, une femme qui ressemblait beaucoup à ma mère apparut dans notre cour. Elle tenait un petit garçon par la main.

– C'est ta tante Yufang, dit ma Ama. Et lui, c'est ton cousin Ache. Ils viennent de chez Grand-Mère. Ils ont fait ce long chemin à pied juste pour te voir.

Quelques jours plus tard, ma tante Yufang chargeait son petit cheval de montagne, et ma mère m'enveloppait dans des habits chauds. Nous dîmes adieu à ma mère et à mon petit cousin Ache, et nous empruntâmes le chemin de montagne en direction de Qiansuo et de la maison de Grand-Mère. Mais aussitôt arrivée au dernier muret à la sortie du village, je me mis à tirer la tante Yufang par la main, et je refusai de marcher. Et quand la tante Yufang me souleva dans ses bras pour m'asseoir sur son petit cheval, je hurlai, je la griffai et je lui donnai des coups de pied. Nous n'avions pas fait plus de quelques kilomètres qu'elle abandonna son projet et nous reprîmes le chemin en sens inverse. Alors ma Ama me récupéra une nouvelle fois et elle échangea ma sœur aînée Dujelema pour Ache. Je devins celle dont on disait qu'elle avait été rendue trois fois.

Mais il est certain qu'il y eut un heureux hasard dans ce dernier échange. Car, quelques mois seulement après avoir envoyé Dujelema vivre avec la tante Yufang, ma mère mit au monde mon petit frère Howei – ce qui prouvait bien la justesse de notre tradition concernant les échanges d'enfants. Mais cela n'est pas tout. À partir du jour où mon frère adoptif Ache vint habiter avec nous, je le trouvai tout à fait fascinant et j'arrêtai de pleurer. C'était comme si, en l'espace d'une seule journée, j'avais été transformée en une enfant normale. Ou, du moins, c'est ce que tout le monde crut, parce qu'il se produisit bientôt une chose assez étrange : non seulement je m'arrêtai de pleurer, mais je ne pleurai plus jamais.

D'après Dujema, c'était parce que durant mes trois premières années j'avais pleuré les larmes de toute une vie.

Latso

Ma mère, Latso, grandit dans la région de Qiansuo, dans la maison de ses ancêtres maternels, une maison traditionnelle, en bois, avec trois cours intérieures, un jardin potager et un jardin de fleurs. Ma grand-mère aimait les fleurs. Elle aimait surtout les chrysanthèmes jaunes qu'on offre au temple bouddhique. Mais ma grand-mère cultivait toutes sortes de fleurs de toutes les couleurs, si bien qu'on voyait sa maison de très loin sur les chemins de montagne.

Chez elle, ma grand-mère était *dabu*, c'est-à-dire qu'elle était chef de famille. Comme symbole de son statut, elle portait la clé du grenier à sa ceinture et une certaine fierté sur son visage. C'était elle qui organisait et planifiait le travail, qui distribuait la nourriture et les autres choses nécessaires à la vie, et tout le monde dans la famille lui devait le respect et l'obéissance. Pour autant, il ne faudrait pas s'imaginer que ma grand-mère fût une matriarche exigeante. Dans les familles moso, les décisions sont toujours prises en consultation entre adultes, et les *dabu* ne règnent sur personne. Elles sont responsables de leur famille avant tout parce qu'elles sont sages. Ma grand-mère était *dabu* non pas parce qu'elle était l'aînée, et non pas seulement parce qu'elle était femme, mais parce qu'elle était, parmi ses frères et sœurs, la plus intelligente et la plus capable. Ses sœurs aussi prenaient part au ménage et au travail des champs et elles étaient travailleuses et adroites, comme toutes les femmes moso. En fait, elles savaient tout faire : labourer les champs, fendre le bois, coudre les habits et dépecer la viande. Quant à leurs frères, ils faisaient ce que nos hommes ont toujours fait : ils aidaient dans les champs, ils construisaient des meubles et s'occupaient du commerce.

Mon premier grand-oncle voyageait à cheval avec les caravanes qui troquaient les produits locaux – le musc, les herbes médicinales cueillies dans les forêts et l'opium – contre le thé, le sel et les outils en métal. Quelquefois, les caravanes se rendaient au nord dans les villes de marché du Sichuan, d'autres fois les hommes chevauchaient au sud dans le Yunnan, jusqu'à Lijiang et même Dali, et puis ils voyageaient surtout à l'ouest, dans l'intérieur du Tibet. Il fallait alors compter près d'une semaine pour rejoindre la ville de Zhongdian, la première ville du Tibet oriental, et au moins quatre mois pour Lhassa. Si bien que les hommes étaient souvent partis une année entière.

Le frère cadet de ma grand-mère était vacher. Il passait tout son temps dans les montagnes où il menait nos yacks et ceux des autres villageois. Il rentrait une fois par mois pour livrer des mottes de beurre enveloppées dans des grandes feuilles vertes.

Quand la génération des aînés fut passée dans l'autre monde, comme le frère aîné faisait du commerce dans des régions lointaines et le frère cadet gardait les yacks dans la montagne, la famille se trouva pour ainsi dire réduite à ma grand-mère, ses deux sœurs et leurs enfants – qui n'étaient que les enfants de ma grand-mère car, bien que mes grand-tantes aient été très belles et qu'elles aient eu plusieurs amants, elles n'eurent jamais d'enfants. Mais aussi étrange que cela puisse paraître, cela n'est pas si rare dans les familles moso. Nous ne savons pas pourquoi, mais de nombreuses femmes moso ne peuvent concevoir d'enfants. Certains disent que c'est parce que nous vivons dans les montagnes, à haute altitude. D'autres racontent que souvent ce sont les plus belles femmes qui restent sans enfants. Quant à ma grand-mère, elle était au moins aussi belle que ses sœurs, mais elle eut cinq enfants : trois filles et deux garçons.

Suivant la coutume, ma grand-mère enseigna à ses filles le travail des champs et le ménage, et elle confia l'éducation de ses fils à ses frères. Quand son fils aîné eut atteint l'âge adulte, il rejoignit les caravanes qui suivaient la longue route du Tibet et laissa à son oncle et à son frère cadet les moyens parcours dans le Sichuan et le Yunnan. Quand son fils aîné partait en voyage, ma grand-mère comptait les mois, et puis les semaines et enfin les jours jusqu'au retour de la caravane. Lors d'un certain voyage, elle compta et elle attendit, mais elle ne vit ni les hommes ni les chevaux apparaître sur le chemin de montagne. Après plusieurs semaines, elle entendit dire que toute la caravane avait disparu sur la route de Lhassa. Ensuite, il courut une autre rumeur selon laquelle les hommes auraient chevauché jusqu'en Inde. Quoi qu'il en fût, ils ne revinrent jamais.

Pendant des années, lorsqu'elle avait terminé sa journée de travail, ma grand-mère sortait de sa maison sans dire un mot, et elle s'engageait sur le même chemin qu'avait pris son fils. Elle marchait jusqu'au tournant où, si on se retourne, les maisons accrochées au pan de la colline disparaissent soudain de la vue. Arrivée là, elle s'asseyait sur une grosse pierre, et elle écoutait, dans l'espoir d'entendre les cloches des chevaux. Elle regardait en direction de Lhassa, fixant son regard sur la bande de ciel étroite juste au-dessus des cimes des montagnes. Et elle restait longtemps comme ça le regard fixe, mais personne n'arrivait. En vieillissant, ma grand-mère devint aveugle et les gens dirent que c'était à force de regarder dans le ciel vide, à attendre son fils.

Quelques mois après la disparition de son fils aîné, ma grand-mère dit à ses frères :

– La caravane m'a pris un fils. Ça suffit.

Alors son fils cadet arrêta de voyager et il alla garder les yacks dans les montagnes avec son deuxième oncle.

Ma mère, Latso, était la troisième fille de ma grand-mère et elle était sa préférée. Ma grand-mère croyait que ma Ama avait toutes les qualités nécessaires pour devenir *dabu* et pour lui succéder. Et justement, parce que sa mère nourrissait de tels espoirs pour elle, Ama raconte toujours que les troisièmes filles sont plus intelligentes que les autres enfants. Mais peut-être que les troisièmes filles sont aussi les plus difficiles, parce que ma grand-mère fut bien déçue par ma mère – en fait, comme ma mère allait l'être par moi.

Ma mère grandit sans jouets. Son seul trésor était un petit miroir avec un cadre de bois peint en rose que son oncle lui avait rapporté d'un de ses voyages à Lhassa. Dans sa jeunesse, elle passa beaucoup de temps à se contempler dans ce petit miroir, à se faire belle, et puis à rêver à l'été, quand les villageois se retrouveraient aux sources chaudes pour célébrer le festival de la déesse de la Montagne. Elle imaginait comment les jeunes hommes se bousculeraient pour lui offrir des ceintures multicolores en gage de leur amour. Et puis elle se voyait, la nuit, dansant sous les étoiles à la lumière des feux de bois, ses trophées noués autour de la taille, pirouetter dans la lueur des flammes dans un tourbillon de ceintures de toutes les couleurs, comme si elle traversait un arc-en-ciel enflammé.

Mais ma mère pouvait faire bien autre chose que rêver devant son miroir. Elle parlait la langue des tribus yi et un peu de tibétain, elle était travailleuse, bonne cuisinière, cavalière douée et elle tirait à l'arc aussi bien qu'un homme.

Ma tante Yufang se plaît à dire que ma Ama était à la fois femme et homme. Elle dit aussi que ma Ama était trop intelligente et trop belle pour son propre bien. Tout le monde faisait trop attention à elle, et non pas seulement les hommes, mais aussi mes grand-tantes qui n'avaient pas d'enfants et qui la gâtèrent.

– Dis-moi quelle personne sensée quitterait comme cela la maison de sa mère ?

La tante Yufang s'interroge en tirant sur sa pipe en terre cuite dont elle rejette un petit nuage gris. Elle fixe son regard sur la fumée pendant un moment, et elle m'adresse un petit sourire complice.

– En fait, ta Ama, elle était un peu comme toi. Elle a été gâtée par tous ses talents. Elle a été gâtée et la vie qu'elle connaissait a commencé à l'ennuyer.

Alors, c'était donc ça ; c'était l'ennui qui allait faire de ma mère une révolutionnaire.

Vers la fin de l'hiver 1956, l'Armée populaire de libération quitta la ville de Lijiang et s'achemina vers le nord, à travers les montagnes, jusqu'aux rives du Yangtsé Kiang, où les soldats échangèrent quelques balles avec un petit nombre de résistants moso qui tiraient de l'autre côté avec leurs vieux fusils. Après quoi les soldats traversèrent le fleuve et poussèrent leur avancée au-delà des collines. En moins de trois jours, les communistes avaient atteint Yongning, la capitale moso où nos seigneurs féodaux résidaient depuis la conquête mongole de 1253 quand, d'après la légende, le grand Kubilai Khan avait confié à un de ses officiers la charge de régner sur nos ancêtres. En fait, bien que selon la légende il ait été marié à une femme moso, nous ne savons rien de cet officier, pas même son nom, et ce n'est que bien plus tard, sous l'empereur des Ming, que notre Pays des filles fut officiellement dirigé par ces chefs qui se succédèrent de père en fils. En tout cas, quand les communistes arrivèrent en pays moso, notre seigneur avait déjà été déposé.

Environ un mois avant l'arrivée de l'Armée populaire de libération, les autorités communistes avaient sommé le seigneur moso et son frère cadet Losan, notre plus grand saint et Bouddha vivant, de se rendre à Kunming, la capitale de la province du Yunnan. De Kunming, le Bouddha vivant avait été expédié à Ninglang, le centre administratif du département du même nom, qui se situe à quelques jours de marche à l'est du pays moso, car les communistes avaient décrété que le Bouddha vivant devait commencer à travailler comme tout le monde. Quant à notre seigneur, il était mort sur la route de Kunming. De mort naturelle, avaient-ils dit.

Le jour où les gens entendirent l'armée communiste approcher, ils coururent se cacher dans les montagnes. Ils avaient reçu des nouvelles inquiétantes de batailles sanglantes au Tibet voisin et, sans leur chef pour organiser la résistance ou pour les représenter, les Moso étaient terrorisés. Mais les communistes n'étaient pas venus pour se battre. Ils étaient venus libérer les Moso et leur apporter la réforme démocratique. Ils étaient venus libérer les serfs et redistribuer les terres parmi les gens du peuple, et aussi organiser des meetings de lutte où ils encourageaient les paysans à critiquer les bonzes, les suzerains déposés et les nobles que les Moso avaient longtemps considérés comme appartenant à une classe divine. La Chine s'était « retournée », expliquaient les communistes : le vieil ordre féodal était mort, et une nouvelle époque était née. Le peuple devait apprendre des attitudes et des idées nouvelles. C'était une période de grande confusion et d'espoirs étranges et nouveaux pour les Moso.

Pendant qu'ils aidaient les gens de Yongning à « se retourner », les communistes envoyèrent des soldats faire la révolution dans le reste du pays moso. Et c'est comme cela que huit membres de l'Armée populaire de libération prirent le long chemin qui menait au village de ma grand-mère à Qiansuo, où ils allaient bouleverser l'histoire de notre famille.

Les étrangers étaient rares dans le village de Grand-Mère et ceux qui s'y aventuraient de temps à autre venaient presque toujours des tribus voisines : des Lissous qui troquaient leurs herbes à restaurer la fécondité contre du beurre moso, ou bien des esclaves yi qui s'étaient enfuis de chez leurs maîtres. Quand les communistes arrivèrent, très tard dans l'après-midi, exténués et sales après sept jours de marche en montagne, tous les gens du village sortirent de leur maison pour les regarder d'un peu plus près. Au début, les enfants se cachaient dans les jupes de leur mère, mais les mères étaient encore plus curieuses que les autres. À cette époque, les femmes moso ne voyageaient pas bien loin, surtout quand elles étaient jeunes, parce qu'elles avaient la responsabilité des champs et de leur maison. La plupart des femmes n'étaient jamais allées au-delà des montagnes de Qiansuo. Peu d'entre elles avaient vu des Chinois. Et surtout, aucune n'avait encore jamais vu de Chinois portant l'uniforme poussiéreux de l'Armée populaire de libération.

Les soldats souriaient et saluaient les paysans curieux qui s'étaient approchés d'eux. L'un d'entre eux s'accroupit devant une petite fille qui se cachait la figure dans la jupe de sa mère, et il lui tendit la main. Et la petite fille, peut-être parce qu'elle sentait l'intérêt que sa mère portait à l'inconnu, fit quelques pas de côté et s'avança vers lui, à la manière d'un crabe, jusqu'à ce qu'elle fût assez proche pour tâter les étranges habits de coton, les bottes, le fusil froid. Alors le soldat se redressa et tapota la tête de la petite, et il demanda si quelqu'un parlait chinois. Un homme s'avança.

– Notre point de départ, c'est la cause du peuple, expliqua le soldat. Nous luttons pour la libération du peuple et nous travaillons entièrement dans l'intérêt du peuple. Tu comprends ?

L'homme hocha la tête. Il se retourna vers les villageois et leur dit que les Chinois étaient fatigués et qu'ils avaient faim. Quelques instants plus tard, une femme se frayait un chemin à travers la petite foule ; elle portait un plateau avec des bols de thé au beurre. Après elle, une autre apparut avec une assiette de galettes d'orge, suivie d'une autre qui apportait des noix et des poires. Les soldats s'accroupirent sur leurs talons, et mangèrent et burent avec beaucoup de reconnaissance, tandis que les villageois les regardaient faire, en faisant des commentaires sur leur manière de manger, sur leur peau douce, trop pâle et jaunâtre, et les cheveux courts qui s'échappaient des casquettes, les fusils luisants, les uniformes poussiéreux. Enfin, tout le monde était d'accord, huit soldats, ça n'était pas une bien grande armée. On ne pouvait pas tuer grand-monde avec seulement huit soldats.

Comme la nuit tombait, des villageois se portèrent volontaires pour inviter les Chinois à venir chez eux où ils les nourrirent de soupe de poulet et leur dirent de se coucher près du feu.

Le lendemain matin, les soldats étaient prêts à faire leur travail de révolutionnaires. Avec l'aide de leur traducteur, ils rassemblèrent les gens du village et commencèrent à parler avec beaucoup d'enthousiasme du monde moderne par-delà nos montagnes, le monde des avions, des cinémas, des voitures et des camions, le monde enfin du Parti communiste.

– La Chine s'est retournée, disait le traducteur. Mao Zedong vous donnera tout ce dont vous avez besoin !

– Vraiment ? Tout ce dont j'ai besoin ? lui rétorqua une jeune femme avec un petit sourire espiègle.

Les villageois éclatèrent de rire.

Dans le village de Grand-Mère, il n'y avait ni nobles ni seigneurs à renverser, et les terres étaient assez justement réparties, si bien que la révolution fut vite accomplie. Pourtant, les communistes ne s'en allèrent pas tout de suite. Ils accrochèrent partout dans le village des grandes banderoles rouges couvertes de gros caractères chinois que personne ne pouvait déchiffrer. Et puis ils choisirent une maison avec une grande cour pour y tenir des réunions politiques destinées à éduquer les masses populaires.

Les gens du village apprirent beaucoup de choses. Par exemple, ils apprirent que le Tibet et le pays moso avaient toujours appartenu à la Chine, et que les Moso n'étaient plus moso mais membres d'une catégorie ethnique nouvellement établie sous le nom de nationalité minoritaire Naxi, qui était une nationalité parmi une quarantaine d'autres formant désormais la République populaire de Chine*. Les gens s'exclamèrent. Car les Naxi sont nos voisins de Lijiang, de l'autre côté du Yangtsé Kiang, et bien que nous ne parlions pas la même langue, que nous n'ayons pas la même façon de nous nourrir ou de nous habiller, les Chinois ont toujours affirmé que nous formions le même peuple. Sauf qu'avant la révolution ils insistaient pour donner aux Naxi le nom de Moso.

Le traducteur éclaira son auditoire :

– Les Chinois ont toujours eu des drôles d'idées.

Les gens du village hochèrent la tête.

Les meetings eurent dans l'ensemble un succès mitigé. Les vieilles personnes s'y ennuyaient et le traducteur se fatigua assez vite d'essayer de trouver des mots moso qui n'existaient pas, mais les jeunes étaient captivés. Les communistes disaient :

– La jeunesse est la force sociale la plus active et la plus vitale. Les jeunes sont les premiers à apprendre et les moins conservateurs. Et cela est surtout vrai à l'ère nouvelle du socialisme.

Ma mère ne ratait jamais une session. Quand elle se réveillait le matin, elle avait du mal à rester assise assez long-

* Dans les années soixante-dix, la République populaire de Chine comptait cinquante-cinq nationalités officielles, dont les Han représentaient quatre-vingt-treize pour cent de la population totale. En 1978, les Jino s'ajoutèrent à la liste des groupes nationaux. Aujourd'hui, la Chine compte cinquante-six nationalités, dont cinquante-cinq sont considérées comme des minorités nationales.

temps pour avaler son petit déjeuner avant de rassembler sa jupe, de se regarder une dernière fois dans le petit miroir rose, et de se précipiter dehors. Elle fit des progrès rapides en chinois en hurlant des slogans contre les oppresseurs bourgeois et en chantant des chansons révolutionnaires. Elle adorait ces chansons. Elle les connaît encore toutes aujourd'hui. Leurs rythmes étaient nouveaux, entraînants, pleins d'inspiration : ces chansons donnaient envie de marcher jusqu'aux sommets des montagnes et d'aller voir ce qu'il se passait de l'autre côté.

Tous les soirs, ma Ama rentrait à la maison après le dernier meeting, les joues toutes roses et les yeux brillants, mais Grand-Mère savait bien que cela n'avait rien à voir avec l'amour.

En fait, il ne fallut pas longtemps pour que Grand-Mère se rende compte que la lutte des classes menaçait de défaire toute l'éducation qu'elle avait donnée à ma mère. Depuis que les communistes étaient arrivés au village, ma Ama délaissait les champs et les animaux. Elle refusait même de se soumettre au travail de la maison.

– Les femmes chinoises représentent une immense réserve de travailleurs en puissance. Cette réserve devrait servir à construire un grand pays socialiste.

Ainsi la camarade Latso sermonnait-elle Grand-Mère.

Comme notre coutume nous interdit de crier contre les membres de notre famille, Grand-Mère s'en prenait aux cochons :

– Mais pour qui vous prenez-vous ? Et toi, tu es pourrie gâtée ! Tu n'as donc pas honte ? Vous êtes donc tous complètement irresponsables ?

Les cochons se sauvaient en grognant.

Tard dans la nuit, quand ma mère s'était suffisamment démenée contre les oppresseurs féodaux et qu'elle était allée se coucher, Grand-Mère pilait ses haricots de soja, et elle chantait les paroles des rites que l'on accomplit pour ceux qui ont perdu leur âme.

Latso ! Reviens-moi. Ne t'en va pas dans les montagnes lointaines. Ne t'en va pas marcher le long des rivières lointaines. Tu n'as pas d'amis là-bas. Tu n'as pas de famille là-bas. Les grands arbres ne pourront pas te protéger. Quand le vent soufflera, les arbres seront déracinés et ils te tomberont dessus. N'essaie pas de te cacher au bas des falaises, s'il y a un tremblement de terre, les pierres t'écraseront. Ne t'en va pas errer dans les endroits sauvages dans la montagne, personne ne pourra te sauver là-bas. Écoute la chanson de ta mère. Laisse vite ton âme me revenir !

Tout le monde dans la famille savait que ma mère avait profondément changé. Même les voisins le savaient. Mais personne n'osait rien dire. Les oncles de ma mère et son frère se taisaient. En tant qu'hommes, ils ne pouvaient pas intervenir dans ces affaires de femmes, et surtout ils ne pouvaient pas se mêler d'une dispute entre une mère et sa fille. Quant à mes tantes et grand-tantes, elles n'osaient rien dire parce que ma mère était beaucoup trop têtue. Alors toute la famille écoutait la chanson de ma grand-mère en espérant que ma Ama finirait par entendre ses paroles.

Mais elle n'en fit rien.

Un jour, les communistes annoncèrent leur départ. Ils s'en allaient libérer les Moso de Zuosuo, et tous les gens du village étaient invités à les rejoindre. Quand Grand-Mère apprit que ma mère et ses amies s'étaient engagées pour la révolution, elle poussa ma Ama dans la rue, par le portail d'entrée, et s'exclama avec beaucoup de colère :

– Tu veux partir avec les Chinois ? Eh bien, vas-y ! Va-t'en !

Cette nuit-là, ma Ama dormit chez des cousins.

Le lendemain, elle se réveilla de bonne heure et sauta du lit pour découvrir que le soleil s'était levé avec une lueur d'or, et que l'air était vif et pur comme seul l'air des montagnes peut l'être. Ça va être une très belle journée, se dit-elle. C'était un jour parfait, un jour à chanter des chansons de marche, un jour à marcher sur les sentiers de montagne. C'était un jour à découvrir le monde.

Cependant, quand elle arriva au quartier général des révolutionnaires, ma mère découvrit que, de tous ceux qui s'étaient portés volontaires pour la révolution, seuls deux jeunes villageois s'étaient joints aux communistes. Ses amies manquaient à l'appel.

« Mais les autres vont peut-être arriver ? » demanda-t-elle alors que le bataillon de onze soldats se mettait en route sur le chemin de montagne, marchant d'un seul pas et chantant d'une seule voix. Quand les révolutionnaires arrivèrent à l'endroit où, lorsqu'on se retourne, le village disparaît de la vue, ma Ama les laissa continuer sans elle. Elle se retourna dans l'espoir de voir arriver ses amies, et aussi pour regarder une dernière fois la maison de Grand-Mère – la maison où elle était née et dans laquelle, un jour, elle reviendrait mourir.

Mais elle vit sa mère qui se tenait devant le portail, qui la regardait, qui l'implorait de revenir.

Après la façon dont Grand-Mère l'avait jetée dehors, ma Ama ne s'attendait pas à cela. Elle resta plantée là, sur le sentier, les yeux fixés sur la minuscule silhouette de sa mère, sans savoir quoi faire ou même quoi ressentir. Elle n'aurait jamais cru que sa mère puisse paraître si petite. Elle s'accroupit au bord du chemin et prit son visage dans ses mains, et elle éclata en sanglots, tandis que les communistes continuaient leur route et que leurs chansons s'éteignaient petit à petit, et enfin se turent, englouties dans le silence des montagnes.

Quand elle n'entendit plus les chansons, ma Ama tourna le dos à Grand-Mère et fixa à travers ses larmes les soldats minuscules qui se faufilaient au loin, sur l'étroit sentier, en direction du monde – en emportant ses rêves. Et quand elle se retourna à nouveau vers le village, sa mère n'était plus devant le portail. Alors, ma Ama se souvint de la dureté de ses mots, elle reprit sa tête dans ses mains et se remit à pleurer en se disant qu'elle ne pouvait pas supporter de quitter son village, mais qu'elle ne pouvait pas non plus souffrir l'humiliation de retourner vivre dans la maison de sa mère.

Qui sait? Peut-être ma Ama aurait-elle fini par ravaler son orgueil? Peut-être aurait-elle fini par retourner chez Grand-Mère, si ses amies n'étaient pas arrivées quelques minutes plus tard, toutes rouges et essoufflées, pleines de ferveur révolutionnaire. Elles lui apprirent qu'elles s'étaient réveillées trop tard et qu'elles avaient raté la réunion. Et puis, elles avaient aussi perdu du temps à cause de Grand-Mère qui les avait appelées alors qu'elles passaient devant sa maison pour leur demander de prendre des provisions pour la route.

« S'il vous plaît, donnez tout ça à Latso », avait dit Grand-Mère.

Ma mère regarda le panier que ses amies lui tendaient et elle fondit en larmes de nouveau.

Mais ses amies étaient pressées.

– Latso, lui dirent-elles, si tout ça te rend malheureuse, tu devrais rentrer à la maison.

Et comme ma mère avait horreur qu'on lui donne des conseils au moins autant qu'on lui donne des ordres, elle prit une décision. Elle ravala ses larmes, attrapa le panier et se mit en route pour Zuosuo avec ses deux amies derrière elle.

Beaucoup plus tard, quand le soleil fut bien haut dans le ciel, les trois révolutionnaires s'assirent sur l'herbe pour se reposer et manger le jambon et les œufs durs que Grand-Mère leur avait donnés. Elles ouvrirent une bouteille de vin de Sulima et burent une coupe en l'honneur du Parti communiste, et puis une autre coupe à la santé du président Mao Zedong, et une autre pour la révolution. Et quand elles eurent fini la bouteille, elles pensèrent à tous leurs cousins, parents éloignés et amis qui habitaient les villages sur la route de Zuosuo, et qui méritaient d'être informés sur la révolution.

Elles ne rattrapèrent jamais les soldats.

Zuosuo n'est pas si loin de Qiansuo : seulement à deux jours de marche, et il n'y a pas tant de villages sur le chemin. Mais ma Ama et ses amies s'arrangèrent pour passer chez beaucoup de gens, et pour si bien s'amuser que les communistes étaient déjà partis quand elles arrivèrent à Zuosuo.

– Les Chinois ont horreur du thé au beurre, et ils ne supportent pas les puces, dit quelqu'un en guise d'explication.

– Mais où sont-ils donc partis ? demanda ma mère.

– Ils sont partis à la rencontre du reste de l'Armée populaire de libération. Ils sont sur la route des Monts Liangshan (en français, Montagnes Froides). Ils vont libérer les Yi.

Les trois jeunes filles se regardèrent. Les Yi étaient des gens terribles qui faisaient des razzias dans les villages moso où ils volaient les enfants pour en faire des esclaves. Si les communistes étaient vraiment partis faire la guerre aux Yi, alors ils ne reviendraient jamais. Car aucune armée, qu'elle soit chinoise ou tibétaine, n'avait jamais réussi à soumettre ces tribus féroces. Même le grand Kubilai Khan n'avait pas osé s'aventurer dans les Monts Liangshan.

Durant les jours suivants, l'Armée populaire de libération livra une bataille sanglante dans les Monts Liangshan où elle apporta la réforme démocratique aux tribus yi. Mais tout cela se fit sans l'assistance de ma mère ou de ses amies.

La nuit où elles perdirent les communistes, ma mère et ses amies s'en allèrent dormir chez des cousins qui habitaient à Wuzhiluo, un village près du lac Lugu. Le lendemain matin, après une nuit agitée passée à discuter de rêves impossibles, elles prirent un petit déjeuner de thé au beurre et de pommes de terre rôties dans la braise durant lequel les amies de ma mère décidèrent que, après tout, elles s'étaient déjà beaucoup amusées et qu'il était temps de rentrer chez leur mère. Mais ma Ama était trop blessée dans son orgueil pour rentrer à la maison. Elle était trop fière pour reconnaître face à sa mère qu'elle avait fait une erreur. Et elle était trop têtue pour changer d'avis.

Ma mère décida de rester chez les gens de Wuzhiluo et de les aider à faire le ménage et à travailler aux champs. Bientôt, les pluies d'été commencèrent et les sentiers étroits qui menaient à Qiansuo se transformèrent en bourbiers glissants et dangereux. Ma Ama conclut qu'il valait mieux rester sur place et attendre le grand rassemblement des fêtes de la déesse de la Montagne pour retrouver sa famille. Elle décida de ne rentrer qu'après les festivités.

À vrai dire, sa décision n'était pas due qu'au climat ou à son amour-propre. Ma Ama avait commencé à bien trop s'amuser pour vouloir rentrer à la maison. Les garçons trouvaient exotiques et irrésistibles les façons de faire de son Qiansuo natal, et bien qu'elle fût elle-même difficile à satisfaire et qu'aucun n'eût encore gagné son cœur, elle avait déjà accumulé une collection impressionnante de ceintures et elle n'avait qu'une hâte : c'était de les mettre en valeur durant le festival.

Cette année-là, quand les gens sortirent danser sous les étoiles en l'honneur de la déesse de la Montagne, les hommes n'avaient d'yeux que pour ma mère.

Autour des feux de camp, les hommes formaient un groupe et dansaient devant les femmes qui dansaient elles aussi, bras dessus, bras dessous, leurs ceintures multicolores nouées à la taille. La taille de ma mère était lourde de tous ses trophées. Martelant le sol de leurs bottes de cuir, les hommes se rapprochaient des femmes, et bientôt les deux groupes formaient un cercle et tous dansaient sur la même cadence, en balançant les hanches en rythme. Et puis, les femmes poussèrent ma mère au milieu et, alors qu'elle dansait toujours, un jeune homme sortit du cercle et d'un mouvement vif saisit une des ceintures qu'elle portait à la taille.

Mais ma mère continua sa danse solitaire, et le jeune

homme n'eut qu'à regagner sa place dans le groupe. Il lança la ceinture à l'un de ses amis qui l'attrapa au vol et la renvoya à un autre. Ma mère en rit et elle sauta d'un homme à l'autre, mais elle ne reprit pas sa ceinture. Elle ne la reprendrait que lorsqu'un homme digne de ses chansons l'attraperait à son tour. La ceinture volait de main en main dans un sens et puis dans l'autre, et ma mère ne se décidait toujours pas. Jusqu'à ce que Numbu l'attrape. Il ne l'envoya pas à un autre, il s'avança à l'intérieur du cercle et offrit à ma mère de reprendre sa ceinture.

Ma mère ne bougea pas. Numbu sourit et resta ferme. Ma mère hésita et puis elle attrapa sa ceinture et se retira vivement pour reprendre sa place parmi les femmes. Mais les femmes avaient vu la façon dont elle avait regardé Numbu, et elles la repoussèrent au milieu.

Alors, les mains sur les hanches, Numbu entama sa chanson :

Petite sœur, tu es belle comme un rayon de lune au milieu du ciel
Mais la lune a besoin d'une étoile au-dessus d'elle.

Et ma mère répondit :

La nuit n'est pas encore tombée et la lune n'est pas encore levée,
Mais déjà le papillon cherche le miel.

Et Numbu chanta :

Le papillon a trouvé une belle fleur, et
La lune est bien haute dans le ciel.

Elle répondit :

Si la lune est au-dessus du lac Mère, l'eau est sans souillure.
C'est au lac Mère que je me lave et que je me brosse les cheveux.

Et Numbu chanta :

Mais pourquoi te brosses-tu les cheveux, petite sœur ?
Ô, petite sœur, pour qui brosses-tu tes beaux cheveux ?

Ma mère et Numbu dansèrent ensemble au milieu du cercle, bras dessus, bras dessous, jusqu'à ce qu'une nouvelle chanson commence et qu'un autre couple les remplace. Tard dans la nuit, alors que les feux de camp s'éteignaient et que les couples se fondaient dans l'obscurité, ma mère suivit Numbu au bord du lac Lugu.

Une fois amoureuse de Numbu, ma Ama se dit qu'elle n'était pas encore prête à rentrer chez sa mère. Qiansuo était si loin, à deux jours de marche : Numbu pourrait se lasser de lui rendre visite là-bas. Et quand elle sentit sa fille bouger dans son ventre rond, ma Ama envoya un message par la caravane pour faire dire à Grand-Mère qu'elle allait bientôt s'installer dans sa propre maison à Zuosuo, à quelques kilomètres du village de Numbu.

Grand-Mère lui renvoya des cadeaux et un message : « Dites à Latso, dites-lui que je ne peux pas retenir son cœur. »

Quand on lui rapporta ces mots, ma mère pleura de nouveau, mais elle ne retourna pas à Qiansuo.

La décision de ma mère de fonder sa propre famille était tout à fait choquante, car diviser la famille maternelle est contraire à la tradition moso. Cependant, tous les gens du village lui étaient venus en aide. Quelqu'un lui avait donné un bout de terrain, et Numbu et ses amis étaient allés dans la montagne couper le bois pour construire sa maison. À cette époque, les gens n'utilisaient plus d'argent, et il était naturel de se regrouper et de s'entraider. Et puis, travailler ensemble donnait toujours l'occasion de danser et de chanter et de faire des pique-niques.

– Tu peux nous chanter quelque chose, Latso? demandait un homme.

– Latso, j'espère bien que tu ne diras pas non si mon neveu vient rendre visite à ta fille le soir ! plaisantait un autre.

– Et moi, j'espère que tu ne fermeras pas la porte au mien !

Ma Ama riait de bon cœur :

– Eh bien, vous avez intérêt à ne pas trop serrer les charnières !

Ainsi, en moins d'une année, la maison de ma mère et tous les dieux et les esprits qui en habitaient les plus petits recoins avaient reçu la bénédiction des lamas, et ma Ama était installée.

Notre maison était comme toutes les autres maisons du village. C'était une maison en bois, bâtie autour d'une cour intérieure carrée avec sur un côté un mur en briques de terre cuites au soleil d'à peu près deux mètres de haut, tandis que les murs des autres bâtiments fermaient la cour. Derrière la maison, il y avait le jardin potager, clos lui aussi par des murets en terre.

Après être passé par le portail d'entrée, on traversait la cour pour pénétrer dans le bâtiment principal qui abritait ce qu'on appelle la pièce mère, où ma Ama faisait la cuisine, recevait les invités et dormait. C'était une grande pièce rectangulaire, flanquée de la *durami* et du *durasso* – les deux colonnes sacrées qui supportent la toiture des maisons moso et par extension le ciel. Il y avait aussi deux âtres circulaires : celui du haut, sur le *kang*, était dédié au dieu du Feu Zabbala ; l'autre, sur lequel ma mère faisait la cuisine, était au niveau du sol. À part l'autel ancestral placé derrière l'âtre supérieur, tout notre mobilier était rangé le long des murs, au niveau inférieur. Nous avions un grand garde-manger en bois dans lequel nous rangions la vaisselle, les ustensiles de cuisine et la nourriture, et, derrière le garde-manger, une petite pièce de rangement où l'on avait mis un petit lit. Il y avait aussi un lit dans une alcôve où ma mère dormait et qu'on avait aménagé au-dessus d'une maie en bois remplie de grain ; et puis, contre le mur au fond de la pièce, un long banc en bois sur lequel on rangeait les choses qu'on ne voulait pas laisser traîner sur le sol en terre battue, parmi lesquelles un porc entier, désossé et salé, qu'on nomme *bocher* et dont le groin pointait vers l'est. Il n'y avait pas de fenêtres, la lumière pénétrait par deux ouvertures dans le toit, juste au-dessus des âtres, et par la porte d'entrée.

De chaque côté de la pièce principale, il y avait deux autres bâtiments, chacun avec un premier étage auquel on accédait par un balcon. Au rez-de-chaussée de l'aile droite se trouvaient le poulailler et une remise où l'on entreposait les outils et la nourriture des animaux, et, au premier étage, il y avait quatre petites chambres pour les filles que ma mère allait avoir. Dans l'aile gauche, il y avait la porcherie et l'écurie où l'on enfermait les cochons et les chevaux la nuit, et au-dessus desquelles on avait aménagé d'autres chambres pour les gens de passage et pour les fils de ma mère, qui y coucheraient jusqu'à ce qu'ils soient devenus hommes et qu'ils rendent visite à leurs amies le soir.

Ma mère n'avait pas de parents proches à Zuosuo, mais elle avait beaucoup d'amis, à cause de son accent de Qiansuo. Tous les Moso parlent la même langue, mais chaque village semble avoir son patois et ses intonations. Les gens aimaient beaucoup l'accent de ma mère et ils venaient lui rendre visite juste pour l'entendre parler, si bien qu'en peu de temps elle était devenue la confidente préférée des villageois. Notre belle voisine Dujema venait souvent chez nous. Elle venait bavarder et prendre un bol de thé, et puis, en attendant que le jardin de ma mère commence à produire, elle lui apportait des légumes.

Au printemps, Dujema prit soin de ma mère quand elle accoucha de Zhema, ma sœur aînée. Numbu vivait alors dans la maison de sa mère avec sa grand-mère, ses tantes et oncles, frères et sœurs et neveux et nièces, c'est-à-dire les trois générations de la lignée maternelle. Suivant la coutume moso, il rendait visite à ma mère tous les soirs, et il lui arrivait de rester plusieurs jours pour l'aider à quelque tâche.

Mais il rentrait toujours chez lui pour travailler avec les gens de sa famille.

L'année suivante, vers la fin de l'été, ma mère ne vit pas Numbu durant plusieurs semaines. Il était parti avec la caravane pour la ville de Zhongdian au Tibet oriental. Et là, il avait rencontré une belle Tibétaine qui était revenue avec lui.

Tous les soirs, pendant toutes ces semaines, ma mère avait attendu la visite de Numbu, mais à la fin, c'était la Tibétaine qui était venue l'appeler au portail. Numbu avait une nouvelle amie, expliqua la femme aussi clairement qu'elle le pouvait dans un moso hésitant. Quant à elle, elle n'avait ni parents ni amis dans le village et elle se sentait très seule. Ma mère lui répondit en tibétain et l'invita à s'asseoir près du feu pour prendre un verre de vin de Sulima. Ce soir-là, ma mère se fit une nouvelle amie, et elle décida d'oublier Numbu.

Quelques mois après que ma mère se fut liée d'amitié avec la Tibétaine, Dujema la présenta à un beau jeune homme.

L'homme était vraiment très beau. Ma mère n'en était pas amoureuse, mais elle n'avait qu'une idée en tête : c'était d'élever une grande famille à elle, d'avoir une grande maison à elle, avec ses filles et ses fils et ses petits-enfants. Quand l'homme vint frapper à sa porte ce soir-là, ma Ama lui ouvrit, mais quelques mois plus tard, quand elle fut sûre d'être enceinte, elle accrocha sa ceinture à un clou près de la porte – ce qui est, d'après notre coutume, la manière appropriée de rompre avec un amant. Alors, quand il lui rendit visite cette nuit-là, il comprit qu'elle ne voulait plus le voir et il s'en alla.

Quand le moment fut venu, la Tibétaine aida ma mère à mettre au monde ma deuxième sœur, Dujelema. Et puis un jour, alors que la Tibétaine berçait le bébé endormi dans ses bras, elle fondit brusquement en larmes. Sa famille lui manquait. Le lendemain, elle dit adieu à Numbu et repartit pour

Zhongdian. Je ne suis pas sûre de ce que ressentit Numbu, mais je sais que ma mère la regretta longtemps.

Et puis un autre jour, vers la fin de l'automne, alors que ma Ama mettait des épis de maïs à sécher sur le toit de la maison, elle entendit les clochettes de la caravane. Quand les cavaliers se rapprochèrent, elle reconnut ses cousins de Qiansuo, et son cœur bondit dans sa poitrine. Elle était toujours très heureuse de recevoir des visiteurs de Qiansuo parce qu'ils lui apportaient des nouvelles et des petits cadeaux de la maison de sa mère. Elle agita les bras et les appela en criant :

– Eh ! Le soleil est presque couché ! Allez ! Entrez !

Et elle dégringola l'échelle et se précipita pour ouvrir le portail et les inviter dans sa cour.

Les hommes déchargèrent leurs chevaux et sortirent les cadeaux que ma grand-mère leur avait confiés, tandis que ma Ama apportait du foin et de l'eau pour les chevaux. Pendant que les chevaux s'abreuvaient et broutaient paisiblement, les hommes s'assirent par terre et reposèrent leur dos fatigué sur leur sac de toile, laissant au plus jeune le reste du travail : ce fut à lui d'allumer le feu, de sortir les ustensiles de cuisine, de faire à manger, de faire la vaisselle et de tout ranger. C'était un grand jeune homme bien fait, et quand ma Ama ressortit pour offrir aux hommes son meilleur vin, elle lui remplit généreusement son bol sans se cacher. Il lui sourit et prit le bol à deux mains avec tout le respect que la tradition exige. C'est à ce moment-là qu'elle aperçut les plus belles mains qu'elle ait jamais vues.

Les hommes étalèrent leurs couvertures et, tandis qu'ils se préparaient à dormir près du feu de camp, Zhemi entra dans la maison. Il joua avec mes grandes sœurs et leur raconta des histoires. Et puis, plus tard dans la nuit, quand les petites filles se furent enfin endormies, il resta avec ma Ama et ils parlèrent encore pendant longtemps.

– Latso, pourquoi as-tu quitté la maison de ta mère ?

demanda Zhemi. Ça doit être si dur de tout faire comme ça, toute seule. Tu ne voudrais pas rentrer chez les tiens ? Tu pourrais revenir avec nous. Si tu le voulais, tu pourrais partir demain !

Les yeux de ma mère se remplirent de larmes. Zhemi avait raison, sa vie était très dure.

– Allez, rentre avec nous, Latso. Ne sois pas si orgueilleuse !

Mais, justement, ma mère était orgueilleuse. Elle essuya ses larmes avec le dos de sa main, et lui répondit :

– Je vais montrer à ma mère que je peux élever ma propre famille.

Le lendemain matin, la caravane repartit sans Zhemi.

Il resta chez ma mère quelques semaines. Il aida ma Ama à réparer la porcherie, et il fendit assez de bois pour toute une année, juste pour parer aux nuits d'hiver. Il était très doux et très bon. Quand il fut certain que tout était prêt pour l'hiver, il retourna à Qiansuo, et ma mère fredonna une chanson, d'une voix très douce, dans sa maison vide.

À l'ouest des montagnes, la lune est pleine
Pourquoi es-tu parti avec tant de hâte ?
L'âtre est encore chaud, mon amour,
Mon corps est encore chaud pour toi.
Une journée sans toi paraît si longue.
Si longue aussi est la route où galope ton cheval,
Et pourtant, mon cœur te suit.

Zhemi revint au printemps, et il passa encore quelque temps avec ma mère. Un matin, ma Ama se réveilla un peu plus tôt que d'habitude et, quand elle s'assit près du feu pour prendre son bol de thé au beurre, elle eut une nausée qu'elle reconnut tout de suite. Elle sourit. Elle aimait Zhemi et elle allait avoir un fils. Elle allait élever sa grande famille à elle.

Latso rentre chez les siens

Au lieu d'avoir un fils, ma mère accoucha de moi, la pleureuse, et quand j'eus à peu près trois ans, quelque temps après que mon cousin Ache fut venu vivre avec nous, elle donna naissance à mon petit frère Howei. Avec deux filles et deux garçons, sa famille commençait à prendre de l'ampleur.

Pourtant, même après la naissance de Howei, ma Ama n'accrocha pas la ceinture de Zhemi au clou, de l'autre côté de la porte. Elle l'aimait beaucoup et il continua de lui rendre visite et de passer plusieurs jours par mois avec elle. Quand Zhemi lui rendait visite, ma mère lavait et peignait ses longs cheveux noirs et elle sortait son matelas de coton pour l'aérer et pour le faire regonfler à la lumière du soleil. Le soir, elle sortait le vin de Sulima et la maison se remplissait d'une joie très douce. Souvent Zhemi venait seul. Mais, parfois, il venait avec des gens de sa famille. Je me souviens surtout de sa sœur aînée. C'était une grande femme avec un visage large et bon. Elle adorait tisser, et elle avait toujours une quenouille en bois avec elle.

Quand mon père restait chez nous, notre petit frère Howei dormait avec moi et Zhema dans le petit lit dans la petite pièce derrière le garde-manger, et quelquefois il dormait avec Ache dans une des chambres au-dessus des écuries. Mon père dormait toujours dans l'alcôve avec ma mère. Une nuit, tandis que Zhema était endormie, je me glissai hors du lit et j'allai jeter un œil par les craquelures entre les planches de la cloison en bois. Dans la lueur du feu, la peau de ma mère luisait comme de l'or rouge et le dos de mon père était brillant de sueur, il lui murmurait des petits noms gentils et elle l'appelait par le nom de son cheval.

Un jour où ma sœur et moi revenions de notre cueillette d'herbe à cochon, nous trouvâmes un grand cheval noir attelé dans la cour. J'étais toute impatiente de savoir à qui il appartenait. Nous ne connaissions personne qui possédât un cheval noir et je pensai tout de suite que Zhemi avait peut-être acheté une monture.

À l'intérieur de la maison, les feux brûlaient très bas et il faisait très sombre. Ma mère était assise sur le *kang*, les yeux fixés sur les braises, sa silhouette ramassée se dégageait de la pénombre, tout juste éclairée par la lueur grise et voilée qui tombait de l'ouverture du toit. Près du *kang*, debout au niveau inférieur, un homme se fondait dans l'obscurité générale. On le voyait à peine contre les murs noircis de suie par la fumée de ces feux sans cheminée que nous ne devons jamais laisser mourir.

La voix de Zhema me fit sursauter :

– Namu ! Tu crois donc que les gens veulent manger ton herbe à cochon ?

Comme d'habitude, ma grande sœur avait raison. J'étais tellement curieuse d'en apprendre plus sur ce cheval noir que j'étais entrée dans la maison avec mon petit panier sur le dos. Tout de même, je n'aimais pas me faire disputer et je lui fis une grimace.

Ignorant nos chamailleries, Ama souffla sur des brindilles qu'elle avait ajoutées au feu. Une flamme vive et orange éclaira une ride profonde au milieu de son front, et le visage de mon oncle, mouillé de larmes, apparut dans la pénombre. Ma mère tourna son front inquiet vers Zhema et lui dit :

- Grand-Mère est très malade. Nous partons pour Qiansuo demain matin.

L'étalon noir attaché dans notre cour nous avait apporté de très mauvaises nouvelles.

Ma Ama n'était pas retournée à Qiansuo depuis plusieurs années, et elle avait beaucoup de choses à préparer. Selon notre coutume, elle devait apporter un cadeau à chaque membre de sa famille, et puis elle devait aussi apporter quelque chose à chaque famille du village de Grand-Mère : des briques de thé, du sucre, du vin. Tandis que ma sœur l'aidait à préparer les cadeaux, Ama m'envoya chez Dujema pour emprunter un cheval. J'avais faim et j'étais fatiguée après la cueillette d'herbe à cochon, j'aurais voulu qu'Ache aille à ma place. Mais il n'était pas encore rentré, et la voix de ma mère était sèche et très dure. Alors je n'insistai pas, j'enfermai le poney de Dujema dans notre écurie et je fis en sorte de ne pas me faire remarquer.

Très tôt le lendemain matin, alors que nous dormions encore, notre oncle chargea les cadeaux sur les chevaux et posa une selle sur le dos du poney de Dujema pour que nous puissions chevaucher à tour de rôle. Mon frère Howei était encore bébé et il fallait le porter. Quant à moi, je savais marcher, mais j'étais encore trop petite pour aller à pied jusqu'au village de Grand-Mère.

Sitôt notre petit déjeuner terminé, nous nous mîmes en route avec nos petits chevaux de montagne qui trottaient comme des chiens obéissants derrière le grand étalon noir. Ma Ama donnait l'allure et nous la suivions. Nous traversâmes les champs du village, puis nous grimpâmes jusqu'à la forêt de chênes, et encore plus haut dans la montagne jusqu'à la forêt de sapins où nous laissâmes l'immensité toute bleue du lac Lugu miroiter derrière nous. Nous pressions ainsi le pas derrière Ama dans la trace de sa longue jupe qui battait ses chevilles et balayait la terre rouge. Quand le sentier était assez large, nous marchions à côté des chevaux ;

quand il rétrécissait, nous marchions derrière eux. Par endroits, le sentier devenait boueux, mais cela nous ralentissait à peine. Quand nous glissions, nous nous relevions tout simplement, nous secouions la boue de nos fesses, et nous continuions, sans parler, sans même penser que nous avions besoin de faire pipi ou que nous avions faim. Chacun à notre tour, Ache et moi chevauchions le poney de Dujema ou bien nous courions à côté. Mon oncle, ma Ama et Zhema portaient Howei.

Notre respiration collective et le bruit sourd des sabots des chevaux sur le sol de l'ancienne forêt troublaient à peine le silence inquiet qui nous enveloppait. Nous ralentissions seulement lorsque le chemin devenait dangereusement étroit au bord des précipices. Nous nous arrêtions seulement aux carrefours marqués de ces piles de pierres qu'on appelle des *mani* parce qu'elles sont gravées du mantra *om mani padme oum*. Et là, mon oncle et ma Ama brûlaient du genévrier en offrande aux esprits de la montagne. C'était seulement à ces moments-là que nous prenions le temps d'écouter le bruissement des pins, ou de regarder l'aigle qui étendait ses grandes ailes dans le ciel sans nuages, ou que nous regardions en bas vers les torrents d'eau jaunâtre, si loin de nous, qui rugissaient au fond des gorges entre les rives de sable blanc et les parois de falaises grises et abruptes.

Le soir, nous dormions chez des cousins. Ache et moi prenions notre dîner en écoutant les grandes personnes discuter à voix basse et grave. Et quand les grandes personnes en avaient terminé de parler et de manger, de fumer et de boire un dernier verre, nous nous couchions enfin auprès du feu, blottis les uns contre les autres, pour passer le reste de ce qui nous semblait des nuits très courtes. Nous nous réveillions pour le petit déjeuner, puis nous reprenions la route sous la lueur rose de l'aube.

Le troisième jour, le soleil était déjà haut dans le ciel quand nous arrivâmes au tournant où l'on aperçoit la maison de Grand-Mère. Ma Ama poussa un grand cri, et je la vis avec effroi courir le long du sentier en déchirant son turban et en s'arrachant ses longs cheveux noirs. Je l'appelai en hurlant :

– Ama !

– C'est trop tard, dit ma sœur. C'est trop tard. Elle est morte.

– Qui est morte ? Qui est morte ? demandai-je en pleurant.

Zhema montra du doigt le drapeau blanc qui flottait au-dessus du toit de la maison de Grand-Mère.

Alors, nous aussi, nous courûmes. Nous courûmes après Ama, avec mon oncle qui portait Howei sur son dos, et les chevaux qui galopaient derrière nous. Nous courûmes jusqu'à l'entrée du village, où il nous fallut ralentir et nous calmer, et marcher avec le reste des gens qui se dirigeaient vers la maison de Grand-Mère. Et quand, enfin, nous arrivâmes au portail, les villageois s'écartèrent, et ils nous laissèrent passer devant eux.

– Latso est revenue, dit quelqu'un alors que je franchissais le seuil et que j'entrais dans la cour.

Des gens allaient et venaient entre les longues tables de banquet, d'autres entraient ou sortaient de la maison en parlant à voix basse ou en sanglotant. Deux femmes que je n'avais encore jamais vues nettoyaient les restes du déjeuner, leur longue jupe traînant sur la terre entre les tables. Ma mère se tenait devant la porte d'entrée à côté de ma tante Yufang. Elle s'était calmée, mais ses longs cheveux pendaient autour de son visage et lui donnaient un air très étrange. La tante Yufang paraissait encore plus bizarre. Elle avait tressé ses longs cheveux en une seule natte et sa tête était couverte d'argile. La tante Yufang me parut si bizarre que, en dépit des plats encore à moitié remplis sur les tables, j'oubliai que je n'avais rien mangé depuis très tôt le matin. J'attrapai la main de ma sœur.

– J'ai peur !

– Mais pourquoi ?

– Ma tante Yufang est morte elle aussi ?

– Mais non ! Qu'est-ce que tu as ?

– On dirait un fantôme, continuai-je en baissant la voix.

– Les gens ont toujours cet air-là quand quelqu'un meurt, fit Zhema en me pressant la main pour me rassurer. De toute façon, comment tu saurais, toi, à quoi ça ressemble un fantôme ? Allez, viens.

Nous suivîmes Ama et la tante Yufang dans la maison. Malgré les flambeaux de sapin et les feux qui brûlaient dans les âtres, la pièce était obscure, assombrie par la fumée de genévrier et de feuilles de cyprès et par la foule de gens qui allaient et venaient. La fumée me piquait le nez et j'avais les larmes aux yeux. Les gens m'étourdissaient. Je n'avais jamais vu autant de monde rassemblé dans une seule maison. Ils étaient partout, des hommes et des femmes qui se tenaient debout près du *kang* et qui cachaient la lumière du dieu du Feu, et d'autres qui étaient accroupis près de l'âtre où l'on faisait la cuisine, et qui bavardaient en buvant du thé ou du vin – dans la lumière brumeuse des feux de bois, ils n'étaient que des ombres d'hommes et de femmes. Des ombres avec des visages tristes et inconnus.

Zhema pointa le doigt vers trois hommes accroupis par terre, à côté d'un panier en osier, qui découpaient des bandes de tissu blanc avec des ciseaux.

– Ce sont les assistants de Grand-Oncle, fit ma sœur.

– Pourquoi il a besoin d'assistants ?

– Ils vont laver Grand-Mère.

– Ça n'est pas mal pour un homme de laver une femme ? lui murmurai-je.

– Ce n'est pas mal quand la femme est morte, me répondit Zhema.

Et, tandis que je digérais cette information ahurissante, les ombres s'écartèrent et ma mère fit un *koutou* devant le vieux daba assis sur le *kang*, auprès du feu. Il portait une cape blanche et une couronne bariolée. Il psalmodiait des chants d'une voix si basse que ses lèvres remuaient à peine dans son vieux visage ridé. Et, comme tout ce que je savais sur les dabas se résumait au fait qu'ils guérissaient les gens, la vue du vieil homme me réconforta.

En fait, bien que de nos jours le bouddhisme domine la vie religieuse des Moso, le daba est notre prêtre authentique, le gardien d'une tradition bien plus ancienne qui livre bataille aux esprits malfaisants, qui sacrifie les animaux et consomme des quantités impressionnantes de vin. Contrairement aux lamas, les dabas n'ont pas de temples ni de chapelles, ni même d'écritures, et ils ne vont pas à Lhassa pour étudier dans les monastères. Ils reçoivent tout leur savoir de leurs oncles et ils gardent toutes leurs chansons et toutes nos cérémonies dans leur tête. Bien sûr, j'étais beaucoup trop petite pour connaître tous ces détails, mais au moment des funérailles de Grand-Mère les autorités chinoises avaient depuis longtemps classé le dabaisme comme une superstition arriérée et en avaient formellement interdit la pratique. Cela ne voulait pas dire grand-chose, puisqu'il n'y avait ni police ni fonctionnaire pour faire appliquer le règlement, mais les dabas avaient tout de même arrêté d'enseigner la tradition à leurs neveux. Et ils se faisaient si peu nombreux, et la plupart d'entre eux étaient déjà si vieux, que les gens craignaient que lorsque le dernier de ces saints vieillards s'en irait rejoindre nos ancêtres, notre ancien savoir et nos cérémonies disparaîtraient avec lui.

Chez nous, quand une personne meurt, il faut inviter non seulement le daba mais aussi des lamas (plus ils sont nombreux, mieux c'est) pour procéder aux rites funéraires, parce que nous croyons qu'une personne n'a pas une seule âme, mais cinq, et que des destins différents attendent chacune d'elles. Il revient aux lamas de surveiller la crémation des corps et de guider les défunts sur le chemin de la réincarnation, tandis que le daba les envoie au pays de

Seba'anawa, le paradis des âmes ancestrales, qui se trouve quelque part au nord du pays moso, dans le Tibet oriental.

Le vieux daba baissa son regard vers ma mère prostrée sur le sol, il but une petite gorgée de vin et reprit son fredonnement, les yeux à moitié fermés, la tête dodelinante. Ma Ama se releva et suivit la tante Yufang. Ache, Zhema et moi lui emboîtâmes le pas, et les talonnâmes à travers la grande salle jusqu'à la petite pièce derrière le garde-manger. Alors qu'elles étaient sur le point d'entrer, la tante Yufang informa ma mère que les bonzes priaient dans la petite chapelle familiale et qu'un jour propice avait déjà été choisi pour la crémation. Ma Ama parut encore plus triste, mais elle ne dit rien, et puis elle disparut dans la petite pièce.

– C'est quoi la crémation ? demandai-je à Zhema.

– Chut. Je t'expliquerai plus tard, me répondit-elle. Entre !

Mais je ne voulais pas entrer dans la petite pièce. Je voulais rentrer à la maison.

– Pourquoi on doit entrer ?

– Parce que Grand-Mère est là.

Dans notre maison, cette petite pièce nous servait de chambre quand notre mère avait besoin d'intimité, mais dans les autres maisons moso on y met le grain et les denrées. C'est aussi là que les femmes mettent leurs bébés au monde, à l'abri du regard de leurs oncles et de leurs frères. Enfin, c'est à cet endroit qu'on couche les morts, pour que les gens meurent là où ils ont commencé à vivre, et pour clore ainsi le cycle de leur vie. Comme il n'y avait pas d'hommes dans notre famille, ma mère avait accouché près de l'âtre, dans la pièce principale de notre maison. Mais cela, comme beaucoup d'autres choses dans notre famille, n'était pas conforme à la coutume.

Je n'avais jamais été dans un endroit où les morts étaient étendus. Je n'avais encore jamais vu de mort. J'entrai avec hésitation et à contrecœur.

La petite pièce était comble, ils étaient tous là : mes tantes et grand-tantes, et mes oncles, et puis Dujelema, ma deuxième sœur qu'on avait donnée à la tante Yufang, et ma mère. Ils se tenaient debout autour de Grand-Mère et ils sanglotaient doucement, presque silencieusement. Ma pauvre sœur Dujelema ! Elle avait tellement pleuré que ses yeux étaient gonflés comme des noix, et je ne pouvais m'empêcher de me demander si j'avais ressemblé à ça, moi, quand j'avais tant pleuré le jour où ma Ama m'avait donnée à la tante Yufang. Et puis, ici aussi, l'air était épais de fumée. Peut-être même plus épais, plus dense, parce que je pouvais à peine discerner les traits de Grand-Mère sous la lueur douce des lampes à beurre.

Comme nous vivions à Zuosuo, j'avais rarement vu Grand-Mère durant ma courte vie – seulement à quelques occasions durant le festival de l'été, et je ne pouvais ressentir une peine très profonde. J'étais aussi beaucoup trop petite pour comprendre ce que signifiait la mort d'une personne. Tout ce que je savais de la mort se rapportait aux animaux que ma Ama tuait pour nous donner à manger. Pourtant, quand je me rapprochai de ma grand-mère qui dormait immobile sous la lumière enfumée, j'éprouvai une émotion étrange et inconnue et je cherchai des yeux un endroit vide où je puisse me réfugier, peut-être même d'où j'aurais pu m'échapper. C'est à ce moment-là que j'aperçus le trou qu'on avait creusé dans le sol en terre battue. Je regardai ce trou et j'eus soudain une impression de froid, et puis mon estomac se retourna et je sentis qu'en fait j'avais très, très faim.

Sans rien dire à personne, je sortis à reculons vers la pièce principale et j'allai tout droit au garde-manger pour me servir une assiette de galettes de riz. Je repris vite des forces, du moins jusqu'au moment où ma sœur Zhema sortit la tête de la porte et me vit assise à côté du feu. Elle fronça les sourcils et s'élança vers moi.

– Quelqu'un est mort et toi tu manges ! Namu, tu pourrais témoigner du respect pour les morts !

Cette gronderie, survenant après le trou dans le sol, les larmes silencieuses de ma mère et la fatigue du voyage, me brisa. Je me mis à pleurer de cette curieuse façon que j'avais de pleurer sans verser de larmes. Alors, ma tante Yufang accourut.

– Chut, me dit-elle gentiment. Il est trop tôt pour pleurer. Si nous commençons à pleurer maintenant, nous rendrons Grand-Mère très malheureuse et elle ne voudra pas nous quitter.

Bien sûr, je ne voulais pas que Grand-Mère reste ici-bas. Je ne voulais pas que Grand-Mère devienne un de ces esprits affamés qui hantent les vivants à jamais. Je voulais que Grand-Mère rejoigne nos ancêtres au pays de Seba'anawa et qu'elle protège notre famille depuis là-bas.

La tante Yufang me prit par la main et je rentrai avec elle dans la petite pièce enfumée où je m'agenouillai devant Grand-Mère, comme on me dit de le faire. Je lui fis un dernier baiser sur le front. Grand-Mère avait l'air paisible. Elle avait l'air de dormir, tout simplement.

Pour la première fois depuis que nous nous étions mis en route, Ama fit attention à moi.

– Nous devons nous en aller maintenant, me dit-elle d'une voix plate. Ton oncle et ses assistants vont la laver.

Je lui tendis la main. Mais elle était très distante et son visage ruisselait de larmes, et je n'étais pas certaine qu'elle fût consciente de mon geste. Quand j'y réfléchis à présent, je ne crois même pas qu'elle se soit vraiment rendu compte que ma sœur Dujelema se tenait à côté d'elle. Je lui serrai les doigts. Ama ne me regarda pas, mais elle prit ma petite main dans les deux siennes. Les mains de ma mère étaient chaudes et très fortes, et toutes rugueuses parce qu'elle travaillait très dur.

Dans la pièce principale, un jeune homme attendait avec un bol de faïence bleue, empli d'eau et de chrysanthèmes jaunes. Une fois que nous fûmes tous sortis de la petite pièce, mon grand-oncle lui fit signe d'entrer, tandis que ses assistants, dont un portait le panier d'osier avec les bandes de tissu blanches, le suivirent et refermèrent la porte derrière eux. Zhema me prit par les épaules en me disant :

– Tu devrais aller jouer dans la cour avec Ache.

Je ne me le fis pas dire deux fois. Je me faufilai entre les gens et sortis dans la cour, mais Ache et les autres enfants étaient partis jouer ailleurs, et je n'avais pas envie de les chercher. Je me sentais fatiguée et troublée. Alors je m'assis sur un petit banc, sous le porche, et je fermai les yeux sous la chaleur du soleil. Je restai ainsi pendant un bon moment, jusqu'à ce que je commence à m'ennuyer et que je me souvienne que j'avais toujours faim. Si bien que j'entrai de nouveau dans la maison.

Ama n'y était plus. Elle n'était pas assise auprès du feu, et elle n'était pas debout à côté du *kang* avec les autres. Elle n'était pas non plus dans la petite pièce. Là, il n'y avait que Grand-Mère, mon grand-oncle et ses assistants.

Mon grand-oncle avait pris Grand-Mère dans ses bras, et il la soutenait tandis que les autres hommes l'enroulaient de bandes blanches – les bandes qu'ils découpaient quand nous étions arrivés. Ils avaient replié ses genoux sous son menton, et ils étaient en train de lui attacher les bras autour des jambes. Sa tête pendait sur le côté. Ses narines étaient emplies de beurre.

Je ne demandai rien. Je savais que je n'avais rien à faire là, mais personne ne m'avait vue. Je m'accroupis et me fis toute petite, et je les regardai faire, à la fois ébahie et fascinée, ces trois hommes qui mettaient ma grand-mère enrobée de bandes blanches dans un grand sac blanc et emportaient le sac vers le trou qu'ils avaient creusé dans la terre.

Mais ce fut tout ce que je vis. Car au moment où ils descendaient Grand-Mère dans le trou, mon grand-oncle releva la tête et ses yeux se fixèrent sur moi. Sa bouche s'ouvrit de surprise mais, avant qu'il ne puisse dire un mot, j'avais fui en courant, je me faufilai dans la foule et sortis enfin dans la cour ensoleillée.

Quand j'eus repris mon souffle et que mon cœur se fut calmé, je me demandai ce que Grand-Mère pouvait bien ressentir dans ce trou, et comment elle arrivait à respirer avec du beurre dans le nez, et si elle avait peur. Et puis je repensai à la manière dont mon grand-oncle lui avait attaché les jambes contre la poitrine et les bras autour des genoux, et je compris pourquoi Ama me grondait quand je m'asseyais près du feu en serrant mes genoux contre ma poitrine.

Après l'enterrement de Grand-Mère, tout le monde retourna dans la petite pièce. Mais le trou avait été refermé et, à sa place, il y avait un monticule d'argile blanche haut comme une termitière, sur lequel on avait planté deux petits drapeaux. Devant, on avait dressé une table basse avec des offrandes et des lampes à beurre. Tout le monde prit sa place autour du monticule, et le daba entonna la chanson des morts.

Ô Grand-Mère,
Quand tu atteindras le pays de Seba'anawa,
Tous les ancêtres viendront t'accueillir.
S'il te plaît, dis à mes ancêtres
Que je voulais leur apporter des cadeaux
Mais que les Pumi sont descendus des montagnes
Et qu'ils ont bloqué mon chemin,
Et je ne parle pas leur langue.
S'il te plaît, dis à mes ancêtres
Que je voulais leur apporter des cadeaux
Mais que les Chinois sont descendus des montagnes,

Et que je ne parle pas le chinois.
Sur le chemin, les hommes conduisent les caravanes,
Mais ils ont la mémoire courte,
Et je n'ose pas leur confier ces cadeaux précieux.
S'il te plaît, Grand-Mère, dis à mes ancêtres
Que je ne peux pas leur apporter mes cadeaux.
Mais toi, puisque tu dois quitter notre village,
Puisque tu dois retourner au pays de Seba'anawa,
Tu peux emporter mes cadeaux avec toi.
Ces cadeaux ne pèsent pas lourd.
Et le vent de la montagne t'emportera
Jusqu'au pays des ancêtres.

Quand le daba termina sa chanson, la voix de tante Yufang s'éleva au-dessus des sanglots.

Ô ma Ama,
Mon cœur souffrira pour le reste de ma vie,
Tu m'as élevée quand j'étais toute petite,
Tu as mâché ma nourriture quand je n'avais pas encore de dents,
[Et tu as essuyé mes petites fesses.
Maintenant ta maison est remplie de tes grands enfants
[Et de tes petits-enfants
Aujourd'hui, même Latso est rentrée avec ses enfants.
Pourquoi n'ouvres-tu pas les yeux ? Comment peux-tu partir
[comme cela ?
Ô ma mère, comment pourrai-je t'apporter le thé demain matin ?
Ô ma mère, comment peux-tu partir comme ça ?
Tu avais promis de m'aider à terminer la couverture,
Et maintenant la couverture est à moitié tissée, et tu es partie !
Comment peux-tu me laisser comme cela ?

En entendant la tante Yufang chanter son nom, ma Ama poussa un petit cri et éclata en sanglots. Mais quand ce fut son tour de chanter, elle retint ses larmes.

Ô ma mère,
Je t'aime du plus profond de mon cœur.
Je sais que j'ai fait beaucoup de choses qui t'ont fait de la peine.

Je sais que tu avais tant espéré de moi.
Mais je n'ai pas eu le temps de te prouver qui j'étais.
Tu m'as quittée trop tôt.

Je n'avais jamais entendu plus belles chansons que celles-ci. J'avais entendu les gens chanter en l'honneur de la déesse de la Montagne, et je les avais entendus chanter en l'honneur de notre lac Mère. J'avais aussi entendu ma Ama et Dujema chanter les chansons du travail et puis j'avais entendu ma mère murmurer des chansons d'amour pour Zhemi, en secret. Mais je ne l'avais jamais entendue chanter ainsi, du plus profond de son cœur. Je n'avais jamais entendu une chanson aussi belle que celle que ma mère chanta pour sa mère quand elle comprit qu'elle était revenue trop tard. À jamais.

Au bout de quelques jours, nous ressemblions tous à la tante Yufang. Il nous était interdit de nous laver pendant les quarante-neuf jours suivant la mort de Grand-Mère, et nos cheveux étaient pleins de boue à cause de tous les *koutou* que nous devions faire devant les lamas, le daba et tous ceux qui venaient présenter leurs derniers respects. Le visage de ma mère était tiré par le manque de sommeil et tout noir de suie. Ses yeux étaient tristes et gonflés. Sa fatigue n'était pas due qu'à sa tristesse, mais aussi à toute la cuisine qu'elle devait faire pour nourrir les visiteurs. Comme ma grand-mère avait trois filles, chacune était responsable d'un repas. La tante Yufang qui était l'aînée avait la responsabilité du dîner, le repas le plus important. Ma mère qui était la dernière devait préparer le petit déjeuner, mais, comme elle était aussi la plus orgueilleuse et qu'elle ne voulait pas que ses sœurs lui fassent de l'ombre, elle faisait de chaque repas un véritable banquet. Et pour réussir cela, il lui fallait se lever très tôt le matin.

Les gens arrivaient encore des villages voisins. Les cousins chez lesquels nous avions dormi sur le chemin de Qiansuo vinrent aussi. Peut-être que, en tout, huit villages entiers passèrent dans la maison de ma grand-mère durant ces quelques jours. Les hôtes arrivaient avec des gamelles en bambou pleines de thé ou de porc salé pour la famille de Grand-Mère, et ma mère et ses sœurs ne devaient pas seulement faire la cuisine pour tout ce monde, mais aussi s'assurer qu'aucun ne rentrerait chez soi avec sa gamelle vide.

Il y avait tant de nourriture, et tant de dons de grain, de porc, de fleurs. Je n'avais jamais senti d'odeurs aussi fortes ni vu autant de richesses. Dans la pièce principale, mes tantes avaient installé une autre table sur laquelle elles avaient posé du riz, des plats de viandes cuisinées, des chrysanthèmes et des lampes à beurre. Au-dessus de la table, elles avaient pendu des habits tout neufs et deux parapluies jaune et rouge. Tout cela était pour Grand-Mère, parce qu'elle ne devait rien regretter. Puisqu'elle devait quitter ce monde, il lui fallait savourer ses derniers repas en famille et porter ses plus beaux habits, et puis, quand elle partirait, elle pourrait se servir des parapluies s'il pleuvait sur le chemin du pays de nos ancêtres.

Un après-midi, tout de suite après le déjeuner, mon grand-oncle et mon oncle apportèrent un gros coffre en bois dans la cour. Il était carré et très beau, fait de sapin clair et décoré avec des fleurs et des poissons. Mes oncles emportèrent le coffre dans la maison, dans la petite pièce, où le daba accrocha des chrysanthèmes aux poutres. Puis mes oncles sortirent ma grand-mère de terre et ils la mirent dans son cercueil, qu'ils rapportèrent dans la pièce principale.

Maintenant, tout le monde pleurait. Grand-Mère allait nous quitter, et c'était bien de lui faire savoir que nous l'aimions. Tous les adultes se prosternèrent, et mes grand-tantes, mes tantes et ma mère se mirent à gémir et à pleurer. Les autres firent comme elles. Couvrant les sanglots et les lamentations, le daba accomplit les derniers rites. D'abord, il chanta la chanson de la cérémonie du chemin à prendre pendant laquelle il raconta l'histoire des Moso et expliqua à Grand-Mère comment trouver la route qui mène au pays des ancêtres. Puis, il présida la cérémonie que l'on appelle « laver le cheval », et Ache et moi courûmes après les gens qui suivaient l'âme de Grand-Mère alors qu'elle faisait son dernier tour du village à cheval. L'âme de Grand-Mère était en paille jaune ; elle portait une belle robe bleue et elle était assise sur un cheval magnifique auquel on avait tressé des fleurs et des plumes dans la crinière.

Le lendemain, les gens formèrent un long cortège avec, en tête, les lamas suivis du cercueil de Grand-Mère, du daba, de la tante Yufang et de ma deuxième tante, de ma Ama et de mon oncle. Derrière eux, et juste devant les autres, il y avait un petit groupe d'hommes. C'étaient les amis de Grand-Mère et peut-être que le père de ma mère se trouvait parmi eux. Mais peut-être qu'il attendait déjà Grand-Mère au pays de Seba'anawa. Et peut-être qu'en suivant le cercueil de sa mère vers le pré où l'on allait brûler sa dépouille, ma Ama s'interrogeait ainsi sur les amants de Grand-Mère, mais peut-être que non. Les gens de la génération de ma mère ne demandaient pas à connaître leur père : ce qui se passait dans la chambre d'une femme, dans la lumière chaude de son âtre, était son affaire à elle seule. Si elle désirait inviter ses amis à la maison pour prendre un verre de vin de Sulima, ou pour dîner avec sa famille, c'était très bien. Mais si elle désirait rencontrer ses amants en secret, sous la couverture de la nuit, cela aussi était très bien. Et puis, il était tout à fait admis de faire des plaisanteries et de se raconter des histoires entre voisins et amis, mais cela aurait été de très mauvais goût que des gens du même sang discutent librement de ce genre de choses.

Pendant que le cortège funéraire continuait son chemin et que les gens pleuraient, se lamentaient, s'effondraient dans les bras les uns des autres et s'arrachaient les cheveux, je restai à la maison avec Zhema, Ache et Howei et les autres enfants. Car la coutume interdit aux enfants de moins de treize ans d'approcher la mort ou de se mêler des affaires des ancêtres. On nous laissa avec les femmes enceintes qui, à cause des bébés qu'elles portent dans leur ventre, ne doivent pas être témoins de la crémation des morts.

Quelques jours après le départ de Grand-Mère pour le pays de Seba'anawa, ma Ama retourna à Zuosuo. Elle emmena ma sœur Zhema et les chevaux, et me laissa avec Ache et Howei chez la tante Yufang. Nous passâmes plusieurs semaines à Qiansuo avec notre sœur Dujelema et les autres enfants, à courir dans les prés, à rire et à jouer avec les buffles. Et puis, un jour, on nous lava la tête et on nous fit prendre un bain et changer d'habits, et mon oncle nous ramena à la maison où ma mère nous donna à manger en silence.

La Révolution culturelle

Après les funérailles de Grand-Mère, on ne vit plus beaucoup mon père. Pendant plusieurs longs mois, ma Ama était trop triste pour recevoir de la visite. Et puis l'hiver revint. La neige recouvrit les sentiers de montagne et Zhemi arrêta de voyager à l'ouest dans les villes tibétaines, et il se rendit à l'est pour troquer des peaux de chèvre et des queues de yack contre du thé et du sel.

– Parce que les queues de yack font les meilleurs balais, nous expliqua Ama.

Mais une fois le plus dur de l'hiver passé, avant que Zhemi ne revienne voir ma mère, les Gardes rouges arrivèrent.

Tout commença avec des battements de gong par-delà les montagnes.

Ma Ama retroussa sa longue jupe et grimpa à l'échelle pour monter sur le toit et avoir meilleure vue. Ache et moi nous précipitâmes dehors pour suivre les enfants du village qui couraient vers le grand tintamarre. Nous courûmes le long du chemin, sous les pommiers en fleur, entre les jardins potagers et les champs semés de maïs, et nous nous arrêtâmes subitement. Une petite foule de gens à la peau pâle venaient à notre rencontre. Ils portaient tous un même uniforme bleu, des casquettes bleues sur la tête et des brassards rouges. Ils s'égosillaient sur une chanson que nous ne connaissions pas et qui, à nos oreilles d'enfants, ne paraissait pas seulement étrange, mais tout à fait terrifiante.

Ces gens n'étaient pas des montagnards.

Ces gens-là n'étaient pas des Moso, ni des Yi, des Pumi ou des Lissous.

– Des Han !

Un des enfants cria.

– C'est des Han !

Il ne nous en fallait pas plus. Nous fîmes volte-face et courûmes à toute vitesse dans la direction inverse, vers le village, en hurlant pour appeler nos mères.

Nous n'avions jamais vu de Chinois en aussi grand nombre. Nous avions rencontré des petits groupes de fonctionnaires qui, à l'occasion, faisaient des visites officielles dans nos villages, et bien sûr il y avait aussi les Chinois qui vivaient parmi nous. Mais ces Chinois-là étaient comme nous ; ils parlaient notre langue et chantaient nos chansons, et leur visage était basané par le soleil et le travail des champs. Les Chinois de Zuosuo n'étaient plus chinois, ils étaient devenus moso. Mais si nous n'avions jamais eu grand-chose à voir avec les Han chinois, nous en avions entendu parler assez souvent : « Si tu es vilaine, les Han viendront te chercher ! » préviennent les mères moso.

Et maintenant les Han étaient venus nous chercher !

Les Han entrèrent dans le village, et les grandes personnes sortirent de leur maison pour examiner les vêtements, très laids, et les peaux maladives. Nous, les enfants, nous cachions derrière nos mères et faisions de notre mieux pour saisir les mots bizarres qui passaient au-dessus de nos oreilles brûlantes. Apparemment, les Han étaient venus de loin pour nous chercher. Ils étaient venus de Chengdu, la capitale du Sichuan.

Les Gardes rouges recouvrirent les murs en terre de notre village avec des affiches de propagande écarlates et, tout comme les communistes l'avaient fait dans les années cinquante, ils rassemblèrent les gens du village dans l'une des plus grandes maisons. Alors, ils demandèrent au chef de notre village de traduire tandis qu'ils dénonçaient les capitalistes, les intellectuels bourgeois puants, les maîtres vénérables et tous les révisionnistes et chiens américains. Quand notre chef manquait de vocabulaire, les communistes donnaient l'ordre de chanter. On chanta beaucoup, mais les gens n'appréciaient pas ces chansons qui leur avaient plu il n'y avait même pas deux décennies. Comme les autres communistes, ces Chinois-là n'aimaient pas le thé au beurre, mais après tout ils n'étaient pas venus pour prendre le thé et se mettre à table, ils étaient venus faire la révolution. En revanche, ils aimaient les pommes. Ils avaient une drôle de façon de les manger. Chez nous, personne ne mangeait des pommes comme ça. Les Chinois épluchaient les pommes avec leurs couteaux, en commençant par le haut, et ils les pelaient en rond, en enlevant la peau entière comme un ruban, et nous les enfants, nous qui savions maintenant que les Han n'étaient pas venus pour nous chercher, nous étions enchantés et nous les applaudissions avec joie.

Après quelques jours, les Gardes rouges en eurent assez des puces, du thé au beurre et de toutes ces pommes, et ils partirent entonner leurs chansons et coller leurs affiches rouges dans d'autres villages, plus bas dans la vallée. Il faut dire qu'il n'y avait pas grand-chose à détruire dans nos villages, car nous n'étions que des pauvres paysans analphabètes qui vivaient entre des murs en terre. Dans la petite ville de Zuosuo, les Gardes rouges durent se contenter de crever les yeux des dieux peints sur les murs du temple puis de leur arracher le visage, du moins jusqu'à ce qu'ils aient découvert la maison de Xiao Shumi, où ils arrachèrent les portes et trouvèrent enfin l'occasion de se démener contre l'ennemi du peuple.

Xiao Shumi était la femme de notre ancien seigneur et la fille d'une importante famille militaire du Sichuan. Notre seigneur l'avait épousée en 1942 en vue d'acquérir par ce marché la protection du généralissime du Sichuan. En effet, notre seigneur portait le nom de famille La, qui veut dire « tigre » dans notre langue, mais, en 1940, ces tigres avaient perdu leurs crocs et leurs griffes depuis déjà bien longtemps. Presque tous les hommes du clan des La étaient dépendants de l'opium. Notre seigneur était complètement incapable de protéger son peuple contre les bandits tibétains et les tribus yi, qui faisaient des razzias quand ils en ressentaient le besoin ou l'envie, qui nous volaient nos récoltes ou nos bêtes, brûlaient nos maisons et enlevaient les petits enfants, qu'ils revendaient comme esclaves. La situation était telle que, lors d'une razzia notoire, les Tibétains avaient presque réussi à enlever notre chef et, à une autre occasion, les Yi avaient mis le feu à sa maison.

En 1942, il fallut un mois entier pour que Xiao Shumi et sa suite puissent traverser les montagnes infestées de bandits et arriver dans la vallée étroite de Zuosuo, où son mari les attendait dans son *yamen* à moitié brûlé. Elle n'avait que seize ans et n'avait pas choisi ce mariage. Le chemin ne pouvait que lui paraître très long. Pourtant, elle accepta ses devoirs avec dignité, et elle se rendit bientôt très utile à son mari. Même si cette alliance n'apporta guère les résultats politiques escomptés (le généralissime du Sichuan ne manifesta aucun désir de protéger Zuosuo), Xiao Shumi était très intelligente et bien éduquée, et elle obtint très vite une renommée grâce à ses prouesses au boulier compteur. Après la réforme démocratique de 1956, l'Armée populaire de libération avait réduit notre seigneur féodal et sa femme, de même que les autres nobles et aristocrates, au rang des gens du peuple. Xiao Shumi avait accepté son nouveau sort sans se plaindre, et elle s'était liée d'amitié avec beaucoup de gens, dont ma mère. Tout le monde avait fini par la respecter.

Mais, pour les Gardes rouges, l'épouse de notre seigneur demeurait un oppresseur féodal qui méritait d'être humilié et puni pour les horreurs de l'histoire. Quand ils eurent brûlé les portes de sa maison, ils lui mirent un grand bonnet d'âne sur la tête et ils la promenèrent dans les rues du village. De temps en temps, ils s'arrêtaient et ils hurlaient après elle en la bousculant. Ils la forçaient à s'agenouiller et à toucher le sol de son front, et ils lui criaient dans les oreilles :

– Vive Mao Zedong ! Vive le Parti communiste ! Mort aux exploiteurs ! Mort à la salope !

D'abord, les gens suivirent Xiao Shumi dans les rues étroites du village, et ils regardèrent ce qui se passait avec horreur, ne sachant que faire. Mais quand ils comprirent qu'elle devrait revivre cette humiliation tous les jours, ils ne la suivirent plus.

Quand les villageois arrêtèrent de suivre Xiao Shumi, les Gardes rouges la menèrent de porte en porte et ils ordonnèrent aux gens de sortir de leur maison pour venir voir. Alors les gens sortirent. Et puis ils rentrèrent chez eux, et ils n'osèrent plus ressortir. Bientôt les enfants étaient seuls à sortir, pour cueillir de l'herbe à cochon. C'est ainsi que ma sœur et moi vîmes Xiao Shumi pour la dernière fois.

Nous étions au bord du lac quand Zhema dit :

– Regarde, c'est elle !

Et elle pointa du doigt un grand cône recouvert de caractères chinois qui planait au-dessus l'herbe haute.

C'était bien elle. C'était Xiao Shumi sous le cône. Je suivis ma sœur à la rencontre de la femme de notre vieux chef. Elle était courbée et travaillait dur. Son front brillait de sueur. À quelques pas, deux Gardes rouges étaient allongés dans l'herbe, ils fumaient.

– Pourquoi tu ne te sauves pas, Ami Xiao Shumi ? lui demandai-je à voix basse.

Xiao Shumi se redressa, et nous regarda pendant un moment sans rien dire. Et puis elle toucha son bonnet d'âne :

– Et où me cacherais-je ? fit-elle avec un pauvre sourire.

Mais ne vous inquiétez pas pour mes vieux os. Comment va votre mère ?

Elle passa sa main dans mes cheveux, ajouta qu'elle avait encore beaucoup de travail à faire et reprit sa cueillette. Quand elle eut terminé, elle remit son panier sur son dos. Je la regardai partir entre les révolutionnaires, toute petite et tremblante sous cette grande chose blanche. Nous ne la reverrions pas avant plusieurs années.

Quelques jours après avoir vu Xiao Shumi pour la dernière fois, nous apprîmes que les Gardes rouges avaient pris nos barques pour traverser le lac Lugu et rejoindre la plaine de Yongning, où ils avaient retrouvé un autre contingent de contempteurs de la féodalité. Là-bas, ils insultèrent et battirent les lamas, ils sortirent les gens de leur maison pour les emmener en prison, ou pire encore. Ils réduisirent en ruine le grand monastère et brûlèrent les maisons de nos anciens chefs, les descendants du grand Kubilai Khan. Et, dans les ruines et les cendres, sept cents ans de notre histoire disparurent.

Mais même les catastrophes ne peuvent durer éternellement. Quand les récoltes sont dévastées, les locustes se retirent. Le ventre repu de destruction, les Gardes rouges retournèrent d'où ils étaient venus. Après leur départ, les vieux chênes jaunirent dans les montagnes et, après eux, dans notre vallée, ce fut le tour des poiriers et des noyers. Les affiches de propagande virèrent au rose sur les murs. Tout doucement, la vie redevint normale. Les vieilles personnes séchèrent leurs larmes et se réconfortèrent à petites gorgées de thé au beurre en se disant que, après tout, elles en avaient vu d'autres.

Mais, chez nous, ma mère continuait de nous servir notre dîner sans nous parler. Son cœur était froid. Ses pensées étaient à Qiansuo où Grand-Mère n'était plus, et où Zhemi, que nous n'avions pas vu depuis si longtemps, dormait sans elle. Je cherchais en vain sur le visage de ma mère une fin à sa tristesse, et je tournais les yeux vers ma grande sœur, mais Zhema n'avait pas de réponse à me donner. Alors, je baissais les yeux vers le bol de nourriture posé sur mes genoux.

J'aurais voulu de la viande. Cela faisait très longtemps que nous n'avions pas mangé de viande.

Une paire de chaussures rouges

Nous entrâmes dans la cour en courant, en soufflant sur nos doigts froids et en nous mouchant dans nos manches, et la première chose que nous remarquâmes, c'était que notre Ama avait changé de veste.

Elle avait quitté sa veste noire de tous les jours et avait mis la rouge, celle qu'elle portait au moment des fêtes. Elle était en train de fendre du bois et, quand elle releva la tête, ses yeux brillaient. Elle posa sa hache par terre et vint à notre rencontre pour m'aider avec mon petit panier. Puis elle prit Ache par la main et nous rentrâmes dans la maison, comme cela, tous les trois. Cela faisait très longtemps que notre Ama ne s'était pas montrée aussi attentionnée.

À l'intérieur, les feux brûlaient de vives flammes, et notre nouveau petit frère Homi dormait, tout heureux, dans les bras de Zhema. Un arôme de soupe de cochon remplissait l'air. Ce n'était pas de la viande de porc fraîche, bien sûr. Ama n'avait fait que découper des tranches de *bocher*, le porc salé que tous les Moso gardent étendu comme un matelas, sur le grand banc dans la pièce mère, et quelquefois pendant de si nombreuses années que la graisse en devient jaune foncé. Non, ce n'était pas de la viande fraîche, mais c'était de la viande et ça sentait bon.

Et mon père était assis près du feu.

– Mon oncle ! Tu es revenu ! criai-je en le voyant.

– Et où donc étais-tu ? me demanda Zhemi en souriant.

– Je cueillais de l'herbe pour les cochons.

– C'est bien, dit-il.

Mon père se leva et nous servit du thé au beurre, à moi et à Ache.

– Fais bien attention de recracher les graines, autrement un arbuste te poussera en haut de la tête.

Ma Ama trouva cela amusant et elle se mit à rire.

Mon père revint s'asseoir sur le *kang* auprès du feu, les jambes croisées en tailleur. Son beau visage était noirci par l'air des montagnes, mais là, dans la lueur des flammes, on aurait dit du cuivre. Sa chevelure était épaisse et ondoyante, et il avait ce que nous appelons un nez de yack, le nez noble du yack mâle, large, fort et cassé, avec les narines bien arrondies. Et puis, il avait de très belles mains. Il avait les mains les plus belles. C'était l'homme le plus beau. C'était aussi, comme disent les Anglais, un homme de peu de mots.

Sans rien nous dire, il se pencha de côté et attrapa son grand sac de toile. Il en retira trois briques de thé et un sac de riz, une sorte de riz doux qui ne pousse pas autour du lac Lugu et pour lequel il avait certainement marchandé très dur. Le thé et le riz étaient pour ma mère. Pour Zhema, il avait un châle rose avec de grosses fleurs rouges et blanches, pour Ache une ceinture tibétaine et, pour le petit Howei, un cône de sucre brun. Mais, apparemment, il n'avait rien pour moi : il referma son sac et le posa contre le mur, reprit ses aises près du feu et roula une feuille de tabac.

Mon père alluma sa cigarette et souffla quelques ronds de fumée.

J'éclatai de rire. Je savais qu'il m'avait apporté quelque chose et qu'il me taquinait. J'avais bien raison. Zhemi se mit à rire avec moi, repoussa sa cigarette au coin de ses lèvres et reprit son sac. Et il me tendit les chaussures.

Des chaussures de velours rouge avec des petits pois noirs et un ruban noir. Et des semelles de caoutchouc blanches.

Avec une doublure en coton duveteux et rose. Un coton rose, duveteux, tout doux.

C'étaient les plus belles chaussures que j'avais jamais vues. C'étaient mes premières chaussures.

Alors que je me tenais debout comme cela avec mes chaussures dans les mains, ravie, muette, ma mère tira une petite chaise près du feu et, comme je restais immobile, elle me poussa doucement sur la chaise avant de verser quelques louches d'eau chaude dans notre cuvette en émail bleu pour me laver les pieds. Comme je n'avais encore jamais mis de chaussures, mes pieds étaient tout meurtris à force de courir sur la boue gelée et la neige, et c'était dur de brosser toute la saleté ; quand mes pieds furent enfin propres, leur peau était d'un blanc inhabituel, toute molle et fripée.

Les yeux de ma mère s'embuèrent.

– Ils sont exactement comme les pieds de ton oncle.

Bien sûr, je savais ce qu'elle voulait dire : que mes pieds étaient comme ceux de Zhemi et qu'elle aimait mon père. C'était là une parole très douce. De ma vie, ma mère ne me dirait jamais de mots plus tendres que ceux-là. Et aujourd'hui, quand je repense à ma Ama qui me disait que mes pieds étaient comme ceux de mon père, mon cœur se serre et je voudrais ne pas avoir gâché toute une vie de larmes, à pleurer sans savoir pourquoi, comme je l'avais fait pendant les trois premières années de ma vie.

J'enfouis mes pieds dans mes chaussures, je remuai les orteils et je fermai les yeux.

Mes pieds, chauds et mous après le bain, s'imprégnèrent de la chaleur moelleuse des chaussures. C'était comme du miel et je fondais. Du moins, pour un moment. Car mes pieds et mes chevilles étaient tellement abîmés par le froid que tout ce nettoyage m'avait mis la chair à vif, et cela commença bientôt à me démanger, je me mis à me gratter et puis je ne pus plus m'arrêter.

– Il vaut mieux que tu les enlèves, me dit Ama. Comme ça,

tu ne te gratteras plus, et puis, ça t'évitera de les salir. Garde-les pour les fêtes du Nouvel An. Allez, va les ranger et viens manger.

La soupe de cochon sentait pourtant bien bon, mais j'étais tellement excitée à cause de mes chaussures que je ne pouvais rien manger. J'avalai tout juste quelques bouchées avant de sortir en courant, mes chaussures à la main, pour aller parader devant mes amies. Mais ma Ama avait raison, je ne devais pas salir mes chaussures, et les petites filles durent se laver les mains avant de pouvoir les toucher. Et quand elles eurent enfoui leurs mains dans mes chaussures et qu'elles eurent savouré la chaleur de la doublure et posé leur nez sur les semelles de caoutchouc, et que nous nous fûmes mises d'accord sur qui pourrait les emprunter et enfin s'en chausser – après bien sûr que je les aurais portées au Nouvel An –, je rentrai à la maison.

Ce soir-là et toutes les nuits suivantes, je grimpai dans le lit avec mes chaussures, que je rangeai sous mon oreiller. Je me blottis contre Zhema et je m'endormis en rêvant au Nouvel An qui approchait. Je rêvai de soupe de poulet et de grosses tranches de jambon, et des petits bruits secs que mes jolies chaussures rouges allaient faire quand je sautillerais sur la terre rouge et glacée en me rendant d'une cour à l'autre pour souhaiter à tous nos voisins bonheur et longévité.

Un matin, je me réveillai et trouvai ma mère dans la cour, occupée à balayer la poussière. J'eus tout de suite l'eau à la bouche. Ma Ama balayait la poussière de la vieille année pour que nous puissions accueillir la nouvelle, et cela voulait dire qu'il ne restait plus que six jours avant le Nouvel An. Le vingt-neuf du mois, ma Ama découperait les tranches de porc salé et elle préparerait du riz et le pain sans levain qu'on appelle *baba*. Le trentième jour, elle tuerait un poulet et Dujema nous apporterait de la viande de chèvre. Et puis, la veille du jour de l'An, ma Ama inviterait le chien à dîner à la maison, comme un être humain, pour manger du riz, du *baba*, du poulet, du porc et du chevreau. Le chien ne prendrait même pas le temps de remuer la queue pour montrer sa gratitude. Ma Ama le remercierait de nous avoir donné notre vie humaine, et lui, il avalerait à toute allure, croquerait et s'étranglerait, le ventre gonflant comme une vessie de porc sous ses côtes saillantes. Enfin, il écraserait son museau dans sa gamelle de fer vide qu'il pousserait partout dans la maison, jusqu'à ce qu'il en ait léché l'odeur même. Alors il s'installerait dans un coin, avec la gamelle entre les pattes, et ce serait notre tour de nous asseoir près du feu et de déguster notre festin.

Bien sûr, il y a une histoire à propos du chien.

Il y a de cela très longtemps, les gens et les animaux vivaient pour toujours. Et comme l'éternité s'éternisait et qu'il y avait de plus en plus d'êtres humains et de plus en plus d'animaux, il y avait aussi de moins en moins de place pour dormir et pour s'amuser, et de moins en moins à manger. Les animaux et les gens commencèrent à se disputer et à se bagarrer, et finirent par faire tant de tapage que le Grand Ciel ne put plus les supporter.

Alors le Grand Ciel rassembla tous les animaux pour leur expliquer qu'il avait trouvé une solution : désormais, à part les déesses et les dieux, personne sur terre ne vivrait éternellement. Tous les êtres auraient une vie mortelle, ce qui signifiait qu'à la fin de sa vie chacun mourrait. Le Grand Ciel cependant ne voulut pas assumer la responsabilité d'imposer des longueurs de vie et il décida de donner à tous les animaux une chance de répondre à son appel.

Quand le Grand Ciel cria mille ans, l'oie sauvage répondit :

– Moi ! Oui, c'est pour moi !

Et quand le Grand Ciel cria cent ans, le canard sauvage dit :

– Oui ! C'est pour moi !

Et quand le Grand Ciel cria soixante ans, ce fut le tour du chien :

– Oui !

Et c'est ainsi que l'être humain, qui était traînard et maladroit, n'obtint que treize années.

Profondément déçu à l'idée d'une vie si courte, l'être humain alla se plaindre au Grand Ciel. Mais le Grand Ciel ne s'intéressait pas aux jérémiades, et suggéra que l'être humain aille se débrouiller avec les autres animaux. Alors l'être humain s'en alla plaider sa cause auprès des animaux qu'il implora d'accepter ses treize ans et de lui donner leur vie en échange. Naturellement, ce marché n'intéressa personne, jusqu'à ce que l'être humain le propose au chien, qui accepta, tout simplement parce que les chiens ont toujours aimé les humains. Et l'être humain fut tellement reconnaissant qu'il s'engagea à protéger le chien pour toujours. Voilà pourquoi, à la veille du Nouvel An, on invite les chiens à dîner, pour commémorer le sacrifice du chien.

Le jour de l'An, nous allâmes faire les visites coutumières chez les voisins, pour leur souhaiter bonheur et longévité. Sous sa cape de peau de chèvre, ma Ama portait sa veste rouge et une ceinture multicolore autour de sa taille. Ma sœur avait mis son châle, et moi mes chaussures rouges toutes neuves.

J'étais très fière.

Nous allions de maison en maison, et je ne pouvais m'empêcher de regarder mes pieds. Quand nous nous asseyions auprès du feu pour manger des friandises et prendre des boissons, je n'avais conscience que d'une chose, mes pieds dans mes jolies chaussures toutes douillettes.

Mais au fur et à mesure que le jour vieillit et s'obscurcit, mes jolies chaussures changèrent de couleur. La poussière de la vieille année avait été balayée dans toutes les cours, mais, aussi propres que ces cours aient pu être, la terre rouge collait tout de même à mes semelles. Et puis, tout le monde voulait les toucher et en sentir la douceur et la chaleur, et moi, je ne pouvais pas éviter toutes ces mains noires de suie. Quand nous rentrâmes à la maison dans la soirée, les semelles de mes chaussures étaient marron et le dessus était sale, couvert des traces noires que toutes ces mains curieuses avaient laissées.

Comme les autres étaient tous très fatigués, gavés du festin et ivres du vin de Sulima, ils allèrent directement se coucher. Mais moi, je ne voulais pas dormir tout de suite – j'allais remettre mes chaussures le lendemain, et je voulais qu'elles soient aussi propres et aussi belles que lorsqu'elles étaient toutes neuves. Je versai quelques louches d'eau dans la bassine en émail ; je lavai et brossai mes chaussures jusqu'à ce qu'elles soient de nouveau toutes neuves et je les plaçai contre l'âtre pour les faire sécher.

Comme je savais que cela allait prendre du temps, au lieu de me coucher à côté de Zhema, je grimpai sur le *kang* et je m'assis près du feu pour attendre. Mais j'étais très fatiguée et, avant de m'en rendre compte, je m'endormis.

L'odeur de coton brûlé me réveilla.

Je ne pleurai pas.

Je m'accroupis sur mes talons abîmés et je regardai le gros trou horrible dans ma belle chaussure rouge. La chaussure gauche.

Le lendemain matin, ma Ama bourra la doublure avec de la paille et elle rapiéça le trou avec du coton noir, et quand elle eut terminé nous partîmes rendre visite au lama Ruhi, parce que la coutume enseigne que cela porte chance de toucher la tête d'un bonze le jour de l'An. Alors, je remis mes chaussures rouges, mais tout ce que je voyais maintenant, c'était cette horrible pièce noire. Et quand mes petites amies arrivèrent pour mettre mes chaussures, c'est tout ce qu'elles virent aussi. Cette horrible pièce noire. Et elles en rirent.

– Grosse bête ! me crièrent-elles avant de repartir chez elles en courant.

Je jetai mes chaussures dans la porcherie.

Quelque temps après le Nouvel An, mon père revint nous rendre visite. Cette fois, il nous apportait de la viande et des saucisses de yack. Quand il me vit marcher pieds nus, il demanda :

– Tu n'aimais donc pas tes chaussures ?

– Ne lui parle pas de ses chaussures ! répondit ma Ama. Elle a été assez malheureuse comme ça.

– Elles ont brûlé, lui dis-je.

– Eh bien, ne t'inquiète pas, je t'en apporterai d'autres, dit mon père.

Mais il ne le fit jamais. Pendant un moment, je mis les vieilles chaussures en coton vert de ma sœur. Des chaussures tout usées au talon et rapiécées avec de l'écorce et des feuilles. Elles étaient bien trop grandes pour moi et, en peu de temps, elles devinrent dures et visqueuses à cause de l'humidité et du froid. Je les jetai à leur tour, sur le sentier de montagne, et puis, après ça, je remarchai pieds nus.

Deux cuisses de poulet et un homme affamé

La vie de village, en général, est sans surprise. La tradition file l'éternel retour des saisons au long d'attentes familières et d'habitudes usées. Les générations d'aujourd'hui emboîtent le pas des précédentes, la routine de tous les jours n'est rompue que par quelque calamité – un orage de grêle, la sécheresse, les locustes, un tremblement de terre. Ou une révolution. Il arrive aussi, mais c'est beaucoup, beaucoup plus rare, que les règles soient brisées par des individus entêtés. Et alors là, il peut même y avoir un scandale. Ma Ama avait brisé les règles sociales quand elle s'était installée dans sa propre maison à Zuosuo, et elle avait aussi brisé le cœur de sa mère, mais il n'y avait pas eu de scandale. En fin de compte, Grand-Mère s'était dérobée à la bataille et elle avait cédé devant la volonté de ma mère. Grand-Mère était une femme d'une grande sagesse.

En fait, c'est très difficile de faire un scandale chez nous. Nous vivons tous très proches les uns des autres, mais nous ne cultivons pas le type de pensée qui, dans d'autres parties du monde, se complaît dans l'indignation publique. Pour commencer, les femmes moso ne sont pas souillées par la honte sexuelle – parce que la sexualité, je l'ai appris plus tard, est trop souvent cause de disgrâce dans le monde. Mais même en dehors de notre liberté sexuelle qui a fasciné les révolutionnaires, les spécialistes en sciences humaines, les fonctionnaires de la santé publique et, plus récemment, les touristes du monde entier, nous, les Moso, nous nous plions à des règles d'honneur qui nous interdisent le plaisir douteux des ragots et des potins.

Nous ne devons pas dire du mal des autres, ni hausser la voix, ni même discuter de leurs affaires privées. Lorsque nous sommes en désaccord avec quelqu'un, nous en parlons à voix basse, ou bien nous faisons des euphémismes, ou éventuellement nous nous moquons de lui. Bien que nous ressentions ces passions, nous devons réprimer la jalousie et l'envie, et nous devons toujours être prêts à passer outre nos différends pour rétablir l'harmonie. Tout cela peut paraître utopique, mais c'est tout à fait la vérité. Du point de vue moso, personne n'est plus ridicule qu'un amant ou une maîtresse jaloux, et à moins de commettre un crime comme, par exemple, voler quelque chose, il n'y a pas plus déshonorant qu'une colère injurieuse ou un manque de générosité. Si bien que personne au pays moso ne se souvient aujourd'hui d'un meurtre, d'une agression ou d'un vol, ou même d'une querelle violente entre voisins ou entre amants déchus. Dans ces circonstances, on comprendra que, chez nous, les gens qui ont mauvais caractère et qui se brouillent avec leur famille sont plutôt rares. Et pourtant c'était bien là le destin que les dieux avaient choisi pour la famille de ma mère. Mais même ma mère n'avait pas fait de scandale. Non. Le scandale allait sceller ma propre destinée. Mais je reparlerai de tout cela plus tard.

Je grandis à Zuosuo avec beaucoup de liberté. Nous, les enfants, pouvions vagabonder comme nous en avions envie. Nous allions en visite dans toutes les maisons et même dans les villages voisins sans que nos mères aient à s'inquiéter pour notre sécurité. Les grandes personnes étaient toutes responsables des enfants, et tous les enfants devaient le respect à leurs aînés. À part faire tomber des pierres dans les tuyaux de bambou qui alimentent les villages en eau courante, nous n'avions pas vraiment l'occasion de faire des bêtises. Chez nous, il n'y avait rien à casser ni rien à voler, et personne ne méritait d'être insulté – ou bien, si c'était le cas, nous ne le savions pas. Nous n'allions pas à l'école, mais nous étions quand même occupés. Nous ne savions ni lire ni écrire, mais nous n'étions pas entièrement dépourvus d'éducation. Tandis que les petits garçons jouaient dans les rues du village et dans les champs en attendant de devenir des hommes et d'être instruits par leurs oncles, nous, les petites filles, nous connaissions déjà le travail et nous avions tout de suite des responsabilités. Dès l'âge de cinq ans, nous suivions nos mères dans les champs, avec nos petits paniers sur le dos. En nous donnant l'exemple, nos mères nous apportaient tout le savoir dont nous avions besoin.

Ma mère allait et venait dans la maison comme le vent. Ce dont je me souviens particulièrement, c'est le bruit que faisait sa jupe. Sa longue jupe qui lui battait les chevilles – une jupe noire pour les jours ordinaires, une jupe blanche pour les jours de fête. Elle n'arrêtait jamais de travailler. Elle était toujours occupée. Elle allait et venait dans les champs – les champs de tournesol, les champs de maïs, les rizières. Elle allait et venait dans la maison. Elle donnait à manger aux cochons et aux poules. Elle nous donnait à manger à nous.

Je dois avouer que je me souviens mieux de la jupe de ma mère que de son visage. Mais, d'un autre côté, je ne me souviens pas très bien de ma petite enfance – à part les grondements que faisait mon ventre vide, et quelques événements comme les funérailles de Grand-Mère et mes chaussures rouges, et puis l'histoire des cuisses de poulet et de l'homme affamé.

Cela s'est passé quand j'étais un peu plus grande, quand je vivais déjà dans la montagne avec mon oncle. J'étais revenue à la maison à l'automne, pour quelques semaines. Mon oncle aidait à réparer la maison et moi j'aidais à détacher les grains de maïs des épis.

– Ama a tué le gros coq rouge, nous dit Zhema tandis que nous nous installions pour égrainer le maïs. Nous allons manger du poulet ce soir.

– Pourquoi ? Il se passe quelque chose de spécial ? répondis-je toute excitée, en insinuant que peut-être mon père allait nous rendre visite.

– Non, fit Zhema, il ne se passe rien de spécial.

– Quelqu'un est malade ? demanda mon frère Ache à son tour.

– Non, personne n'est malade, continua Zhema tout en pelant son épi de maïs. Et elle ajouta avec un petit ricanement : Tu vois le daba quelque part ?

Ache fit la grimace. Il fallait bien qu'Ama ait une raison pour tuer le coq. Ce n'était pas tous les jours que nous mangions du poulet, ou même de la viande. On tuait les poulets quand on avait des invités, ou pour faire des offrandes aux dieux et aux ancêtres pendant les cérémonies de guérison. Et, justement, c'était à ces occasions-là qu'on invitait le daba pour faire les sacrifices, parce que les lamas sont bouddhistes et qu'ils ne doivent pas tuer les animaux. Par ailleurs, la plupart des lamas sont végétariens.

– Non, répéta Zhema. Personne n'est malade et il n'y a rien de spécial. Ama a dit que le coq est trop vieux et que si on ne le mange pas bientôt, il sera trop coriace.

Ma sœur était devenue une grande personne. Elle portait une jupe longue, un turban autour de la tête et un gros bracelet au poignet. Elle avait sa chambre à coucher. Ses allures de grande personne, et le fait qu'elle était toujours au courant des projets de ma mère, m'énervaient. Mais à ce moment-là j'étais enchantée à l'idée de manger du poulet.

– Zhema, tu me donneras la peau ?

Ma sœur ramassa un autre épi de maïs et répondit :

– Je te donnerai la peau si tu me laisses les cuisses... Allez, je te laisserai les os aussi. Qu'est-ce que tu en dis ?

Je ne dis rien. Je voulais réfléchir un peu. Ma sœur était une grande personne et il lui arrivait souvent d'être plus rusée que moi.

Zhema se mit à rire.

– C'est drôle que tu aimes tant les os. Tu étais peut-être un chien dans une vie antérieure, qu'est-ce que tu en penses ?

Mais, avant que j'aie pu répliquer et lui lancer quelque commentaire sur ses propres vies antérieures, Ache nous interpella et désigna le portail.

Un homme se tenait là, de l'autre côté de la cour. Il portait un pantalon noir très large et une veste noire, et une cape en feutre sur les épaules. Sa tête était entourée d'un turban gris, duquel s'échappait une petite touffe de cheveux noirs. C'était un Yi, et nous ne l'avions encore jamais vu, mais nous ne doutions pas qu'il fût venu de très loin. Il avait l'air d'attendre que ma sœur et moi arrêtions de nous chamailler.

– Hé ! Qu'est-ce que vous faites ici ?

– Mais il est venu mendier, interrompit Zhema. Ne lui parle pas !

Je regardai l'homme. Il était si maigre, il semblait que son visage noir et sale ne tenait que par la peau, et il y avait une expression de tristesse si profonde dans ses yeux que j'eus l'impression de regarder dans un trou noir – le genre de trou dans lequel ils avaient mis Grand-Mère. C'est à cause de ses yeux que je lui dis :

– Entrez ! S'il vous plaît, entrez !

Il resta figé, sans me répondre.

– Arrête, Namu, murmura Zhema. Il a l'air louche. Il est peut-être malade ou fou. Il y a un mauvais esprit autour de lui.

– Mais non, il n'y a pas de mauvais esprit. Il a peur de toi, c'est tout.

Je me retournai à nouveau vers l'homme. Et là je me demandai si, peut-être, il ne parlait pas parce que, justement, il ne pouvait pas, parce que ses lèvres étaient horriblement coupées et qu'elles saignaient, et sans doute cela lui aurait fait mal de les remuer. Mais quand je regardai à nouveau ses yeux, je compris soudain son silence désespéré. L'homme avait faim. Il avait faim, mais pas juste faim de viande. Il avait vraiment faim.

– Vous voulez manger quelque chose ? lui demandai-je en lui montrant ma bouche, avec l'idée qu'il ne comprenait peut-être pas notre langage.

L'homme inclina la tête doucement, et il leva un pied pour franchir le seuil de notre cour, mais l'effort était trop important. Il vacilla et s'effondra.

Zhema se précipita vers lui en criant.

Je me précipitai dans la maison. Près du feu, par terre, il y avait une casserole de riz déjà cuit pour notre dîner et puis il y avait le poulet. J'attrapai un bol et je le remplis de riz sur lequel je versai quelques louches de bouillon de poulet. J'ajoutai un peu de viande blanche et une aile – et une cuisse, et, après y avoir un peu réfléchi, l'autre cuisse. Ensuite, je découpai un bout de porc salé : une grosse tranche de gras jaune. Quand je ressortis, je vis que Zhema et Ache avaient fait asseoir l'homme sur une petite chaise.

– S'il vous plaît, monsieur, mangez, dis-je en posant la nourriture sur ses genoux.

Ma sœur hocha d'abord la tête pour l'encourager mais, quand elle vit les deux cuisses de poulet et la quantité de riz que j'avais mise dans le bol, elle me foudroya du regard. Je ne sais pas si l'homme remarqua la tête de ma sœur. Tout ce dont je me souviens, c'est que l'odeur de la nourriture lui redonna immédiatement des forces.

– Merci. *Kashasha. Kashasha,* murmura-t-il du bout de ses lèvres ensanglantées.

Et peut-être que cela lui faisait aussi mal de manger que de parler, parce qu'il mangeait très, très doucement. Du moins, c'est ce que je pensai alors, parce que je n'avais jamais assez souffert pour apprendre que c'est comme ça qu'on doit manger quand on a failli mourir de faim. Mastiquant chaque bouchée pendant une éternité, le Yi finit par avaler la moitié du riz et la moitié du poulet. Il laissa tout le porc.

Zhema lorgnait la cuisse de poulet qu'il avait laissée sur le côté du bol.

– Ça y est ? Vous avez fini ? Alors vous n'aimez pas notre *bocher* ? lui demanda-t-elle un peu rudement.

– Mais si, j'aime tout. Merci. *Amisei,* répondit-il cette fois en moso. Je veux seulement garder cette part pour ma fille. Elle m'attend à la maison.

Sa voix était plus forte maintenant. Son visage avait repris une expression plus humaine et, bien qu'il fût tout aussi effroyable de maigreur, la force de ses traits impressionnait. Il avait un nez aquilin, et il y avait un éclat au fond de ses yeux, même tels qu'ils étaient, tout enfoncés par la faim. Il portait une boucle d'oreille d'argent garnie d'un morceau d'ambre et d'un petit corail écarlate. L'homme était un Yi Noir, il appartenait à la vieille aristocratie que l'Armée populaire de libération avait vaincue en 1956. Seule la souffrance de sa fille affamée avait pu le convaincre de venir dans notre village pour y demander de l'aide, car les Yi Noirs sont les gens les plus fiers du monde.

– Oh ! s'exclama Zhema, tout à coup honteuse de sa dureté.

– On peut vous en donner plus, dis-je. Ne vous inquiétez pas, mangez tout.

Et je repartis en courant vers la cuisine.

Je revins avec un sac de riz et une gamelle en bambou remplie de porc salé. Entre-temps, Zhema lui avait apporté de l'eau.

– *Kashasha, kashasha,* faisait l'homme en tenant la louche de cuivre à deux mains et en buvant à grandes gorgées.

Mais là, en voyant ses mains sales sur notre louche, Zhema était devenue blanche et elle perdit de nouveau son courage. Quand enfin elle me tendit la louche, elle murmura :

– Tu as intérêt à la nettoyer avant que notre Ama rentre à la maison.

Je partis nettoyer la louche. Il me fallut du temps pour enlever toutes les traces de graisse et, quand je ressortis dans la cour, l'homme était déjà parti. Il était remonté sur son cheval avec le sac de riz, la gamelle en bambou et la moitié de son dîner.

Zhema me regarda dans les yeux et elle n'eut pas besoin de dire quoi que ce soit pour que je comprenne ce que son regard signifiait. J'avais donné la moitié du riz et à peu près la moitié du poulet à un inconnu, et nous devions partager à cinq ce qu'il restait. Et nous ne mangions du riz que deux fois par semaine. Les autres jours, nous mangions du millet et du maïs. Parce que, justement, on mangeait du poulet quand on avait des invités ou quand le daba venait guérir quelqu'un ! Et, en plus, je lui avais donné les deux cuisses de poulet – et je l'avais fait exprès. Alors, je demandai à Zhema :

– Mais cet homme, ce n'était pas un invité lui aussi ? Il n'était donc pas malade ?

– Et que va dire Ama en rentrant, quand elle verra qu'on n'a plus rien à manger ?

Notre Ama rentra à la tombée de la nuit, portant sur la tête un panier rempli de maïs. Elle avait l'air bien fatiguée, mais Zhema ne perdit pas une minute avant de l'informer :

– Ama ! Un Yi très sale est venu mendier et Namu lui a donné notre dîner !

Notre Ama déposa son panier par terre et répondit :

– Oui, les gens en parlaient. Ils n'ont pas eu de bonnes récoltes à cause de la grêle cet été.

Elle renoua sa ceinture autour de sa taille, et elle ajouta :

– C'est drôle de penser que dans ma jeunesse, quand les

Yi étaient dans la misère, ils venaient nous voler. Maintenant, ils viennent demander notre aide. Le monde s'est vraiment retourné. Tu as bien fait, Namu. J'espère que tu lui as offert du thé et qu'il est parti avec tout ce qu'il lui fallait.

À ces mots, ma sœur devint toute rouge. Ama ne l'avait pas réprimandée directement, mais elle m'avait complimentée à ses dépens, et elle avait agi ainsi parce qu'elle voulait nous donner à toutes les deux une leçon sur l'hospitalité et la générosité. Moi, bien sûr, j'exultais. J'avais fait quelque chose de bien, et ma mère m'avait donné raison. En plus, elle avait donné tort à ma sœur qui était toujours au courant de tout et qui était une grande personne.

Naturellement, je n'étais qu'une petite fille qui n'avait pas encore saisi que la modestie peut avoir du mérite (de fait, la modestie est un art que je ne maîtrise pas encore entièrement), mais ma jubilation ne relevait pas seulement de l'orgueil, du pur plaisir d'avoir raison ou même de la jalousie que je ressentais envers ma sœur. Ma mère travaillait tout le temps et elle nous faisait des compliments aussi rarement qu'elle faisait attention à nous. Et, quand elle fit ainsi mon éloge, ses mots me semblèrent aussi doux que ceux qu'elle avait prononcés, une fois, quand elle avait remarqué que mes pieds étaient comme les pieds de mon père.

La montagne

J'avais peut-être huit ans quand ma mère m'envoya vivre dans les montagnes avec mon oncle. Il était venu nous rendre visite à l'automne, comme il le faisait tous les ans, pour nous aider aux récoltes et pour faire les réparations dans la maison.

Mon oncle vivait dans les montagnes entre Qiansuo et Zuosuo, où il gardait les yacks pour les gens du village, comme mon grand-oncle l'avait fait avant lui. C'était une vie dure, surtout pendant l'hiver. Il fait si froid à ces altitudes que les cascades gèlent sur les pans des falaises – comme si le temps même pouvait s'arrêter. Garder les troupeaux est aussi un travail aux lourdes responsabilités. Dans le village de Grand-Mère, chaque famille avait au moins un yack, et les yacks coûtaient très cher. On dit que si une femme perd un poulet, elle pleurera pendant une demi-journée, mais si elle perd un yack, elle pleurera jusqu'à ce qu'elle ait un nouveau yack. De plus, un vacher doit non seulement s'assurer que les animaux restent en bonne santé, mais il doit aussi livrer le beurre aux gens du village tous les mois lunaires. Le beurre est très important pour nous. C'est une chose sacrée, cosmique, l'alchimie du Ciel, de la Montagne, du Soleil, de l'Eau et de la Terre. Le beurre nous sert pour faire le thé bien sûr, mais nous l'offrons aussi aux dieux lors de nos cérémonies religieuses, nous en façonnons des sculptures très belles et très compliquées que nous présentons au temple, et puis c'est avec le beurre qu'on oint le front des nouveau-nés et le corps des morts.

Non seulement mon oncle était un vacher très capable, mais il était aussi très bon menuisier. Il faisait des meubles, réparait les maisons et décorait les portes et les fenêtres en bois en ciselant des oiseaux, des nuages et des fleurs de lotus qu'il peignait de belles couleurs vives. Toutes les portes et les fenêtres de notre maison avaient été sculptées et peintes par mon oncle, et je me souviens que je m'asseyais tranquillement à côté de lui et que je le regardais travailler, fascinée par ses petits pots de peinture. Pour autant, jusqu'à ce que j'aille vivre avec mon oncle dans les montagnes, je n'avais encore jamais vraiment parlé avec lui. En fait, je ne l'avais jamais entendu dire beaucoup plus de dix mots à qui que ce soit.

Le silence de mon oncle provenait d'une grande tristesse. Avant de s'en aller garder les yacks dans la montagne, il avait rendu visite à une femme qu'il aimait beaucoup et qui l'aimait en retour tout aussi tendrement. Pendant l'été, juste quelques semaines avant d'accoucher de son premier enfant, elle était partie dans la montagne avec d'autres villageois pour ramasser des champignons. Elle avait glissé dans la boue parce qu'elle portait des chaussures toutes neuves et elle était tombée dans le ravin.

Après la mort de son amie, mon oncle ne rendit plus jamais visite à une femme. Il devint très silencieux et, après que son frère eut disparu sur la route de Lhassa, il s'en alla vivre avec mon grand-oncle dans les montagnes. Quand mon grand-oncle, qui souffrait de rhumatismes à cause de tant d'années vécues dans le froid et l'humidité, devint trop vieux et trop raide pour s'occuper des yacks, mon oncle commença à travailler seul. À vrai dire, le frère de ma mère se plaisait bien à vivre tout seul dans sa tente. Il aimait s'occuper des yacks, de ses souvenirs et de sa tristesse, et il aimait n'avoir personne à qui parler. Mais même un homme triste et solitaire ne peut pas garder un troupeau de yacks sans aucune aide.

Ma grande sœur Zhema ne pouvait pas aller vivre avec mon oncle. C'était une femme maintenant et ma mère avait besoin d'elle à la maison – pour enfermer les animaux la nuit, pour l'aider dans les champs et pour s'occuper de mes petits frères. D'ailleurs, Zhema devait coucher dans sa chambre. Un jour, elle serait enceinte et elle aiderait ma mère à agrandir sa famille. Quant à mon grand frère Ache, bien sûr il aurait pu aller vivre avec mon oncle parce qu'il n'était pas encore un homme et qu'il n'était pas très utile à la maison, mais Ache ne voulait pas vivre dans la montagne avec notre oncle pour seule compagnie.

Moi, cela ne me dérangeait pas d'aller vivre dans les montagnes. J'aimais bien mon oncle. Surtout, j'aimais bien l'idée de vivre toute seule avec quelqu'un qui ne disait rien et qui ne passerait pas son temps à me donner des choses à faire.

Il fallut une journée de marche pour atteindre le pré où la tente était montée. S'il avait fait le chemin tout seul, mon oncle serait rentré chez lui bien plus tôt. Nos deux petits chevaux portaient nos provisions de riz et de viande salée et mon petit baluchon, et ils n'étaient pas surchargés. Mais je n'avais pas l'habitude de monter à cheval, si bien que dès l'après-midi j'avais trop mal aux fesses pour m'asseoir sur la selle, et j'étais trop petite pour marcher très loin ou très vite. Et puis, comme nous quittions rarement notre vallée, je n'avais pas l'habitude de l'altitude. Dans les hautes montagnes, où l'on s'imagine qu'en se tenant sur la pointe des pieds on pourrait attraper les étoiles, on s'essouffle vite, les jambes s'alourdissent et la tête tourne.

La pleine lune brillait, toute ronde parmi les milliers d'étoiles, quand on entendit enfin le tintement des cloches de cuivre qui se balançaient au cou des yacks. D'abord on entendit les cloches, puis on sentit la fumée de feu de bois qui s'échappait de la tente.

– On est arrivés, dit mon oncle. Voilà, on est à la maison. Tu vas pouvoir manger et te reposer. Tu vois ton grand-oncle là ?

Et il montra du doigt, sous la lumière brillante de la lune, la forme noire d'un homme qui se tenait à côté d'une tente circulaire entre ce qui me parut être deux petites vaches, mais qui, lorsque je me fus rapprochée, s'avéra être deux énormes chiens noirs et très poilus.

Bien que ce fût la première fois que j'allais camper dans les montagnes, j'avais déjà couché sous une tente : un été, nous avions campé au pied de Gamu, la déesse des Montagnes. Nous avions aussi dormi dans une tente une autre fois, quand nous avions rendu visite à la tante Yufang après les funérailles de Grand-Mère. Les tentes moso sont faites de cuir de yack et elles sont exactement comme les tentes mongoles. L'âtre est bâti au centre de la tente, dans un trou qu'on encercle de grosses pierres. Tout comme les feux des maisons, ce feu-là est sacré et il ne doit jamais s'éteindre. Quand nous sortons, nous ajoutons une grosse racine au milieu du feu et nous la recouvrons d'une couche de cendre bien épaisse. Si la racine est très grosse, elle brûlera très lentement et elle sera encore rouge vif à la fin de la journée.

Mon grand-oncle avait déjà pris sa retraite, mais il aimait encore, à l'occasion, passer du temps dans les montagnes, et il avait été très content de garder les bêtes pendant que mon oncle se rendait à Zuosuo pour me chercher. Mon grand-oncle ne m'avait pas vue depuis longtemps.

– Tu as grandi, me dit-il d'un air approbateur.

Je lui rendis son sourire en évitant son regard. Depuis qu'il m'avait surprise dans la petite pièce, pendant les funérailles de Grand-Mère, je me sentais toujours un peu mal à l'aise avec lui, un peu coupable en fait, comme s'il connaissait un lourd et noir secret à mon sujet – ce qui était bien le cas.

Grand-Oncle avait déjà préparé le dîner – un gruau de maïs et de riz – et mon oncle n'avait plus qu'à y jeter quelques légumes frais que nous avions cueillis dans le jardin de ma mère. Quant à moi, j'avais tellement faim que je ne remarquai même pas à quel point tout cela était fade. Quand ils eurent terminé leur dîner, les deux hommes sortirent le vin et se mirent à boire. Ils échangèrent quelques paroles, et je m'endormis.

Le lendemain matin, Grand-Oncle me fit sortir de la tente pour me présenter aux yacks, aux chevaux et aux chiens.

– Si tu vois un loup, me dit-il tandis que nous marchions à travers le pâturage, ne cours pas. Regarde-le et attends qu'il se retourne et qu'il s'en aille. Et si un insecte te pique, prends la cendre de la cigarette de ton oncle et frotte la piqûre avec.

Quand nous arrivâmes à l'enclos des yacks, il m'expliqua comment les appeler et comment leur donner du sel à lécher pour qu'ils produisent plus de lait, et il me montra où je pouvais aller prendre de l'eau. Il m'expliqua qu'au cours des semaines j'apprendrais à reconnaître les bons pâturages où je pourrais emmener les bêtes, et les mauvais. Après cela, nous retournâmes dans la tente et mon oncle m'informa qu'il allait raccompagner Grand-Oncle jusqu'au col dans la montagne, et qu'il serait rentré vers midi. Alors je restai là, dans les montagnes, avec pour compagnie deux énormes chiens et un troupeau de yacks.

Au début, je restai assise tranquillement sous la tente en prenant mon petit déjeuner de pommes de terre rôties et de thé au beurre. Et puis, je dénouai et je renouai mon petit baluchon, dans lequel ma mère avait plié une cape et une couverture tissées de rude laine de yack, une petite serviette en coton pour me laver la figure, quelques vieux habits qui avaient appartenu à ma sœur et la tige d'un pavot d'opium au cas où j'aurais mal au ventre ou à la tête.

« N'oublie pas de la faire bouillir, m'avait conseillé Ama. Tu ne peux pas la mâcher comme ça. »

Mon inventaire achevé, je fixai le feu quelque temps, me sentant un peu perdue et surtout désœuvrée, et je commençai à me demander ce que je pourrais bien faire d'autre. Alors, je sortis.

La montagne ne m'était pas étrangère. J'avais déjà parcouru ses sentiers ardus et notre maison était nichée au pied d'une grosse colline, mais je n'avais encore jamais vu les montagnes comme je les vis ce matin-là, quand je posai mes pieds nus sur la rosée blanche et vaporeuse qui montait de l'herbe. Des murailles de granit rouge et des forêts d'un vert éternel surplombaient les pâturages ; des cimes en dents de scie perçaient l'azur du ciel qu'elles découpaient à travers des plumeaux de nuages – sommet après sommet, à perte de vue. L'air était si pur, si immobile, si vide d'odeurs et de bruits familiers que j'aurais peut-être eu peur si cette beauté ne m'avait pas profondément émue. Et si je n'avais pas été aussi curieuse. J'appelai les chiens et je revins sur les pas que j'avais faits avec mon grand-oncle, en direction de l'enclos, où je tendis la main à un gros yack poilu, avec un triangle blanc sur le front. Le yack enroula sa langue autour de mes doigts. Il cherchait le sel. C'était une sensation étrange et je retirai ma main très vite.

Bon, pensai-je, ça suffit pour les yacks ; et je repartis vers la clôture en bambou qui entourait le potager et où mon oncle avait mis son linge à sécher. J'inspectai le carré de pommes de terre et j'allai voir les chevaux, qui étaient enfermés dans un enclos comme les yacks, mais avec le luxe d'une écurie en dur. J'en conclus avec une certaine satisfaction que cette tente et ces enclos étaient tout comme notre maison. Entre-temps, je chipai quelques fèves que je trouvai dans une malle en bois et que j'emportai dans la tente pour les faire rôtir dans la braise. Quand elles furent bien brûlées, je les écossai et les mangeai. Et, quand mon oncle rentra, il me trouva couchée sur le côté, les deux mains agrippées à mon ventre douloureux.

– Alors, tu vois ce qui arrive quand tu voles la nourriture des chevaux ? me fit-il en riant. Ne t'inquiète pas, ce sont des gaz.

Durant toutes les années que je passai avec les yacks et mon oncle, je ne me sentis jamais seule et je ne m'ennuyai jamais. Notre vie dans la montagne était bien plus variée que la vie au village. Il se passait toujours quelque chose, et il y avait toujours des choses à faire auxquelles on ne s'attendait pas – à cause des animaux qui semblaient avoir des idées bien arrêtées quant aux endroits où ils voulaient aller et à ce qu'ils voulaient manger –, et puis il y avait tant de belles choses à voir, des fleurs sauvages, des oiseaux, des lapins et des cerfs, et un ciel qui changeait toujours. D'ailleurs, nous étions toujours en mouvement. Quand les yacks en avaient terminé avec un pâturage, on les menait dans un autre. Les pâturages étaient très bien entretenus, avec des enclos où nous enfermions les bêtes la nuit. Nous partions avec les chevaux et notre tente que nous dressions là où nous menions les yacks. Au printemps, il nous arrivait de ne pas avoir envie de monter la tente, alors nous nous installions dans un gros tronc d'arbre ou dans une grotte.

Durant les mois les plus chauds, notre journée commençait avec un petit déjeuner silencieux fait de thé au beurre et de pommes de terre rôties assaisonnées de piment. Après cela, j'allais donner aux yacks leur bloc de sel. Et, puisque c'était à peu près tout ce que j'avais à faire, j'étais alors libre de me promener dans les pâturages et les bois pour le restant de la journée, jusqu'à ce que j'éprouve de nouveau la faim, ou que la lune se lève dans le ciel crépusculaire. Je cueillais des fleurs, je cherchais des nids d'oiseaux pour ramasser des œufs, et je ramassais aussi les grosses feuilles dont mon oncle enveloppait le beurre qu'il fabriquait avec le lait des yacks. Et je ramassais des champignons sauvages que nous mangions le soir, ou que je faisais sécher et que nous gardions pour ma mère.

Ma mère m'avait appris qu'il y a trois sortes d'êtres dans le monde : les dieux et les ancêtres qui vivent dans le ciel, les gens qui vivent sur terre, et les autres, qui se sont mal conduits dans leur vie et qui vivent sous la terre où ils balayent l'enfer.

« Et c'est pour ça, me disait-elle, qu'il faut toujours ranger les balais la tête en l'air et le manche en bas. »

Il ne m'était jamais venu à l'esprit que je pourrais me conduire si mal que je mériterais d'aller balayer l'enfer mais, quand je ne savais pas trop comment m'occuper, je posais l'oreille par terre pour écouter les gens en dessous. Puis, comme je n'entendais rien, je parlais toute seule, ou je chantais de toutes les forces de mes poumons les chansons que j'avais entendues au village – des chansons qui parlaient de mon amour pour ma mère, des chansons qui parlaient de la fatigue du travail bien fait, et bien plus doucement, pour que mon oncle ne m'entende pas, je chantais aussi des chansons d'amour pour mes futurs amants. Quand je m'aventurais trop loin de notre camp et que je ne retrouvais plus mon chemin, je chantais pour que mon oncle puisse me retrouver et qu'il vienne me chercher. Alors, nous rentrions tous les deux tandis que le soleil se couchait derrière les montagnes. Nous enfermions les yacks dans leur enclos, nous les trayions et nous faisions la cuisine. Mon oncle faisait très mal la cuisine. Il faisait tout bouillir. Mais, même si la cuisine de ma mère me manquait, je finissais toujours mon assiette. J'avais toujours faim.

Mon oncle me taquinait :

– Je me demande comment ta mère pourra faire une *dabu* de toi ! Tu es tellement gourmande, tu auras tout mangé avant que le reste de la famille rentre des champs !

Je ne lui répondais pas et j'avalais une autre pomme de terre.

Pourtant, même s'il se moquait de moi, quand on mangeait de la viande mon oncle me donnait toujours le plus gros morceau.

– Allez, mange ! disait-il.

Quand je le lui remettais dans son assiette, il me le redonnait :

– Mange donc ! J'ai déjà mangé, moi.

Quand mon oncle était de bonne humeur, il me disait :

– Madame, vous désirez de l'oiseau ou du lapin aujourd'hui ?

Et il partait dans la forêt pour poser un collet. Quelquefois, j'étais réveillée par l'odeur d'un lapin ou d'un oiseau que mon oncle était déjà en train de rôtir dehors, sur le feu de camp. Alors je me ruais vers lui, et il me donnait une petite tape sur la tête en me faisant :

– Désolé, mais aujourd'hui la chance n'était pas au rendez-vous. Je n'ai pris qu'un seul oiseau. Il n'y a rien pour toi.

J'aimais beaucoup les taquineries de mon oncle – peut-être parce que quand il me taquinait, il me parlait. C'était un homme vraiment très silencieux. Tellement silencieux qu'après avoir vécu avec lui pendant un certain temps, je commençai à discerner plusieurs sortes de silence. Certains étaient simplement tranquilles, d'autres étaient tristes. Mon oncle était toujours triste quand il faisait ses paniers d'osier, et je me demandais s'il pensait aux paniers qu'il avait faits pour son amie qui était morte dans la montagne. Mais je n'osai jamais lui demander.

Quelquefois, quand il avait trop bu, mon oncle parlait de son frère mort qui était parti au Tibet et n'était jamais revenu.

– Ton oncle était très bon cavalier. Il lui arrivait même de monter à l'envers ! Tout petit, il aimait les chevaux. Il était comme ça : il dessinait des chevaux et il montait à cheval.

Mais la plupart du temps, quand mon oncle buvait trop, il s'endormait sans même s'enrouler dans sa couverture, il ronflait et m'empêchait de dormir.

Une de ces nuits, un orage très violent m'avait aussi empêchée de dormir. J'avais très peur des orages, parce que les vieilles personnes racontaient des histoires sur la foudre qui fendait les arbres et les gens en deux. Cette nuit-là, la forêt hurlait et la pluie et le vent s'abattaient avec une force terrible sur notre tente, et pendant que je tremblais de terreur sous ma couverture mon oncle dormait du sommeil du juste. L'orage illuminait l'intérieur de la tente, et le tonnerre rugissait dans le ciel voisin, mais mon oncle ronflait et grinçait des dents. Je le secouai et le poussai, mais il était tellement ivre que je n'arrivai pas à le réveiller – et c'est là qu'il me vint une idée. J'allai chercher un piment dans nos provisions et j'en cassai un petit morceau que j'enfonçai dans une de ses narines.

Il aspira, fit un bruit affreux et se redressa tout droit, les mains sur le nez, la figure cramoisie et l'air affolé. Les larmes lui coulaient des yeux et les yeux lui sortaient de la tête. Il écumait, il toussait, il grognait, il se prenait le nez et soufflait violemment par les narines comme un gros taureau en colère, mais, même quand il réussit à expulser le bout de piment, les brûlures ne finirent pas.

Quant à moi, je ne m'inquiétai pas du tout. Je trouvais tout cela très drôle et je fus prise d'un fou rire incontrôlable. Mon oncle me regarda à travers ses larmes et ne dit rien – mais plus tard, quand il alla mieux, il m'attrapa par les épaules, me retourna et m'envoya un tel coup de pied aux fesses que je me retrouvai dehors, où il pleuvait encore à seaux. Après ça, j'eus du mal à m'asseoir pendant deux jours. Quand je rentrai à la maison et que je racontai cette histoire à ma mère, elle me dit d'une voix dure :

– Mais, Namu, tu aurais pu le tuer !

Et là j'eus vraiment honte, parce que j'aimais beaucoup mon oncle.

À part les orages, je n'avais pas trop peur de vivre dans la nature – bien que j'eusse peur des serpents et que, sur les conseils de ma mère, j'eusse toujours avec moi un morceau de corde qui pourrait me servir de garrot en cas de morsure. Pourtant nous ne connaissions personne qui ait été mordu par un serpent, et les serpents avaient probablement plus à craindre de nous que nous n'avions à craindre d'eux. J'avais souvent vu ma mère couper un serpent en deux avec sa faux quand elle travaillait dans le potager ou dans les champs. Mais, en fait, ce n'était pas vraiment la morsure du serpent que je craignais le plus.

Au village, il y avait une famille qui avait une maison à quelque distance des autres. L'une des filles, Tsilidema, était une très belle jeune femme, mais les hommes ne venaient jamais lui rendre visite la nuit. Quand nous croisions quelqu'un de cette famille, nous gardions toujours nos distances – et ce n'était pas seulement notre famille qui agissait ainsi, mais tout le monde. Et la famille de Tsilidema nous rendait la pareille en se tenant toujours à l'écart. Un jour, alors que je rentrais des champs avec ma sœur Zhema et ma mère, Tsilidema et ses sœurs nous croisèrent dans une des rues du village.

– Vous êtes allées faire un tour au lac Mère ? leur demanda Ama sur un ton plutôt agréable, tout en continuant son chemin et en évitant de mettre les pieds où elles étaient passées.

– Oui, dit Tsilidema en détournant le regard et d'une voix si faible que nous l'entendîmes à peine.

Elle força l'allure comme si elle voulait nous fuir. Ses deux sœurs firent comme elle et la suivirent, la tête baissée et les yeux au sol.

En voyant Tsilidema et ses petites sœurs s'enfuir comme cela à petits pas rapides, il me vint à l'idée que, de tous les gens du village, elles étaient les seules qui ne venaient jamais dîner chez nous. Et puis, je me dis aussi que nous n'étions jamais allées rendre visite à la famille de Tsilidema, même au Nouvel An, et que je n'avais jamais vu Tsilidema chez nos voisins. De retour à la maison, je demandai à ma mère si elle savait pourquoi Tsilidema et ses sœurs étaient aussi timides.

– Elles ne sont pas timides, me répondit Ama comme si tout cela allait de soi. Leur famille a le Gu.

– Qu'est-ce que c'est le Gu ?

– Le Gu est une chose très dangereuse, continua ma mère sur le même ton, tout en déposant son panier par terre. Pendant le cinquième mois lunaire, des gens vont dans les montagnes pour ramasser des serpents, des mille-pattes, des araignées, des crapauds, et quelquefois aussi des chauves-souris – s'ils arrivent à les attraper. Ils ramènent toutes ces sales bêtes à la maison et ils les mettent dans un grand pot. Après, ils les enferment là-dedans, et toutes ces créatures vénéneuses s'entre-tuent et se dévorent entre elles, jusqu'à ce qu'à la fin il n'en reste qu'une. Voilà, celle-là, c'est le Gu, et il n'y a rien de plus vénéneux au monde.

Ma mère s'arrêta de parler et rajouta du bois dans l'âtre.

– Et alors ? demandai-je, le cœur battant.

– Et alors ? répéta ma mère sans interrompre son travail.

– Mais oui, qu'est-ce qu'il lui arrive au Gu ? Qu'est-ce qu'il fait ?

– Eh bien, il mange, comme tout le monde. Sauf qu'il mange des choses dégoûtantes.

Ma grande sœur se joignit à notre conversation pour y ajouter les affreux détails.

– Si un homme a le Gu, il lui donne la sueur de ses aisselles, et si c'est une femme, elle le nourrit du sang de ses règles.

– Ah, c'est dégoûtant !

– Et ce n'est pas tout, continua Zhema. Le Gu ne fait pas que manger des choses horribles, il faut aussi qu'il empoisonne quelqu'un. S'il ne rend pas quelqu'un malade, alors il fait du mal à ses maîtres.

Mais là je n'étais plus d'accord. Je ne croyais qu'à moitié à cette histoire et ça m'embêtait que ma sœur soit à nouveau au courant de quelque chose dont je ne savais rien.

– Tsilidema n'a pas l'air méchante. Je suis sûre qu'elle ne laisserait pas son Gu nous rendre malades.

Mais ma mère s'esclaffa :

– Mais elle ne peut rien y faire ! Le Gu ne peut pas mourir et on en hérite d'une génération à l'autre. Même si Tsilidema était la meilleure personne au monde, même si elle n'en voulait plus, de ce Gu, elle ne pourrait pas s'en débarrasser. Elle est coincée avec ça pour toujours, et pas seulement elle, mais tous les gens de sa famille et tous leurs descendants.

Je ressentis vraiment beaucoup de peine pour cette pauvre et belle Tsilidema qui portait la malédiction de l'horrible Gu, qui ne parlait à personne, qui n'avait pas d'amis pour lui rendre visite et à qui aucun homme n'offrirait une ceinture pour montrer son admiration. Mais les mots de ma Ama et la gravité de sa voix me firent très peur, et une pensée terrible triompha de ma compassion.

– Alors le Gu de Tsilidema pourrait vraiment nous faire du mal ?

– Mais bien sûr ! s'écria ma mère avec effroi. Le Gu peut s'en prendre à n'importe qui. C'est pour ça que nous n'avons rien à faire avec Tsilidema et sa famille. C'est pour ça que personne n'invite jamais les gens qui ont le Gu à entrer dans sa maison. Ceux qui ont le Gu ne peuvent parler qu'à ceux qui sont comme eux. Tu te rappelles quand le frère aîné de Dujema était malade, il y a quelques mois ? Eh bien, c'était le Gu. Mais beaucoup de gens tombent malades à cause du Gu ! Tu n'as même pas besoin de toucher quelqu'un qui a le Gu pour tomber malade. Tu n'as qu'à manger quelque chose à côté d'eux, ou même avaler ta salive quand ils te regardent. D'un seul coup, tu sens une drôle d'odeur, comme de la sueur ou de la fumée de cigarette, ou l'odeur d'un animal sauvage, et puis tu n'as plus d'appétit. Le lendemain, ton ventre gonfle et tu ne peux plus rien manger, sauf ce que tu étais en train de manger quand le Gu t'a empoisonnée. Alors, tu ne peux plus t'arrêter de manger ça, tu as des envies horribles, et tu manges sans arrêt. Tu peux te rendre très malade.

– On peut en mourir ?

– C'est possible, mais le lama peut te guérir. Il te prépare des herbes qui te donnent la diarrhée pendant trois jours, et après c'est fini.

– Quelle sorte de Gu ils ont dans la famille de Tsilidema ?

– Qui sait ? répondit Ama froidement. Tu ne crois pas qu'ils iraient le montrer à n'importe qui, tout de même ? Bon, il y en a qui disent que c'est un serpent.

Et voilà comment j'appris à me tenir à distance de la pauvre et belle Tsilidema et de toute sa famille, et à avoir peur de la magie noire de serpents qui ne mouraient jamais et que personne n'avait jamais vus.

Si la vie dans les montagnes était agréable pendant les mois de chaleur, elle devenait dure en hiver, bien plus dure qu'elle ne l'était au village. Quand la neige avait recouvert les pâturages, je m'habillais d'un manteau de peau de chèvre, et je pris l'habitude d'aller me blottir contre les yacks pour me réchauffer. Et, comme il faisait trop froid pour me laver, mes cheveux ne furent bientôt qu'un gros nœud et ma tête grouillait de poux. Alors je m'écorchais la tête et le cou jusqu'au sang, jusqu'à ce que mon oncle me fasse asseoir près du feu pour me raser la tête.

– Tu vois, tu es bonne et tu as le sang sucré, c'est pour ça que les poux t'aiment autant, me dit-il pour me remonter le moral.

Il faut avouer que j'avais bien besoin qu'il me réconforte. Je n'étais pas heureuse du tout qu'on me rase la tête, parce que chez nous, les Moso, la chevelure d'une femme est sa beauté. Mon oncle ajouta :

– Ne t'inquiète pas, plus tu te rases le crâne quand tu es une petite fille, et plus tu auras de cheveux plus tard.

Il me donna son chapeau tibétain en fourrure de renard pour me garder la tête au chaud et je me sentis un peu mieux. Enfin, il fallait aussi admettre que la méthode de mon oncle était plus efficace que la poudre blanche que j'avais vu les gens du village mettre sur la tête de leurs enfants, puisque les enfants n'y laissaient pas seulement leurs cheveux mais aussi leur cuir chevelu.

Quand il eut fini de me raser la tête, mon oncle ajouta du bois dans le feu et il me donna sa couverture, mais je n'arrivais toujours pas à me réchauffer. Tous les matins, je me réveillais complètement gelée, et je me précipitais dans l'enclos où les yacks se tenaient blottis les uns contre les autres. Je ne sais pas comment l'idée me vint à l'esprit, peut-être tout naturellement, juste en regardant la vapeur qui s'élevait du sol glacé. En tout cas, aussitôt qu'un yack commençait à uriner, je m'asseyais par terre et je mettais les mains puis les pieds sous le jet doré et chaud, en faisant particulièrement attention aux plantes de mes pieds brûlées par le froid, qui étaient couvertes de petites bosses roses qui me faisaient penser à des bébés souris. Comme les yacks boivent des quantités énormes, ils peuvent faire pipi pendant très longtemps. La chaleur de l'urine était un véritable délice, et je courais d'un yack à l'autre. Mais, quand mes jambes et mes pieds étaient enfin secs, j'avais des sensations terribles de brûlure, et je trépignais sur la terre froide, je me grattais et je hurlais à l'agonie.

Pourtant, tous les matins, aussitôt que j'ouvrais les yeux, j'enveloppais mon corps tremblant et tout raide dans ma couverture et j'accourais dans l'enclos pour mettre mes pieds sous les yacks. Je ne pouvais pas m'en empêcher. Ni la douleur, ni les remontrances de mon oncle, ni même les petites bottes en peau de chevreau qu'il m'avait cousues n'auraient pu me dissuader de rechercher ces quelques minutes de bonheur et de réconfort que les yacks offraient contre le froid atroce.

Des histoires autour du feu de camp

La nuit, je regardais parfois la lune et je m'imaginais ce que ma vie serait quand j'aurais grandi et que je serais femme, que je reviendrais au village et que les hommes m'offriraient de belles ceintures de couleurs vives. Quand mon oncle me voyait contempler le ciel, perdue dans des rêves secrets où j'imaginais mes futurs amants, il me disait :

« Tu peux bien regarder la lune tant que tu voudras, mais si tu la montres du doigt, on te coupera les oreilles. »

Je ne compris jamais s'il voulait m'inspirer du respect pour la déesse de la Lune ou s'il voulait me protéger des souffrances de l'amour. Pendant la journée, en tout cas, quand je regardais le ciel, je me demandais d'où les oiseaux venaient et où ils allaient, et ce qu'il pouvait y avoir de l'autre côté de la montagne. Quelquefois je me disais même qu'un jour je me ferais homme, que je rejoindrais les caravanes et que j'irais faire du commerce dans les contrées lointaines et merveilleuses où les gens voyageaient en voiture et en avion.

Pourtant, je ne souffrais pas encore de notre isolement. Et puis nous n'étions pas toujours dans les montagnes, et nous n'étions pas toujours seuls. Mon oncle me ramenait à la maison deux fois par an – au Nouvel An et à l'automne, quand nous retournions aider ma mère avant les mois d'hiver. Et, même dans la montagne, nous avions de la visite – des bergers yi qui menaient leurs chèvres et leurs moutons dans les hauts pâturages, et les hommes qui passaient avec leurs chevaux, en route pour les villes de marché, et qui, parfois, montaient leurs tentes dans notre pré. J'aimais particulièrement les vieux qui racontaient les histoires de leur jeunesse, quand le pays moso était encore gouverné par les seigneurs féodaux, quand les gens des tribus alentour allaient vendre leurs marchandises de Chine en Inde, et quand les étrangers au visage blanc et aux yeux bleus pilotaient leurs avions au-dessus des montagnes pour faire la guerre aux diables japonais.

À dire vrai, les étrangers qui s'étaient aventurés en pays moso n'étaient pas nombreux. Les pilotes américains n'y avaient jamais atterri et ils ne s'y étaient jamais écrasés. En fait, aucun n'y avait même ouvert son parachute. Ni les experts étrangers ni les missionnaires qui interdisaient aux gens des tribus de chanter, de danser et de boire de l'alcool n'avaient traversé nos montagnes. Sans doute, le seigneur de Yongning, qui était un bouddhiste très pieux et qui aimait boire et danser, n'aurait pas toléré qu'on dissémine des idées aussi bizarres dans son royaume. Les missionnaires auraient peut-être été mieux appréciés par le seigneur féodal de Zuosuo, de l'autre côté du lac, mais ils ne pouvaient y accéder car la seule route possible traversait Yongning. Les chemins au nord et à l'est passaient par les territoires yi, très hostiles, et la route de l'ouest traversait des forêts denses où les Tibétains se terraient en guettant l'occasion de tuer et de piller. Les quelques Blancs qui avaient osé s'aventurer dans ces contrées s'étaient fait jeter au fond des précipices, quand ils n'avaient pas trouvé la mort de manière encore plus horrible. Pourtant, un homme blanc était bien venu au pays moso, où il avait passé beaucoup de temps. C'était le Dr Joseph Rock, un homme corpulent aux yeux bleus et aux cheveux jaunes, de caractère difficile. Il était venu de très loin, de l'Amérique, pour devenir l'ami du seigneur de Yongning.

Un soir, tandis que nous étions assis autour du feu de camp, un jeune homme se vanta :

– Pendant la guerre avec les Japonais, mon père a fait tout le chemin de Dali au lac Lugu avec le Dr Rock. Ça leur a pris presque deux mois parce que le Dr Rock s'arrêtait partout pour regarder les plantes pendant des heures.

– Qu'est-ce qu'il pouvait bien leur trouver ? lui demanda mon oncle.

– Il était botaniste. Il regardait tout comme ça.

Un vieil homme prit alors la parole :

– Je le connaissais bien, moi. J'étais avec lui quand il s'est rendu à la montagne de Gonggao, chez les Yi. Rock recherchait un papillon et notre seigneur lui avait donné des tentes et une escorte de trente hommes pour qu'il puisse aller où il voulait. Au retour vers Yongning, il y a eu un orage terrible, avec de la grêle. On n'avait encore jamais vu ça. Les grêlons étaient tellement gros qu'ils tuaient les chèvres et les moutons. En un rien de temps, toutes nos cultures étaient détruites. Bien entendu, les chefs yi avaient tout de suite accusé le diable aux yeux bleus d'avoir mis le dieu de la Montagne en colère. Ils disaient qu'il avait des yeux de loup. Alors, ils avaient décidé de lui couper la tête. Heureusement pour Rock, un petit garçon moso qui gardait ses chèvres dans la montagne avait entendu la rumeur et il avait pu donner l'alarme. Eh bien, dès que notre chef a été au courant, il nous a ordonné de raccompagner Rock chez les Naxi. Mais les Yi voulaient se venger de ne pas avoir eu la tête de Rock. Ça a été terrible ! Ils ont fait des razzias dans nos villages. Ils ont volé le bétail et les chevaux, et tout le grain qu'ils pouvaient emporter. Après ça, ils ont brûlé des maisons. Avec leurs chevaux, ils ont piétiné les champs et détruit nos cultures. Quand Rock est revenu nous rendre visite, il était désolé de voir tout le mal qu'il avait causé. C'est pour ça qu'il avait acheté des fenêtres en verre en Amérique, et qu'il les a données à notre seigneur pour se construire un petit palais sur l'île. Si vous aviez vu ça ! C'était si beau ! Tout le monde allait voir la maison du chef pour toucher le verre. Quel dommage que les Gardes rouges aient détruit ce petit palais. Quel malheur ! Tout ce verre qui était venu de si loin ! D'Amérique ! Ils ont tout cassé.

Quand ils commençaient, les hommes pouvaient parler de Rock toute la nuit. Parce que le Dr Rock avait fait beaucoup pour les Moso : il avait étudié nos coutumes et publié des livres en anglais à notre sujet ; il avait donné des jumelles à notre seigneur ; il avait écrit en Amérique pour obtenir de la pénicilline et il avait guéri les Moso des maladies vénériennes. Les Américains avaient expédié la pénicilline dans un petit avion qui était parti d'Inde et avait survolé l'Himalaya pour atterrir à Lijiang, au pied de la montagne du Dragon de jade. De Lijiang, le Dr Rock avait fait transporter la pénicilline par la caravane jusqu'au lac Lugu.

Toutes ces histoires étaient très amusantes : elles étaient effrayantes et tristes, et à la fin c'étaient toujours le Dr Rock et les Moso qui gagnaient. Mais je me demandais quelle sorte d'endroit fabuleux pouvait bien être l'Amérique, où les gens avaient des cheveux jaunes et des yeux bleus. Tous les gens que nous connaissions, tous ceux que nous avions rencontrés, avaient les cheveux noirs et les yeux marron – même les Han. Mais alors, en y réfléchissant, je me rappelai que, lorsque j'étais petite, un homme qui parlait moso et qui s'habillait comme nous, un homme aux cheveux jaunes, à la peau blanche et pâle, aux yeux sans couleur, était venu dans notre village. Ma mère avait dit :

« C'est parce qu'il a manqué de sel. »

Mais, quand je racontai cette histoire, les hommes se mirent à rire en disant que l'homme était sûrement un des nombreux enfants blonds que Rock avait faits avec des femmes moso, ce qui d'ailleurs était une bonne chose puisque, ainsi, le Dr Rock vivrait toujours parmi nous. Joseph Rock, qui avait vécu et voyagé en Chine occidentale pendant près de trente ans, avec sa baignoire portative et beaucoup trop de kilos sur sa personne pour le confort de son cheval, était une légende chez les Moso.

Mais les hommes ne racontaient pas que des histoires du temps passé. Ils apportaient aussi des nouvelles du monde et de la Révolution culturelle, qui faisait toujours rage par-delà nos montagnes. C'est ainsi qu'on apprit qu'il y avait eu des meetings de lutte et des autocritiques, que les musulmans s'étaient révoltés dans le nord-ouest du pays, que les lamas avaient été emprisonnés au Tibet, que les héros de la révolution communiste avaient été purgés à Lijiang, et que d'autres désespérés s'étaient suicidés. Et puis, un jour, les hommes apportèrent des nouvelles de notre monde à nous, et au fil des mois les nouvelles se firent de plus en plus mauvaises.

Le gouvernement avait envoyé des brigades de soldats et des fonctionnaires dans nos vallées pour rééduquer le peuple – parce que les Moso mettaient tout en communauté, même leurs amants, et ce communisme primitif, qui était un danger pour la santé publique et une verrue sur la face de la Chine moderne, ne correspondait pas à la vision de notre grand leader Mao Zedong.

En fait, on avait entendu ces arguments à maintes reprises. Pour ainsi dire tous les ans depuis la libération, des fonctionnaires du Parti se rendaient à Yongning pour haranguer les gens sur les dangers de la liberté sexuelle et les avantages du mariage et de la monogamie. Une fois, ils avaient même apporté un groupe électrogène pour faire passer un film sur des gens qui étaient déguisés en Moso, des gens au dernier stade de la syphilis, qui étaient devenus fous ou qui avaient perdu la moitié de leur visage – alors les villageois avaient mis le feu au cinéma.

Les fonctionnaires tenaient des réunions politiques tous les soirs, où ils haranguaient et critiquaient et interrogeaient les gens. Et, cette fois, ils ne repartirent pas chez eux. Ils tendirent des embuscades aux hommes qui rendaient visite à leurs amies. Ils tirèrent les amants de leur lit et les exhibèrent, nus, devant les membres de leur famille. Ils donnèrent l'ordre aux amants de construire leur propre maison alors qu'aucun n'en avait les moyens, pour qu'ils y vivent ensemble comme les couples mariés le faisaient partout ailleurs en Chine. Finalement, les fonctionnaires refusèrent de distribuer les bons de rationnement pour les suppléments de céréales et les bons de tissu pour les habits des enfants tant que les mères ne leur fourniraient pas les noms des pères de leurs enfants.

Les Moso protestèrent. Ils prirent la parole pendant les réunions pour expliquer leur mode de vie et les coutumes de leurs ancêtres. Mais les fonctionnaires ne cédèrent pas et les gens arrêtèrent de protester. Les hommes restèrent chez eux. Ils n'osaient plus sortir la nuit pour rendre visite aux femmes. Mais les fonctionnaires tenaient bon. Ils attendaient le moment des semis ou celui des récoltes, quand les femmes devraient se décider pour les rations de graines et pour les autres choses dont les enfants avaient besoin et que le gouvernement fournissait. Et ils attendirent longtemps, jusqu'à ce que de nombreuses personnes acceptent de vivre comme mari et femme et de prendre part aux cérémonies de mariage commanditées par le gouvernement, où chacun reçut une tasse de thé, une cigarette, des sucreries et un certificat en papier.

– Quelle honte, murmura mon oncle.

Les hommes écrasèrent leurs larmes sous leurs paupières fatiguées.

Quant à moi, j'appuyai aussi sur mes paupières, mais je ne peux pas dire que je comprenais vraiment ce que les événements de Yongning avaient de si terrifiant. Ce qui se passait au-delà de nos prés se confondait avec le monde invisible et intouchable des temps lointains, le monde des Américains aux cheveux jaunes et des chefs yi meurtriers – un monde fantastique rempli d'êtres étranges et d'événements que je parcourais dans mes rêves et qui disparaissaient sitôt que j'ouvrais les yeux, ou quand, très tard dans la nuit, le feu de camp s'éteignait.

Cette nuit-là, quand je fermai les yeux sous la lueur du feu de camp et que les fonctionnaires du gouvernement rejoignirent le Dr Rock et les Yi dans mon imagination d'enfant, j'imaginai que mon père venait vivre dans notre maison pour toujours, que Zhemi et ma Ama vivaient ensemble sous le même toit, qu'ils étaient comme mari et femme. Alors une grande tristesse m'envahit. Car je voyais Zhemi assis auprès du feu, et il n'était plus l'invité d'honneur, il n'était ni oncle ni frère mais seulement un homme qui habitait dans la maison de ma mère.

La déesse de la Montagne

Quand la Révolution culturelle entra dans sa dixième année, la lamaserie et le joli petit palais en verre avaient disparu ; les lamas avaient été humiliés et leurs livres brûlés ; les fêtes n'étaient plus. Les gens aussi avaient changé. Beaucoup s'étaient mariés et certains avaient abandonné le costume traditionnel – parmi ces derniers, ma mère portait désormais un pantalon et un chapeau en fourrure à la chinoise. Pourtant, Mao Zedong était mort et le vent du changement soufflait une fois de plus sur la Chine. Quand il souffla sur le pays moso, les gens se sentirent bien soulagés. La plupart quittèrent leur femme ou leur mari et s'en retournèrent vivre chez leur mère comme cela s'était toujours fait. Tout le monde était prêt à rattraper le temps perdu, à faire ce qu'il fallait pour honorer les dieux et les ancêtres ; ils voulaient tous s'habiller de leurs plus beaux habits et danser et chanter à nouveau.

Quand mon oncle me ramena à la maison cet été-là, le village était en plein remue-ménage. On avait dressé les tables de banquet dans les cours et les gens arrivaient des villages alentour pour participer aux concours de lutte et aux courses de chevaux, pour chanter et boire et se moquer des accents des autres.

– Ta voix est belle, mais tes paroles sont comme de la bouillie.

– Et toi, ta mère a oublié de te dresser les oreilles quand tu étais petit !

Avec de si nombreux visiteurs et toutes ces railleries, Ama se dit qu'elle aurait intérêt à nous donner des leçons de politesse.

– Quand vous sortez en société, vous devez bien vous conduire. Surtout, ne vous disputez pas avec qui que ce soit, et faites attention les uns aux autres. Quand vous croisez une personne âgée, il faut montrer du respect. Si quelqu'un est saoul, il faut l'aider. Si on vous offre à boire ou à manger, il faut accepter en tendant les deux mains, et, surtout, n'oubliez pas de dire merci, nous dit et redit-elle, jusqu'à ce qu'elle fût trop occupée pour remarquer que nous ne l'écoutions plus.

Cet été-là, il faut dire que ma mère avait de quoi s'occuper ; de quoi nous occuper aussi. Car elle avait décidé que nous ferions le tour du lac Lugu à pied en l'honneur de la déesse de la Montagne, comme cela s'était fait avant que les Gardes rouges n'aient tout détruit. Nous irions donc à Yongning pour chanter et brûler du genévrier en l'honneur de la montagne Gamu, et nous irions aussi à Qiansuo pour rendre visite à sa famille. Il fallait donc s'organiser pour laisser la maison à Dujema, qui allait s'occuper des poules et des cochons. Il fallait préparer les provisions, pour notre consommation bien sûr, mais aussi pour nourrir les gens que nous étions certains de rencontrer sur le chemin et qui voudraient se joindre à notre pique-nique, et puis, comme l'exige la coutume, il fallait aussi préparer des cadeaux : du porc salé, des briques de thé, du tissu et du tabac. Enfin, il fallait que nous nous lavions et que nous reprisions nos vêtements, parce que nous devions nous faire belles pour la fête et pour parader devant la tante Yufang et notre deuxième tante, et tous les gens de Qiansuo. Ma mère sortit sa jupe blanche et elle s'entoura la tête de son long turban.

La jupe de ma mère battait ses chevilles, et ma mère lançait des ordres de tous les côtés. Mes petits frères couraient dans tous les coins et se fourraient dans nos jambes ; Ache partait chercher de l'eau et disparaissait avec ses amis et ma grande sœur Zhema, qui avait l'air de savoir ce qu'elle faisait, remplissait des sacs de riz, découpait des tranches de porc, mettait les œufs à bouillir et comptait les gamelles en bambou. Et moi, j'étais jalouse – parce que Zhema était grande et qu'elle était si capable et parce que ma mère s'inquiétait tellement de sa tenue : elle lui faisait essayer une belle ceinture multicolore autour de sa jolie taille, et puis une autre, et elle rajoutait une longueur de perles à son turban, et un ruban par-ci, une fleur par-là. Et moi, j'étais petite et mes cheveux étaient trop courts et je devais me contenter de mettre une tunique de lin propre, identique à celle que je portais tous les jours. Mais je tenais ma langue et j'essayais de me rendre utile.

J'étais en train de cueillir de la coriandre dans le jardin potager quand Ama m'appela :

– Namu ! Viens par ici ! Tu as de la visite.

– Qui est-ce ? demandai-je, toute étonnée parce que quelqu'un me rendait visite alors que j'étais une enfant.

– C'est un Yi. Il est venu avec sa fille, répondit Ama.

Elle ferma le portail du jardin derrière moi et me fit presser le pas.

Il allait beaucoup mieux que la première fois que je l'avais vu, avec ses lèvres ensanglantées et ses yeux de mort, mais je le reconnus tout de suite. Alors il est revenu ! pensai-je avec surprise. Et, cette fois, il était venu avec sa fille et deux chevaux chargés de gros sacs remplis de pommes de terre, de champignons sauvages et de farine de blé. Dans un autre sac, il avait apporté trois poules sauvages. Il se mit à discuter avec ma mère en langue yi, et je ne comprenais rien bien sûr, mais j'entendis ma mère dire mon nom plusieurs fois, et elle souriait et elle avait l'air très contente.

Sa fille s'appelait Añumo. Elle semblait un peu plus âgée que moi et, bien qu'elle ait l'air très fier, elle était en même temps très timide. Mis à part Tsilidema et le reste de sa pauvre famille affligée par le Gu, les filles de notre village n'étaient jamais timides. Mais quand Añumo souriait, elle avait une belle petite fossette à la joue droite, et, quand elle me fit la révérence, elle était tout à fait gracieuse. Quant à moi, j'étais très fière qu'on me fasse la révérence et surtout j'étais très consciente que toutes ces politesses nous étaient rendues grâce à ma générosité passée. Pour autant, j'étais loin de deviner la suite. Même dans les histoires que les hommes racontaient autour des feux de camp, je n'avais jamais entendu parler de ce que le Yi demandait, quand il nous annonça avec beaucoup de dignité qu'il voulait que je devienne la sœur de sang de sa fille. Je n'avais rien compris de ce qu'il attendait de moi, et pourtant je ne peux pas dire que j'aurais agi différemment si je l'avais compris. Tout ce que je sais, c'est que j'étais si contente d'être la reine de la fête que j'acceptai son offre sans même poser une question.

L'homme pria ma mère d'apporter un bol, de l'eau et du sel. Quand elle revint, il empoigna une de ses poules, sortit son couteau et lui trancha la gorge, et, tandis que la pauvre bête battait des ailes et sursautait, il versa le sang dans le bol. Après quoi il ajouta l'eau et le sel et mélangea le tout. Il fit boire Añumo puis me tendit le bol.

Je n'avais jamais rien mis dans ma bouche qu'on n'eût pas fait cuire après l'avoir tué, et je pris le bol avec autant de réticence que les circonstances le permettaient – parce que je savais qu'il était trop tard pour refuser, à moins d'être prête à ne plus jamais me montrer à personne. L'odeur me fit presque vomir et j'hésitai un moment. Finalement, je fermai les yeux, je retins mon souffle et je bus le sang de poulet. Añumo et moi étions sœurs.

Ma Ama me retira le bol et invita le Yi dans la maison pour prendre le thé, pendant que Zhema emportait la poule pour la plumer et la faire cuire pour le déjeuner. Je restai dehors avec Añumo, je m'essuyai les lèvres avec les mains et je m'essuyai les mains sur ma chemise, et puis je me passai la langue sur les lèvres et les lèvres sur la manche. Et petit à petit, au fur et à mesure que le goût de sel s'estompait, je commençai à me sentir plutôt intéressante d'avoir une sœur yi. Elle était un peu différente de nous, les Moso. Elle avait des cheveux très noirs, comme nous, mais ses yeux étaient plus grands et marron, et sa peau un peu plus foncée que la nôtre ; elle avait des longs cils, le nez droit et étroit, et les dents très blanches. Je ne pouvais pas m'empêcher de lui toucher les cils. Je la pris par la main et nous nous sourîmes. Ama nous apporta des petites boulettes farcies de sucre. Comme Añumo adorait le sucre, je vidai l'intérieur de ma boulette et je le lui donnai. J'aimais beaucoup ma sœur des montagnes.

À midi, Ama nous servit le ragoût de poulet et mes frères et moi mangeâmes la bouche grande ouverte en l'écoutant discuter en yi avec nos invités – car nous n'en croyions pas nos oreilles et nous en avions un fou rire incontrôlable – jusqu'à ce que Ama nous prenne à part pour nous expliquer d'une voix sévère qu'il y a beaucoup de mots en moso et en yi qui se ressemblent mais qui n'ont pas du tout le même sens. *Kasha nasha opa nozha* signifie « Je vous en prie, mangez tout ce que vous voulez » et non pas « Je vous en prie, vous pouvez me manger les fesses ».

Quand les Yi furent sur le point de partir, ma mère leur prépara des tranches de porc salé, du riz et des briques de thé, et elle offrit une écharpe à ma sœur des montagnes en disant :

– C'est un cadeau de Namu.

Nous les accompagnâmes jusqu'à la dernière maison du village avec tout le respect dû aux invités d'honneur. Je tenais Añumo par la main en balançant le bras et je souhaitais tant pouvoir lui parler. Mais je n'osais pas. Je ne voulais pas risquer de me tromper de mots et de dire des grossièretés en yi. Aussi, j'aurais bien voulu qu'Añumo puisse rester avec nous pour toujours, ou qu'au moins elle puisse venir avec nous à Yongning pour la fête de la déesse, mais ma mère dit qu'Añumo devait rentrer chez les siens et vivre dans sa famille, et qu'elle n'était pas ce genre de vraie sœur.

Nous quittâmes Zuosuo tôt le matin. Nous chargeâmes nos petits chevaux et nous commençâmes notre randonnée sur les rives du lac. Quand le soleil fut bien haut dans le ciel, nous continuâmes notre marche dans la montagne Gamu entre les sapins, les rhododendrons et les pivoines jusqu'à une belle clairière où d'autres familles étaient déjà en pleine célébration. Des fagots de genévrier brûlaient, les femmes dénouaient leur turban et les hommes ôtaient leur chapeau de feutre, et tous, nous nous inclinâmes devant la déesse mère.

Notre déesse de la Montagne s'appelle Segge Gamu – la Lionne blanche – et en effet, vue de la plaine de Yongning, elle ressemble bien à une lionne accroupie, avec ses pattes posées sur les rives du lac. Du lac, on voit sa tête, large et plutôt carrée, et, si on baisse les yeux, son image paisible reflétée sur l'eau. Du haut de la tête de Gamu, on voit la plaine de Yongning et les montagnes alentour, et tout en bas il y a le lac plus bleu encore que le ciel, avec les petites îles recouvertes de sapins. Il y a plusieurs siècles, un de nos seigneurs féodaux enfouit un trésor quelque part dans la montagne, mais on ne l'a jamais retrouvé et on ne le retrouvera certainement jamais. Au sommet de Gamu se trouve l'entrée d'une grotte énorme où les femmes se rendent dans l'espoir de concevoir des enfants. Cette grotte est le ventre de la déesse – parce que Gamu n'est pas seulement lionne, elle est aussi femme et mère du peuple moso.

Tous les étés, au vingt-cinquième jour du septième mois lunaire, notre Gamu doit se rendre à Lhassa pour se mesurer aux dieux du Tibet, et notre ancienne fête des Montagnes avec ses danses, ses chansons, les prières et l'ivresse avait pour but de l'encourager à gagner. Parce que Gamu est aussi coléreuse qu'elle est aimante et, si par malheur elle perdait au jeu, elle nous ferait un temps terrible. Nos récoltes seraient détruites, les gens et les bêtes tomberaient malades et n'auraient pas de petits. Heureusement, Gamu est très intelligente et elle gagne presque à chaque fois, même sans la fête. Et puis, et c'est bien naturel, elle est aussi très belle et elle a de nombreux amants dont un compagnon très proche qui s'appelle Azhapula et qui est le dieu de la Montagne de Qiansuo. Oh, mais ce pauvre Azhapula n'a pas la vie facile avec la belle Gamu, et il ne peut pas toujours se maîtriser. Une fois, il la surprit en train de faire l'amour avec Cezhe, un jeune homme qu'elle venait tout juste de rencontrer, alors il se mit dans une rage terrible et le castra. Même aujourd'hui, on voit qu'il manque un pic au sommet du mont Cezhe.

Parfois, quand Azhapula en a assez, il menace Gamu de la quitter et d'aller se trouver une autre femme, alors elle le supplie de rester et lui dit qu'elle n'aime que lui, et il finit toujours par rester. C'est ainsi qu'il y a très, très longtemps, après une scène terrible, Azhapula, fou de jalousie, enfourcha son cheval et partit au grand galop. Bien entendu, Gamu ne le supporta pas, et elle courut après son amant dans l'espoir de le retenir. Quand elle le rattrapa, elle réussit tout juste à l'empoigner par la veste. Alors les dieux tirèrent chacun de leur côté comme cela toute la nuit et, quand le soleil se leva le lendemain matin, ils furent transformés en montagnes sous la lumière du ciel. Ils sont encore là aujourd'hui, et Gamu retient encore Azhapula par sa veste à travers le grand ravin qui les sépare, pour rappeler aux Moso que les hommes doivent toujours rentrer chez leur mère à la première lueur du jour, et que notre déesse mère et son amant Azhapula n'auraient pas dû faire un tel scandale.

Ma mère était sur le point de se prosterner une troisième fois quand elle aperçut Zhema et s'arrêta net de surprise. Ma grande sœur s'était inclinée en restant debout avec les mains jointes devant les lèvres.

– Mais où as-tu donc appris à faire des *koutou* comme les Chinois? demanda Ama, avant d'ordonner à ma grande sœur de se prosterner correctement en posant le front à même le sol et en joignant les mains d'abord au-dessus des sourcils, puis sur les lèvres et finalement sur le cœur. Nous fûmes tous obligés de refaire nos *koutou*, trois fois et correctement, après quoi Ama se joignit aux chanteurs :

Gamu, nous avons été très occupées pendant toute une année,
Aujourd'hui est un jour très important et nous sommes venues te remercier.
J'ai apporté quelques plats cuisinés et du vin.
Je sais que cela n'est pas assez pour montrer ma reconnaissance,
Mais je te les offre en toute sincérité.
Je te remercie, Gamu, de nous protéger.
Ma famille et notre village ont eu une année paisible.
Je te remercie, Gamu, de nous avoir donné du beau temps.
Nous avons fait une bonne récolte.
Tout le monde est en bonne santé.
Je te remercie, Gamu, pour l'année qui commence.
Et, s'il te plaît, protège ma famille,
S'il te plaît, protège les gens de notre village.
Je te présente ma fille aînée, Zhema,
Elle est venue se prosterner devant toi.
Et voici ma fille Namu,
Et mes fils Ache, Howei et Homi,
Et ma toute dernière, Jiama.
Ils sont tous venus se prosterner devant toi.

Nous offrîmes encore plusieurs *koutou* et des prières et encore un dernier *koutou* avant d'étaler nos couvertures autour du feu de camp et de nous asseoir pour déjeuner en compagnie des autres familles.

Dans l'après-midi, nous reprîmes notre marche en direction de la ville de Yongning, sous le regard de la Lionne accroupie, impassible, perdue dans ses rêves d'amours et d'antan – quand les villageois venaient par milliers se regrouper à ses pieds pour lui rendre hommage. Ou peut-être que c'était ma Ama qui rêvait au temps passé, à ces jours perdus, avant que les Gardes rouges ne viennent tout casser.

En ce temps-là, les gens se seraient rassemblés dans la montagne pendant toute une semaine pour danser, chanter et offrir leurs prières. La plaine de Yongning aurait été recouverte de tentes à perte de vue – des jaunes, des noires, des blanches, des bleues –, quelques-unes auraient même été peintes avec des fleurs. Et entre les nuages de fumée de genévrier, entre les hommes ivres et les femmes vives comme des fleurs, des centaines de lamas revêtus de jaune d'or auraient conduit les rites en l'honneur de la déesse. Leur visage rempli de lumière, parce qu'il n'y avait rien de meilleur ou de plus beau dans le monde entier, les bonzes auraient chanté les sutras de leur voix grave et vibrante et ils auraient soufflé dans leur longue trompette de cuivre jusqu'à en réveiller le Ciel.

En ce temps-là, quand ma mère était jeune et que sa vie l'attendait encore, les gens savaient vraiment comment s'amuser et honorer leurs dieux. Bras dessus, bras dessous, les femmes chantaient en disant du mal des hommes et les hommes leur donnaient la réplique, et elles leur répondaient, et les chansons devenaient de plus en plus piquantes et de plus en plus osées. Tous les soirs, les gens faisaient la ronde autour des feux de camp. Ils dansaient la danse du sarclage et la danse du battage et la danse des tisserandes, celle que ma mère préférait, pendant laquelle les hommes et les femmes se donnaient des petits coups de genou et faisaient des tours. Quand ils ne dansaient pas et qu'ils ne chantaient pas, ils se rendaient aux sources chaudes pour y trouver des amants. Les femmes se lavaient le dos entre elles, les hommes se baignaient dans les eaux vivifiantes et buvaient du vin. Et puis, l'un d'eux annonçait que sa coupe était vide et une femme qui avait apprécié l'étincelle au fond de ses yeux se levait pour lui en verser une autre. Il lui disait sous quel arbre et sous quelle constellation d'étoiles elle pourrait le retrouver plus tard dans la nuit. Et elle, elle ne lui répondait pas mais bientôt elle sortirait de l'eau et il la suivrait.

Quand nous atteignîmes la ville de Yongning, le ciel était noir et il pleuvait si fort que les rues ressemblaient à des rivières. Il nous fallut retrousser jupe et pantalon jusqu'aux genoux pour traverser les eaux brunes qui noyaient la route. Quand nous retrouvâmes les gens de notre famille, nous prîmes vite congé de nos compagnons de route et nous fûmes bientôt installés autour du feu, bien contents d'être enfin au sec, de pouvoir bavarder et de passer une très bonne soirée.

Le lendemain matin, comme il est normal en cette saison, il faisait chaud et le soleil brillait de nouveau, et je suivis Zhema et mes cousines en ville. Il y avait du bonheur dans l'air et la rue du marché était remplie de monde, en grande majorité des Moso en habits de fête, mais aussi des Yi, des hommes avec des grands turbans gris et des capes en feutre noir et des femmes en grand chapeau noir et jupe bariolée, et puis des Tibétains avec leur chapeau recouvert de broderies et leur long couteau attaché au-dessus de la ceinture, bien en évidence. Je suivais ma sœur et mes cousines qui descendaient la rue en flânant, évitant avec désinvolture les flaques d'eau, les cochons et les poules qui se promenaient partout et qui se délectaient des vers qui sortaient de la terre et des ordures qu'on jetait des étals.

De temps en temps, on s'arrêtait pour dire bonjour à des amis et à de la famille, ou on regardait de côté quelqu'un d'intéressant, et puis on lorgnait les marchandises derrière les comptoirs des échoppes tenues par des femmes naxi en casquette révolutionnaire qui bavardaient et qui vendaient tout ce que l'on n'aurait jamais imaginé posséder – des cuvettes en émail avec des rebords bleus, des Thermos roses et blanches, des grosses louches en cuivre, des pots en fer, des rouleaux de tissu bleu, des ceintures en cuir et des serrures tibétaines. Je suivais ma sœur et les autres femmes qui allaient d'un étal à l'autre, leur grande jupe effleurant la terre boueuse et fumante sous le soleil tandis qu'elles faisaient des commentaires sur la fraîcheur des légumes et le gras des poulets, qu'elles causaient avec l'horloger et plaisantaient avec le cordonnier qui cirait les bottes d'un Tibétain, et qu'elles souriaient de leur plus beau sourire aux jeunes Moso qui les avaient rattrapées.

Oh, j'aurais tant voulu être femme moi aussi ! J'aurais tant voulu porter une jupe longue qui balayerait le sol devant mes pieds, j'aurais tant aimé que les hommes me fassent des sourires ; j'aurais voulu qu'ils chantent pour moi et qu'ils dansent avec moi ; j'aurais tant voulu être comme mes sœurs et mes cousines et notre voisine Dujema – être une grande femme, belle et forte, avec beaucoup d'amants. Mais je me disais aussi que je pourrais peut-être me trouver un ami qui serait à moi toute seule, comme ma Ama avait fait avec Zhemi. Mais alors, dans ce cas-là, il fallait que ce soit avec quelqu'un de Qiansuo, parce qu'il fallait qu'il soit exactement comme mon père, parce que, quand ma mère était avec mon père, elle retrouvait le parler de sa jeunesse. Ah oui ! tout ce que je voulais, c'était grandir et rencontrer mon ami de Qiansuo.

Je faisais pourtant de mon mieux pour paraître grande. Je tâtais les légumes et je reniflais les œufs, je m'asseyais à côté de ma sœur et des autres femmes et je les écoutais parler, mais elles s'intéressaient si peu à moi qu'à la fin je me fatiguai et, de dégoût, je m'en allai jouer avec mon petit frère Howei et les autres enfants.

On passa le reste de la journée aux sources chaudes à rentrer et sortir du bain et à se jeter des pierres. Le lendemain, on passa l'après-midi à ramasser de la cendre qu'on enveloppait dans des feuilles pour en faire des grenades. Et le soir on sortit pour jouer à la guerre. Mais, alors que je m'apprêtais à embusquer Howei, je tombai sur un couple qui faisait l'amour dans le noir.

– *Che sso!* Vilain garçon! crièrent-ils dans ma direction. Bien entendu, ils n'auraient jamais songé qu'une fille pourrait être assez vilaine pour leur balancer une grenade de cendre. Ils n'auraient jamais deviné qu'une fille avec la tête rasée pourrait être jalouse du bon temps qu'ils se donnaient.

Mais peut-être que la déesse de la Montagne l'avait deviné, elle.

Un matin, après être retournée vivre avec mon oncle, je me réveillai avec une douleur dans le bas du dos. Cela dura deux jours. Je pensai que je m'étais peut-être fait mal en chevauchant les yacks. Et puis, comme il faisait plus chaud que d'habitude, je me dis qu'un bain dans une des sources près de notre pré me ferait peut-être du bien. J'aimais beaucoup me baigner, même si je ne savais pas nager et que je faisais attention de ne jamais me tremper plus haut que la taille parce que, dans la montagne, les trous d'eau peuvent être très profonds et dangereux.

L'eau ne m'ôta pas mon mal de dos. Au contraire, j'eus aussi mal au ventre, et je me dis que l'eau était peut-être trop froide. Je sortis, et là je m'aperçus que le sang coulait sur mes jambes, et je pensai que j'avais dû être mordue par des sangsues. Puis je me rendis compte que le sang ne venait pas de mes jambes mais de dedans. Je me rhabillai très vite et courus jusqu'à l'écurie pour m'examiner de plus près. Comme je ne trouvai rien d'extraordinaire, je compris que c'était du sang de femme. Cela aurait dû me rassurer mais, quand je relevai la tête, mes yeux croisèrent ceux du cheval de mon oncle qui me regardait bien en face, et je réalisai que j'avais fait une chose terrible, parce qu'on n'est pas supposé montrer cette chose sale aux chevaux ou aux yacks. Les Moso doivent toujours se montrer très respectueux envers les yacks et les chevaux. Quand je repense aujourd'hui aux yeux de ce cheval, toute la honte me revient.

Mais je ne pouvais pas non plus montrer cette chose sale à mon oncle. Si bien que je m'assis sur l'herbe en attendant qu'il s'en aille et que je puisse rentrer dans la tente. Mais, une fois dans la tente, je ne savais toujours pas comment faire, alors j'étalai une peau de chevreau noire sur le sol et je me rassis. De temps en temps, je me levais et je sortais discrètement pour aller me laver, et puis je retournais m'asseoir sur la peau de chevreau en marchant à reculons et en frottant le sol avec de la terre et des cendres pour nettoyer les gouttes que je laissais au passage. Quand j'entendis mon oncle revenir en fin d'après-midi, je m'enveloppai vite fait dans la peau de chevreau et je ne me relevai pas de la soirée. Mon oncle ne me dit rien, il ne me demanda rien. Peut-être comprenait-il ce qui m'arrivait, peut-être que non. En tout cas, ce n'était pas le genre de choses dont un homme pouvait discuter avec la fille de sa sœur.

Le lendemain, mon oncle devait se rendre au village. Il partirait de bonne heure avec les trois chevaux chargés de mottes de beurre et il ne rentrerait pas avant la nuit, avec nos provisions de légumes, de riz et de maïs et le sel pour les bêtes. Bien entendu, comme j'avais passé des années en compagnie de mon oncle, je n'étais pas très bien informée au sujet du sang des femmes, mais je savais qu'il me fallait faire quelque chose, et je passai pour ainsi dire le restant de la soirée à ruminer mon problème. Le lendemain matin, aussitôt que mon oncle fut parti, je déchirai une de mes chemises, m'emparai du panier à couture et me façonnai une espèce de couche avec des bretelles qui passaient par-dessus les épaules et se croisaient au milieu de la poitrine. Ce n'était pas très confortable, mais c'était quand même mieux que de rester assise sur la peau de chevreau toute la journée, à ne pas oser bouger.

Le sang coula pendant une semaine entière. Et puis ça recommença tous les mois, à peu près au moment où mon oncle allait porter le beurre aux gens du village. Je ne lui en parlai jamais. Je ne dis rien à personne, pas même à ma Ama quand je rentrai à la maison pour le Nouvel An. Mais ma sœur trouva la couche dans mon petit baluchon. Elle comprit tout de suite à quoi elle servait et elle alla tout raconter à ses copines, qui trouvèrent ça très drôle. Après, je refusai de parler à Zhema pendant une semaine, mais elle, elle alla parler à ma mère, et ma Ama se dit que je devais bien avoir treize ans et qu'il était temps de me faire rentrer à la maison et de me faire femme.

La cérémonie de la jupe

Quand mon oncle rentra de sa livraison de beurre, il me tendit les galettes de riz que ma Ama avait faites et me dit :

– La prochaine fois que je descendrai livrer le beurre, tu viendras avec moi. Ta mère a déjà discuté de ta cérémonie avec les lamas.

À ces mots, mon cœur fit un bond dans ma poitrine, mais, même si j'avais voulu sauter de joie, j'inclinai seulement la tête. Je ne pouvais quand même pas montrer mon bonheur à mon oncle. Je ne voulais pas lui faire croire que j'étais contente de le quitter. Pourtant je ne pouvais m'empêcher de penser à ma cérémonie – à tous les beaux habits et aux bijoux en argent et aux cadeaux que les voisins allaient m'apporter, et comment j'irais danser et comment les garçons voudraient me parler. Je faisais de mon mieux pour réprimer mon bonheur et mon pauvre oncle faisait de son mieux pour ne pas me montrer son malheur, jusqu'au moment où il but sa coupe de vin habituelle, plus tard dans la soirée, et où ses yeux se remplirent de larmes. Alors je me sentis très seule. Si seule. Je ressentais tant de bonheur et je n'avais même pas une amie avec qui partager mes sentiments, il n'y avait personne pour me taquiner, pour me pincer et me courir après. Personne, sauf mon oncle, qui serait bientôt endormi et qui ronflerait, et les yacks qui martèleraient le sol de leurs sabots, et les chevaux qui renifleraient, et les chiens qui gratteraient leurs puces – et tout ça m'empêcherait de dormir, et la nuit serait très longue.

Le lendemain matin, aussitôt réveillée, je pensai : vingt-sept jours avant la prochaine livraison de beurre, et je comptai jusqu'à vingt-sept et puis je recommençai. Quand on eut fini de déjeuner, j'emmenai les yacks paître de l'autre côté du chemin, d'où je pouvais voir la vallée, au cas où ma Ama aurait décidé de m'envoyer chercher plus tôt. Je fis cela pendant quelques jours, jusqu'à ce qu'il n'y ait plus d'herbe et qu'il me fallût emmener les bêtes dans un autre pâturage. Mais le soir je me dis, mon oncle a besoin de dix mottes de beurre, c'est tout. Si je traie les yacks plus dur et si j'obtiens plus de lait, on pourra faire plus de beurre et on pourra rentrer au village plus tôt. Je tirai fort sur le pis du yack pour essayer d'avoir plus de lait. Le yack releva la patte de derrière, tourna la tête et me regarda avec surprise – alors j'arrêtai de tirer et je lui caressai le flanc pour le rassurer. Les animaux peuvent voir jusqu'au fond de notre âme et ils comprennent toujours quand on est méchant avec eux, et je savais qu'il me fallait être bonne avec les animaux à cause de mon karma.

Avant de dîner, je posai cinq pommes de terre près du feu, une pour chaque jour. Après dîner, j'en retirai une. Quatre jours passèrent, et je remis cinq pommes de terre à la place des autres. Mon oncle regarda les pommes de terre et dit :

– Ne t'en fais pas, ça va passer vite.

Mais, justement, ça ne passait pas vite et mon cœur battait avec impatience.

Mais peut-être que si on désire vraiment quelque chose, on peut faire en sorte que cela arrive. Le soir où j'aurais dû retirer la onzième pomme de terre, alors que mon oncle et moi étions assis autour du feu, sur le point de manger notre soupe de maïs, les chiens se mirent à aboyer dans l'enclos. On entendit des chevaux se rapprocher de la tente. C'était mon frère Ache qui était venu me chercher. La saison des récoltes approchait et ma Ama avait besoin d'aide à la maison. Elle ne voulait pas attendre jusqu'à la fin du mois.

Du coup, je ne pus plus rien avaler. Aussitôt qu'Ache et mon oncle eurent fini leur soupe, je me levai et je nettoyai les écuelles et puis je commençai à tout laver. Cette nuit-là, je ne dormis pas du tout.

Le lendemain matin, mon oncle attacha mon petit baluchon sur le dos du cheval. Il prit les feuilles qui séchaient sur le toit de la tente et enveloppa un peu de lait caillé qu'il me tendit :

– Tiens, prends ça, dit-il en évitant de me regarder. Et quand tu seras à la maison, sois gentille et écoute bien ta mère !

Il se retourna, empoigna le balai et commença à balayer la tente – on ne doit jamais balayer après le départ d'une personne, car cela voudrait dire qu'on balaye le souvenir de sa présence. Quand il eut terminé de balayer, il alluma du genévrier à quelques pas de l'entrée de la tente. Il s'assit pour nous regarder préparer notre départ, prit son chapelet et se mit à fredonner ses prières.

On se dit au revoir, en faisant des petits hochements de tête, les yeux remplis de larmes. On ne s'embrassa pas et il ne me serra pas dans ses bras parce que, chez nous, ça ne se fait pas.

Mon pauvre oncle me faisait beaucoup de peine. Il était tellement seul. Mais nous n'avions pas fait une centaine de pas sur le chemin que déjà un bonheur irrépressible s'emparait de moi. Et là, je ne pouvais plus me retenir, tout ce que je voulais, c'était être à la maison. J'étais si impatiente que je ne pouvais même pas m'asseoir sur le cheval. Je mis pied à terre et passai les rênes à mon frère. Je courais, je sautais, je criais de joie.

On arriva à la maison en fin d'après-midi. Les rues étaient vides, à part quelques vieilles personnes qui s'occupaient des bébés. Tous les autres étaient dans les champs. Chez nous, il n'y avait pas d'aïeux pour s'occuper des petits-enfants, alors ma Ama était dans la cour, en train de fendre du bois pour le feu, et ma petite sœur Jiama était assise un peu à l'écart et hors de danger, occupée à bâtir une maison en terre. Quand elle nous vit entrer, elle courut vers Ache et ne me regarda même pas.

– Hé, Ama ! criai-je en direction de ma mère.

Ma mère releva la tête de son tas de bois et me sourit.

– Vous êtes déjà là !

– Elle a couru tout le long du chemin ! dit Ache en riant.

Il me passa Jiama et alla s'occuper des chevaux, mais elle se tortilla et je la reposai par terre.

– Assieds-toi, Namu, dit ma mère en désignant une petite chaise en bois sous le porche. Tu dois être très fatiguée.

Et elle alla dans la maison chercher de l'eau chaude pour me faire un bain de pieds. Quand je fus toute propre, elle me tendit une vieille paire de chaussures en toile. Les chaussures de Zhema.

– Où est Zhema ? demandai-je en essayant les chaussures que je retirai aussi vite.

– Dans le champ de tournesols, répondit ma mère.

J'étais heureuse d'être rentrée. J'essayai de convaincre ma petite sœur de venir faire le tour de la maison avec moi – quand je rentrais chez nous après avoir passé tant de mois avec mon oncle dans les montagnes, la maison me semblait toujours très grande, le jardin potager plein de bonnes choses –, mais Jiama courut vers Ama et je décidai d'aller chercher ma grande sœur. Je la trouvai, courbée sur son râteau, en plein travail et beaucoup trop occupée pour s'apercevoir de ma présence. Je m'approchai tout doucement pour lui faire une farce que je faisais aux yacks de temps en temps. Quand je fus tout près d'elle, je chuchotai... bouh ! dans son oreille. Elle fit un grand bond et se retourna – et me foudroya du regard.

Ma grande sœur Zhema était très calme et très intelligente, et elle était aussi très gentille. Quand ma mère partait en visite, elle emmenait toujours Zhema avec elle parce que Zhema ne lui causait jamais d'ennuis. Tous les hommes l'aimaient aussi. Tout le monde disait du bien de ma grande sœur, personne ne trouvait jamais rien à redire à son sujet. Mais peut-être était-elle trop douce pour moi. Lorsque je chuchotai comme cela dans son oreille, elle fit un bond. C'était facile de faire peur à ma sœur : même si elle était plus grande que moi, elle n'était pas très courageuse.

Zhema adoucit son regard, essuya la sueur de son front poussiéreux et me fit un sourire un peu sournois.

– Alors tu es déjà rentrée ! Et tu crois que tu es assez grande pour être une femme ?

Mon initiation se ferait pendant les fêtes du Nouvel An parce que c'est toujours à ce moment-là qu'ont lieu les cérémonies des jupes et des pantalons. Entre-temps, il faudrait terminer les récoltes, mettre de l'engrais dans les champs et tuer les cochons.

On tue les cochons deux fois dans l'année, une première fois en novembre, et puis juste avant le Nouvel An – au moins trois cochons en tout. Deux cochons de trois cents livres chacun donnent assez de viande à une famille pour toute l'année. Le troisième cochon sert pour faire des cadeaux et pour les offrandes pendant les funérailles et les autres événements importants. Les Moso ne gâchent aucun morceau du cochon. Quand on a saigné les bêtes, on leur coupe les pattes, on enlève les entrailles et les os, et on farcit les cavités avec du piment et du sel. Ensuite, on les recoud. C'est ce cochon salé qu'on appelle le *bocher*. On garde les *bocher* empilés les uns sur les autres sur un banc dans la pièce principale de la maison, et, dans le temps, les familles mesuraient leur richesse en fonction du nombre de *bocher* qu'elles possédaient. On désosse aussi les pattes qu'on farcit de la même façon avec du piment et du sel pour en faire des jambons. On suspend les os aux poutres pour les faire fumer, après quoi on en fera de la soupe pour les vieilles personnes et les enfants. Enfin, on fait bouillir le gras qu'on verse dans les vessies pour faire du saindoux, et on fabrique du boudin et des saucisses délicieuses avec le sang et les restes de viande.

La boucherie et la charcuterie, c'est beaucoup de travail, et les gens envoient toujours les enfants d'une maison à l'autre pour demander de l'aide aux voisins. Quand j'étais petite, j'adorais faire cela. On se tenait dehors sur le seuil d'une cour en hurlant tout ce qu'on pouvait et les gens nous invitaient à entrer et nous donnaient de la soupe. Grâce à tout ce temps que j'avais passé à chanter et à crier dans l'air des hautes montagnes, je hurlais plus fort que tous les autres enfants.

Pendant que les hommes découpaient les cochons, les femmes cuisinaient et faisaient fermenter le vin. Tous les jours, dans toutes les cours, on servait toutes sortes de plats délicieux sur des longues tables recouvertes d'aiguilles de sapin. C'était le moment ou jamais de se faire remarquer. Une femme vraiment douée peut remplir un bol de riz d'un seul coup de louche, et la renommée d'une femme peut se répandre bien au-delà de son village. Ma mère était célèbre dans notre village pour son excellent boudin. Mais elle le réservait toujours pour ma grande sœur. Le soir, elle en faisait bouillir une partie qu'elle faisait refroidir avant de la mettre dans la gamelle de Zhema, qui l'emportait aux champs le lendemain.

En cherchant bien, il me semble que j'avais toujours eu très envie d'un bout de boudin mais que je n'osais pas le demander à Ama. Et puis un jour, quand j'étais rentrée des montagnes pour passer du temps à la maison, une chose terrible est arrivée au boudin de Zhema.

Tous les soirs, quand je regardais le boudin disparaître sous le couvercle de la gamelle de ma sœur, je bavais d'envie.

Et, tous les matins, j'épiais Zhema quand elle descendait la rue du village, sans se presser, avec le boudin dans sa gamelle. Une nuit, alors que tout le monde dormait, je me glissai hors du lit, tout doucement, et j'allai voler le boudin dans la gamelle, où je déposai à la place un bout d'excrément que j'avais passé la journée à façonner et à faire sécher au soleil. Le lendemain, je partageai le boudin avec mon petit frère Howei. On s'assit au bas des escaliers, juste au-dessous de la chambre de Zhema, et ce fut un vrai régal. On n'avait jamais rien mangé d'aussi bon. Vers midi, ma grande sœur rentra des champs en criant et en pleurant, mais, quand ma Ama apprit ce que j'avais fait, elle éclata de rire et elle fit bien attention à me donner un bout de boudin ce soir-là. Alors Zhema se remit à crier en disant qu'elle ne mangerait jamais plus de boudin. Mais, bien sûr, elle en remangea.

Cette année-là, il ne m'importait pas de savoir qui mangerait du boudin. Parce que, cette année-là, c'était l'année de la cérémonie de ma jupe.

Dès qu'on en eut terminé avec les cochons, ma Ama et ma sœur commencèrent à faire le ménage dans la maison et à préparer la nourriture et les boissons d'usage. Pendant les cérémonies des jupes et des pantalons, il faut servir trois sortes de boisson : du thé au beurre, de l'alcool de riz et du vin de Sulima que l'on fait fermenter à partir de maïs, de millet et de miel. On offre à boire aux invités dans de petits bols qu'on place sur des plateaux en bois recouverts d'aiguilles de sapin et de grains de maïs grillés. Cela demande beaucoup de travail et, vers la fin de la semaine, notre voisine Dujema vint nous aider à faire le vin et les galettes de riz.

Il y avait déjà très longtemps que j'attendais cet événement, et j'aurais dû être très heureuse. Bien sûr, c'était agréable d'être assise près de notre feu et de manger la cuisine de ma mère au lieu de celle de mon oncle. C'était aussi excitant de penser que je serais bientôt une femme adulte et que je pourrais servir à manger à mes frères et à ma petite sœur. Mais, curieusement, je ne me sentais pas à ma place.

Depuis ma dernière visite, tout et tout le monde avaient un peu changé. Une vieille personne était morte, un bébé était né. Un autre bébé avait appris à marcher et à parler. Naturellement, c'était comme cela tous les ans : quand je rentrais à la maison, quelque chose avait changé. Mais, pendant tout ce temps que je passais avec mon oncle dans la montagne, je ne rentrais à la maison que quelques jours par an – je ne restais jamais assez longtemps pour me soumettre à la routine journalière de la vie du village. Et maintenant que j'étais rentrée pour de bon, maintenant que tous les matins j'attachais mon panier sur mon dos et que je suivais ma mère et ma sœur dans les champs, maintenant – quand je regardais l'ombre de ma mère danser sur les murs en bois alors qu'elle allait et venait entre les âtres pour préparer ma cérémonie – il m'arrivait de songer avec regret aux parois de la tente dans les montagnes.

Tard un après-midi, j'étais en compagnie de quelques filles du village et j'essayais de trouver quelque chose d'intéressant à raconter, quand l'une d'entre elles me demanda :

– Tu vas retourner dans les montagnes après ta fête ?

– Bien sûr que non, je n'y retournerai plus.

Mais je compris qu'elles s'étaient habituées à ce que je vive au loin, qu'elles s'étaient habituées à l'idée que je n'étais pas des leurs.

Elles avaient raison. Je n'étais pas des leurs. Je n'avais pas grandi comme elles, avec des mères et des tantes et des sœurs ; je n'avais pas grandi en jouant avec des petites filles. J'avais grandi avec mon oncle silencieux dans un monde rempli de gros yacks poilus et de rosée vaporeuse ; j'avais grandi dans des pays qui s'étendaient bien au-delà de nos montagnes, des pays lointains et mystérieux où vivaient des gens aux yeux bleus.

Au cours de la semaine qui précédait ma cérémonie, Ama me lava les cheveux tous les jours et elle les frotta avec du beurre de yack pour les faire briller. D'après la coutume, les femmes moso rallongent leurs cheveux avec les crins coupés des queues de yack, des fils de soie et des rubans de différentes couleurs. Les cheveux ainsi rallongés doivent être très longs et descendre jusque sous les fesses. Mais, comme mon oncle avait gardé mes cheveux très courts à cause des poux, ma Ama ne pouvait pas y attacher les crins et les fils pour les rallonger, alors Dujema proposa de me faire une perruque. En plus de s'occuper de mes cheveux, ma mère examinait mes mains, ma figure et mes oreilles.

« N'oublie pas de te mettre du beurre sur la peau après ta toilette », me disait-elle plusieurs fois par jour quand elle avait terminé une tâche et qu'elle regardait de mon côté.

Il faut dire que après tout ce temps passé dans les hautes montagnes, ma peau était devenue très brune et rêche. Un après-midi, alors que mes frères étaient sortis et que je restais seule avec ma mère, elle me montra comment une femme doit s'asseoir pour faire voir qu'elle a de l'orgueil, et comment une femme doit marcher pour se faire remarquer. Je ne doutais pas que, le jour de ma cérémonie, ma mère voudrait que je me fasse remarquer, mais moi, ces conseils et ces façons de me toucher et de m'inspecter, tout cela me faisait penser à mon oncle quand il prenait soin des yacks et des chevaux.

Mon oncle descendit de la montagne la veille du jour de l'An. Mon frère Ache l'aida à accrocher les drapeaux de prières au-dessus du toit, du portail d'entrée et dans la cour. Quand ils eurent installé les drapeaux, Ama demanda à mon oncle de l'aider à sortir un gros sac de maïs de la pièce de rangement pour le mettre au pied de la colonne mère. Puis, avec Ache, ils tirèrent sur le cochon recousu qu'ils firent tomber du banc et qu'ils poussèrent jusqu'au sac de maïs. Et quand je vis le cochon et le sac de maïs par terre, prêts pour les événements du lendemain, je ne pus presque plus contenir ma joie.

Ce soir-là, le dernier de mon enfance, ma mère me dit :

– Surtout, essaie de bien dormir, parce qu'il te faudra être forte demain. Il va falloir faire beaucoup de *koutou* !

Quand je me blottis contre ma petite sœur Jiama, je pensai avec impatience que c'était ma dernière nuit dans le rangement, que le lendemain je dormirais dans ma chambre à moi et que je pourrais ouvrir ma porte à qui je voudrais.

Zhema me réveilla avant le chant du coq.

– Namu, debout ! Tu dois être prête pour le lever du soleil.

J'ouvris les yeux tout de suite. Il m'était égal de ne pas avoir assez dormi ou même de laisser la chaleur du petit lit dans lequel Jiama dormait encore avec ses petites mains jointes sous son menton.

Dans la pièce principale, Ama terminait quelques plateaux, et mon oncle, qui buvait doucement son bol de thé au beurre, m'invita à m'asseoir à côté de lui pour vite manger quelque chose. Mais ma mère me dit de sortir avec elle dans la cour, où elle retira son turban et fit trois *koutou* vers l'aurore, rose et orange, à peine visible sur l'horizon déchiré. Je me prosternai sous le soleil levant. La cérémonie avait commencé. Je venais juste de me relever quand les lamas entrèrent dans la cour, suivis de nos voisins qui apportaient des cadeaux pour moi et des offrandes pour le dieu du Feu. Nous nous prosternâmes devant les lamas, et Ama invita tout le monde dans la maison où Leurs Saintetés prirent place sur le *kang* autour de l'âtre supérieur, et les invités s'installèrent près de l'âtre inférieur. Mon oncle alluma le genévrier et rajouta du bois sur les feux. Les lamas entamèrent d'une voix basse leurs prières qu'ils interrompaient de temps en temps pour souffler dans leur conche.

– Meilleurs vœux ! *Cheche zheke !* disaient les invités en passant la porte.

– *Amisei, amisei !* Merci, merci, répondait ma mère en leur présentant un plateau avec les trois bols de vin, d'alcool et de thé et en leur désignant une place près du feu où ils pouvaient s'asseoir.

Ce furent peut-être soixante ou soixante-dix personnes qui vinrent assister à ma cérémonie – des voisins, tous revêtus du costume traditionnel, les femmes en jupe longue et en beau corsage de couleurs vives, brodé de fils d'or, et les hommes en costume tibétain.

Quand l'amie de ma mère, Cilatsuo, arriva, ils étaient tous assis, heureux de boire leur vin et le thé. Cilatsuo me présenta une écharpe. J'étais un peu surprise parce que tous les autres invités avaient déposé leurs cadeaux dans un gros panier et que je les regarderais plus tard dans la soirée, quand les invités seraient rentrés chez eux. Néanmoins, je remerciai Cilatsuo ; elle me sourit et s'en alla bavarder avec les autres. Quand elle fut assez éloignée pour ne pas nous entendre, Ama me dit qu'elle avait demandé à Cilatsuo de m'aider à mettre mes habits d'adulte.

J'en fus contrariée.

– Et pourquoi ? Pourquoi pas toi ? demandai-je.

Toutes les femmes que je connaissais, y compris ma sœur Zhema, avaient été aidées par leur mère pendant leur cérémonie.

Mais ma mère répondit :

– Parfois, c'est mieux quand une amie t'aide à te changer.

– Mais pourquoi ?

Ama me regarda dans les yeux et dit d'un ton ferme :

– Elle est née sous le signe du Cheval elle aussi ; il n'y a pas de problème. Son visage est parfait et elle a beaucoup de chance. Ce sera mieux pour toi comme cela.

Je regardai le visage de ma mère et je n'y trouvai pas de défaut. Son visage avait été assez bon pour la cérémonie de ma sœur, pourquoi ne l'était-il pas pour moi ? Pourquoi me donnait-elle à Cilatsuo aujourd'hui, quand j'étais sur le point de renaître ?

Mais sa bouche était close et ses yeux étaient durs, je ne la ferais pas changer d'avis. J'étais bouleversée, blessée, et je ne savais vraiment pas quoi dire, mais, avec tous ces gens autour de nous, ce n'était ni l'endroit ni le moment de se disputer. Cilatsuo m'aiderait à mettre mes habits d'adulte et me transmettrait sa bonne fortune.

Quand Cilatsuo revint à mes côtés, je lui fis un *koutou*. Elle me prit par la main et me mena à la colonne mère, où j'attendis la suite, près du cochon du sac de maïs et d'une pile de vêtements tout neufs qu'on avait posés sur le *kang*.

Ma Ama avait tendu à Zhema un plateau chargé de graines de tournesol, de poires et de noix pour offrir aux invités, et elle en prit un autre pour elle. Les joues surchauffées et les yeux brillants, Ama souriait et plaisantait avec tout le monde. Cinq lamas, et tant de nourriture, et de si nombreux invités ! Ma mère avait de quoi être fière. Et quand je la regardai passer entre les gens, si fière, si heureuse qu'elle voulait donner tout ce qu'on avait à manger dans la maison, mon cœur se serra. Tous ces sacrifices et tout ce travail pour m'offrir une cérémonie dont elle voulait que tout le village se souvienne, et qu'après tout elle avait organisé non pas seulement pour son orgueil, mais aussi parce que c'était mon jour de fête. Mon cœur battit un peu plus fort et, enfin, je sentis le bonheur me chauffer les joues.

Quand elle eut terminé de s'occuper des invités, Ama rangea son plateau. Elle appela le chien dans la maison et le fit asseoir à mes côtés. Elle raconta l'histoire du chien, qui, il y avait très longtemps, avait échangé les soixante ans de sa vie contre les treize années de notre vie humaine, et elle remercia notre chien et lui donna à dîner. Mon oncle alluma d'autres piles de genévrier et la pièce se remplit de fumée. Quand les lamas eurent terminé de prier pour le chien, ils commencèrent à prier pour moi, pour que j'aie une longue vie, la richesse et beaucoup d'enfants, et ils soufflèrent dans leur conche pour prier les dieux de descendre du ciel et de se rendre témoins de ma cérémonie.

À ce moment-là, Cilatsuo me prit par la main et m'aida à mettre un pied sur le cochon et l'autre sur le sac de maïs. J'étais prête à abandonner ma vieille vie.

Cilatsuo m'ôta ma tunique de lin bleu et je me retrouvai toute nue, comme je l'avais été le jour de ma naissance, dans la lueur dorée des feux et dans l'épais brouillard parfumé de la fumée de genévrier, devant tous nos voisins et les gens de ma famille. Je me sentais si belle et si parfaite et je pensais à la déesse du Ciel qui, au début des temps, était descendue sur un rayon de lune jusqu'aux rives de notre lac où elle avait donné naissance à notre peuple moso.

Dujema s'écria :

– Qui aurait cru que ce petit bébé qui n'arrêtait pas de pleurer allait devenir si belle ? Ta mère a de la chance de t'avoir gardée, après tout !

Tout le monde éclata de rire, et ils crièrent bravo et firent plein de commentaires, même le vieux Gasso qui dit :

– Latso, ta famille a les plus belles filles. Je suis vieux, mais c'est bien de voir que les jeunes sont aussi gâtés !

Il se mit à chanter, d'une voix brisée, la beauté des femmes et la force des hommes moso.

Quand les hourras et les rires se furent calmés, Cilatsuo jeta ma vieille tunique dans le feu et ma mère chanta :

Devant Bouddha, nous brûlons ces vieux habits,
Nous brûlons la vieille destinée de Namu.
Aujourd'hui, Namu est née de nouveau.
S'il vous plaît, accordez-lui une bonne santé,
La richesse et beaucoup, beaucoup d'enfants et de petits-enfants.

Alors qu'elle terminait sa chanson, Ama prit les habits neufs qu'elle avait préparés pour moi. D'abord, elle tendit à Cilatsuo une chemise rose avec une bordure noire et or, et, tandis que Cilatsuo m'aidait à mettre les bras dans les manches et à fermer les boutons, Ama prit la jupe blanche qu'on avait enroulée comme un saucisson ; elle la secoua et la jupe s'ouvrit d'un coup comme un nuage d'été. Tout le monde fit :

– Oh !

Alors qu'elle m'habillait, Cilatsuo commentait :

– Regardez ces yeux, on dirait des étoiles dans le ciel. Regardez ce visage, il est rond comme la lune. Et voyez ces seins, ils sont comme des pêches mûres.

Et elle parla comme ça de ma taille, de mes fesses, de mes cuisses, et je me sentis à la fois très gênée et très fière. Elle m'attacha une ceinture multicolore autour de la taille et elle agrafa une chaîne en argent à ma chemise, juste au-dessus de la ceinture, pour signifier que peut-être, un jour, je dirigerais la maison. Si jamais je devenais *dabu*, la clé du garde-manger pendrait à cette chaîne. Enfin, elle plaça la perruque sur ma tête, avec les crins de yacks, les rubans et les fils de soie.

Personne n'en croyait ses yeux. Ils dirent :

– Oh, mais elle est si jolie !

La transformation était complète. J'étais femme, j'étais toute neuve et j'étais belle.

Ma mère rayonnait. Elle me regardait de la tête aux pieds comme si elle ne pouvait y croire. Elle ne disait rien. Elle ne bougeait pas. Ses yeux croisèrent les miens et elle trembla un peu, surprise, comme si elle se réveillait après un rêve, et l'espace d'un instant elle eut l'air un peu perdu. Puis elle retira son bracelet de jade de son poignet, avec bien des difficultés parce qu'elle le portait depuis toujours, elle le toucha de ses lèvres, le porta à son front et me le glissa au poignet gauche.

– Namu, tu auras un beau destin, me dit-elle, les yeux pleins de larmes, les mains tremblantes.

Je ne dis rien, mais je l'aimais de tout mon cœur. Le bracelet avait appartenu à sa grand-mère, et ma Ama le portait depuis sa propre cérémonie.

Les yeux me piquaient à cause de la fumée et de toutes ces émotions. Je pris la main de Cilatsuo et je reposai le pied par terre. Je fis un *koutou* pour ma mère et un autre pour Cilatsuo. Finalement, je me prosternai devant les lamas, trois fois. Ma Ama avait raison. Cela faisait beaucoup de *koutou*. Le lama Ruhi me toucha la tête avec son livre de prières, trois fois, et puis il feuilleta les pages au-dessus de mon front pour que leur sagesse pénètre mon esprit.

Quand j'eus reçu la bénédiction des lamas, je me tournai pour regarder la petite foule et j'aperçus mon père qui se tenait à côté de Dujema, près de l'âtre.

– Mon oncle ! Tu es venu ! m'écriai-je en riant de surprise.

Il avait voulu fêter le Nouvel An avec les gens de sa famille à Qiansuo et, bien qu'il se fût mis en route de très bonne heure, il était arrivé à la fin de ma cérémonie. Il me fit un grand sourire et me tendit une écharpe en laine de toutes les couleurs.

– C'est pour toi, dit-il de sa voix calme. Ta tante l'a tissée spécialement pour toi.

J'acceptai l'écharpe en le remerciant puis je le quittai pour aller remercier les autres invités et échanger quelques paroles avec eux. Le visage tout chaud et rouge de l'orgueil que je ressentais d'être femme, je sortis dans la cour ensoleillée, suivie des femmes les plus âgées et, derrière elles, des autres invités. Les aïeules s'arrêtèrent à mi-chemin et tout le monde me regarda grimper les escaliers en direction de ma *babahuago*, ma chambre aux fleurs.

J'entrai et fermai la porte derrière moi. Ma grande sœur était assise sur mon lit, elle m'attendait, et bientôt ses amies frappèrent à la petite fenêtre et nous les fîmes entrer. Elles étaient d'humeur joyeuse.

– Namu, tu ne vas pas faire entrer trop de garçons dans ta chambre, dis ? plaisantaient-elles.

– Trop d'amour fait mal aux yeux, me prévint une autre.

– Mais non, si tu fais trop l'amour, c'est plus difficile d'avoir des enfants, la corrigea une troisième.

Puis une autre fit semblant de regarder sous ma chemise pour voir si j'étais prête à faire l'amour.

– As-tu les bouts de seins roses ? me demanda-t-elle.

Elle était très drôle et tout le monde éclata de rire. Enfin, j'étais une femme adulte ; j'étais comme ma sœur et ses amies, et j'étais très contente et un peu gênée.

En bas, les invités s'étaient assis aux tables de banquet dans la cour – les lamas étaient en bout de table, et à côté d'eux les oncles et les femmes âgées, et puis les enfants. Ma mère et les autres femmes n'avaient pas le temps de s'asseoir. Elles étaient trop occupées à servir les beignets, les viandes grillées, les omelettes, les légumes, le thé et le vin.

Les invités passèrent le reste de la journée à parler, à chanter, à manger et à boire. Quand le dernier d'entre eux partit, c'était l'heure du coucher, et je suivis ma sœur Zhema dans les escaliers. Sur le balcon, elle s'arrêta un moment juste avant d'entrer dans sa chambre, me fit un grand sourire et d'un petit geste de la main me souhaita une bonne nuit. Alors, j'ouvris la porte de ma chambre.

Je posai une bougie sur le petit meuble à tiroirs et je m'assis sur mon lit – un lit en planches avec un petit matelas et une couette en coton tout neufs. J'ôtai ma perruque et je la tournai et la retournai dans mes mains en examinant un par un les rubans, les fils de soie et les crins de yacks. Je m'allongeai sous la couette sans me déshabiller. Cela me faisait drôle de dormir toute seule – sans ma petite sœur blottie contre moi ou sans les ronflements de mon oncle de l'autre côté du feu. Tout cela me semblait drôle mais aussi merveilleux et un peu effrayant. Je regardai le plafond de bois au-dessus de ma tête et puis je m'assis pour passer en revue les parois des murs autour de moi, en bois elles aussi. Pendant un moment, je m'amusai à projeter des ombres d'animaux sur le mur en passant mes mains devant la bougie. Mais la nuit était silencieuse et j'avais sommeil.

Je venais tout juste de souffler ma bougie quand le chien se mit à aboyer au bas de l'escalier. Je me redressai d'un coup et mon cœur se mit à battre très vite. Quelqu'un était entré dans la cour – quelqu'un que le chien connaissait bien parce qu'il arrêta vite d'aboyer. J'entendis les pas gravir les escaliers. Je serrai ma couette autour de mon cou et je plissai les yeux en fixant la forme obscure de la porte dans le noir. Les pas se rapprochèrent et mon cœur battit plus vite et plus fort. Mais l'amant passa à côté de ma porte et se dirigea vers la chambre de ma sœur.

Je poussai un soupir de soulagement, posai la main sur mon cœur pour calmer mes palpitations et éclatai de rire.

J'aurais dû m'en douter. Une femme adulte ne recevait jamais d'amant le soir de sa cérémonie. Pas parce qu'il y avait une règle pour l'interdire, mais parce qu'elle était femme depuis si peu de temps, elle n'avait eu le temps de chanter les chansons d'amour avec personne. Quant à moi, me dis-je en reposant la tête sur l'oreiller, j'étais encore bien loin de m'attirer un amant. Je ne connaissais rien de ce que les filles apprennent quand elles passent leur temps à papoter dans les champs. J'avais une jupe longue et j'avais ma chambre à moi, mais, avant d'être une vraie femme, j'avais encore bien des choses à apprendre. Avant de trouver un amant qui veuille chanter avec moi, il faudrait que j'apprenne à faire des plaisanteries et à regarder un homme dans les yeux. Il faudrait aussi que j'apprenne à marcher comme ma mère me l'avait montré et que j'apprenne à m'asseoir comme une femme qui se respecte. Et puis, il faudrait peut-être que j'apprenne à parler d'une voix un peu plus douce.

Et pour le moment, me dis-je tout en respirant le doux parfum de ma couette et de mon matelas neufs, j'étais bien contente d'avoir des beaux habits et un bracelet de jade, et j'étais bien contente aussi d'avoir tant de choses à apprendre. Je tirai sur ma couette pour me recouvrir la tête et j'essayai de ne pas faire attention aux chuchotements et aux gloussements qui provenaient de la chambre de ma sœur.

Le lendemain, mon frère frappa à ma porte.

– Namu, on va déjeuner. Tu te lèves ?

J'ouvris les yeux. Le soleil projetait sa lumière dorée, égayant les murs en bois de ma chambre aux fleurs, et, quand je descendis au premier étage, j'eus du mal à m'habituer à la pénombre. Tout le monde était déjà installé autour du feu sur le *kang*, et ma mère versait le thé dans les bols. Elle leva la tête et m'accueillit avec un sourire tout en reposant la théière sur le sol. Elle s'essuya les mains sur sa jupe et elle se frotta le poignet gauche, d'un mouvement inconscient, en cherchant son bracelet. Elle ferait souvent ce geste les jours suivants, si souvent qu'elle me donnerait envie d'ôter le bracelet de mon bras et de le lui redonner.

Durant toutes les fêtes du Nouvel An, ma mère fut très heureuse, peut-être aussi heureuse que moi. Un après-midi, elle me dit :

– Namu, il faut que tu t'occupes de tes cadeaux. Zhema te dira qui t'a donné quoi et tu pourras leur rendre quelque chose et leur dire merci.

Alors Zhema et moi fîmes l'inventaire de mes cadeaux pendant que ma mère et Dujema finissaient de faire le ménage et de ranger tout ce qui avait servi à la fête.

À chaque cadeau, je me disais : voilà ! Je suis une personne toute neuve. Je suis une femme en jupe. Je n'avais rien et maintenant j'ai tout. Et j'avais vraiment beaucoup de choses : des écharpes en coton, des boucles d'oreilles en argent, des petits miroirs en plastique, une couverture en laine de yack, deux plateaux en bois, un faisceau de fils de soie pour rallonger mes cheveux, au moins trois sacoches en toile... et un sac de sel. Je pensai que ma mère avait perdu son sel.

– Ami ! Ton sel !

– Ce n'est pas à moi, répondit ma Ama. Ce sont les Azha qui te l'ont donné. Ils ont des difficultés en ce moment et ils n'avaient rien d'autre à t'offrir.

On frappe à ma porte

Une de nos cousines de Luo Shui venait de donner naissance à une petite fille et ma mère remplissait les gamelles en bambou :

– Trente œufs, du riz agglutiné et fermenté, un porte-bonheur pour assurer longévité au bébé et des briques de thé. Namu, tu voudrais bien m'accompagner pendant que Zhema s'occupe de Jiama et de tes frères ?

Cela faisait déjà plus d'un an que j'étais devenue adulte et je me sentis plutôt fière à l'idée que ma Ama m'invite à aller en visite avec elle. Car c'était là le privilège de Zhema.

Arrivées au lac, nous poussâmes la barque sur l'eau. Ma mère monta la première, je m'assis derrière elle et nous commençâmes à ramer. Le ciel était d'un bleu très pur et, hormis quelques plumes de nuage qui flottaient au-dessus de la tête de la déesse de la Montagne, il était vide. Le lac aussi était vide. Notre barque était la seule sur l'eau et le bruit de nos rames rythmait le silence. Je n'avais entendu tel silence depuis que j'étais revenue vivre à la maison après avoir quitté mon oncle dans les montagnes, et je ressentis un désir irrépressible de chanter. Je me mis à chanter une de nos chansons de travail.

Ma mère relâcha son dos et ralentit ses efforts. Elle m'écoutait, et je m'imaginai qu'elle était surprise et qu'elle appréciait ma voix. Mais, quand j'eus terminé, elle sortit sa rame de l'eau et dit sans se retourner pour me regarder :

– Namu, si un homme chantait pour toi, tu saurais chanter pour lui répondre ?

– Bien sûr, répondis-je en regardant les rives du lac pardessus sa tête. Bien sûr que je saurais.

Mais, du coup, je n'avais plus envie de chanter. J'avais comme la nausée. Et peut-être que Ama sentit ma gêne parce qu'elle recommença à ramer – jusqu'à ce qu'on se trouve à une bonne distance du rivage, qu'elle s'arrête sans prévenir et qu'elle range sa rame dans la barque. Elle se retourna et me regarda :

– Namu, arrête. Je vais t'apprendre à chanter.

Ma mère avait une belle voix et l'esprit vif, mais le regard noir et intense qu'elle posait sur moi me fit vite comprendre que je n'allais pas apprécier cette leçon. Aussitôt qu'elle commença à chanter, je reconnus l'air – c'était une chanson d'amour.

Le lac Mère est si large et si profond
Trop large pour que le canard sauvage puisse le survoler.

Ma Ama avait décidé d'improviser un duo d'amants pour moi. Elle avait chanté les premiers vers et, maintenant, elle faisait une pause en attendant que je lui réponde. Et, comme je ne disais rien, elle se répondit toute seule.

Il n'y a pas de quoi avoir peur de la grandeur du lac
Tu n'as qu'à bercer ta barque tout doucement.

Elle s'arrêta de nouveau, mais je ne lui répondis toujours pas, et elle continua :

Je n'avais pas l'intention d'aller à la pêche,
Mais le poisson avait des yeux d'or.

Je n'avais pas l'intention d'aller à la chasse,
Mais les bois du cerf sont trop précieux.

Si tu es pure comme les eaux transparentes du lac
Je me changerai volontiers en poisson pour sonder ton cœur.

Ma Ama s'arrêta une fois de plus.

– Namu, pourquoi ne me réponds-tu pas ? Tu avais pourtant dit que tu savais chanter ?

Mais, justement, je ne pouvais pas lui répondre. Et ce n'était pas parce que je ne savais pas chanter. Dans les montagnes, j'avais passé des heures entières à chanter pour mes amants imaginaires. Mais voilà, c'était ma mère. Je ne pouvais quand même pas chanter des chansons d'amour à ma mère ! Je ne pouvais même pas la regarder. J'avais terriblement honte. Je détournai le regard et fixai les yeux sur la surface de l'eau. Ama fit claquer sa langue avec impatience mais elle ne me força pas. Elle se remit à chanter.

Au bout d'un moment, je me rendis compte que ma Ama ne chantait plus pour moi mais pour les amants de sa jeunesse et, finalement, j'osai la regarder. Son visage était rempli de tendresse, de joie, et elle me parut très belle. J'en étais à la fois intimidée et enchantée. Quand elle s'arrêta, nous gardâmes le silence. Nous nous laissâmes bercer par le clapotis des vagues qui se brisaient doucement sur notre barque, et nous restâmes comme ça sans parler, un peu gênées toutes les deux. C'était là un moment d'intimité tout à fait extraordinaire, hors de notre expérience commune. Et, d'un coup, j'eus une envie subite d'être sur l'autre rive du lac, mais ma Ama n'était pas encore prête à repartir.

– Attends, Namu, me commanda-t-elle calmement.

Mais, alors que je relevais ma rame pour la reposer dans la barque, elle me demanda, en me regardant bien en face :

– Tu étouffes le petit feu dans ta chambre le matin ?

– Je ne l'ai jamais allumé, répondis-je dans un murmure, en détournant les yeux.

Ama poussa un soupir qui signifiait : mais comment peux-tu être aussi naïve ? Elle me dit :

– Un jour, il va falloir que tu allumes le petit feu, Namu.

Et elle m'expliqua que le feu ne devrait être ni trop chaud ni trop doux, mais qu'il devrait donner une belle lumière, et que c'était important de se détendre et de se laisser aller en douceur.

– Il faut bien se détendre. Si tu es détendue, il le sera aussi. C'est toujours mieux quand un homme prend son temps, tu vois. Et puis il faut surtout que tu te fasses plaisir. Ça lui fera plaisir de te faire plaisir.

Elle se rapprocha de moi et toucha un bouton que j'avais à la figure.

– Faire l'amour est très bon pour la peau.

Et là, je ne supportai plus. Je me sentais découverte, nue, et quand je regardais l'eau autour de nous, prise au piège.

– Mais oui, je sais ! Je sais tout ça ! répétai-je en tournant la tête vers le village de Luo Shui de l'autre côté du lac.

Mais le rivage était encore loin, et on avait largement le temps de continuer à discuter. Je compris enfin pourquoi ma mère n'avait pas demandé à mes frères et sœurs de venir avec nous.

Après ce petit voyage en bateau, je savais comment allumer le feu dans ma chambre et je savais aussi que je devrais toujours me faire plaisir avant de lui faire plaisir à lui, mais je n'avais toujours aucune envie qu'un homme vienne frapper à ma fenêtre le soir. Heureusement, les hommes ne faisaient jamais attention à moi, ou peut-être qu'ils me regardaient, mais moi, je ne les voyais pas. Moi qui avais passé une si grande partie de mon enfance avec des hommes, eh bien je ne pouvais plus les regarder. Moi qui avais tant souhaité devenir une femme adulte pour me vanter des ceintures que je porterais à la taille, je ne voulais plus qu'une chose : qu'on me laisse tranquille. Le soir, quand je regardais le petit feu qui attendait d'être allumé dans ma chambre, quand je regardais la bouteille de vin de Sulima qui attendait d'être ouverte, je n'avais qu'une seule pensée : je ne voulais ouvrir ma porte à personne. Et c'était là tout ce qui m'empêchait de dormir le soir.

Mais les mois passèrent et d'autres réflexions vinrent bientôt perturber mon sommeil. Une femme était tenue d'avoir des amants. Une femme devait avoir des enfants. Et, justement, j'étais une femme. Et ma mère avait un rêve, ou plutôt elle avait une grande ambition : elle voulait élever une grande famille comme ma grand-mère l'avait fait. Pour cela, ma mère avait besoin de petits-enfants et, comme ma sœur Zhema ne lui en avait pas encore donné, elle avait reporté ses espoirs sur moi. Alors, quand je ne pouvais pas dormir et que je méditais sur tout cela, je me demandais pourquoi je ne désirais pas l'amour et comment je pouvais bien être aussi ingrate. Quelquefois, je me demandais aussi si je n'étais pas trop laide. Ou bien si mon corps avait quelque défaut qui expliquerait que, au contraire des autres femmes, je n'avais pas besoin d'amour. Et puis je tournais et retournais cette question dans ma tête : que diraient les voisins si personne ne venait frapper à ma porte ? Est-ce que ma mère perdrait la face ? Que ferais-je de ma vie si je ne laissais pas d'homme entrer dans ma chambre ? Et s'il m'arrivait la même chose qu'à Zhecinamu ?

Zhecinamu était une belle jeune fille de notre village. Quand elle se baignait dans les eaux du lac, les hommes se cachaient derrière les arbres pour admirer ses longs cheveux noirs qui tombaient comme une cascade le long de son dos. Quand elle dansait, les hommes ne la quittaient pas des yeux, mais ses yeux à elle étaient froids et fiers. Si fiers. Elle regardait ses amoureux de haut et, quand elle leur souriait avec ses belles lèvres rouges et ses dents toutes blanches, ses yeux leur disaient : vous n'êtes pas assez bien pour moi. Il n'y en a pas un qui soit assez bien pour moi. Et elle prenait leurs ceintures en riant, mais elle ne les portait jamais. Quand sa froideur fut connue jusqu'au Tibet, des hommes arrivèrent de partout pour lui faire la cour – et pas seulement des Moso, mais aussi des Tibétains et des Yi, et même quelques fonctionnaires chinois. Pendant ce temps, nos hommes faisaient des paris sur qui gagnerait ses faveurs. Mais personne ne gagnait. Les hommes pouvaient s'habiller de leurs plus riches vêtements, ils pouvaient chanter de leur plus belle voix, ils pouvaient être les plus intelligents ou les plus beaux ou être venus de très loin ou lui avoir apporté des choses précieuses, Zhecinamu refusait toujours d'ouvrir sa porte.

Le temps passa et les garçons du village commencèrent à se lasser de parier sans gagner. Ils commencèrent aussi à se sentir un peu vexés et ils lui en voulurent de les faire attendre comme ça pour rien, jusqu'à ce que, un jour, l'un d'eux se dise qu'il pourrait lui jouer un petit tour.

– Je sais pourquoi elle n'ouvre jamais sa porte, dit-il à ses amis. La nuit dernière, je me suis glissé sous sa fenêtre et je l'ai vue, allongée sur son lit. Elle était toute nue et elle était... oh, oui ! si belle. Mais elle avait un gros serpent avec elle. Il était enroulé autour de sa taille avec sa tête entre ses seins. Et elle dormait.

Alors le bruit courut que Zhecinamu avait élevé un Gu. L'histoire commença comme cela, avec une plaisanterie, et puis la plaisanterie se transforma en rumeur et, en un rien de temps, tout le monde croyait que c'était vrai, que Zhecinamu ne voulait pas d'amant parce qu'elle possédait la magie noire du Gu.

Quand Zhecinamu allait se baigner au lac, elle n'entendait plus les sifflets. Quand elle se promenait dans les rues du village, elle ne sentait plus les yeux des hommes lui brûler la peau. Personne ne lui apportait de cadeaux, personne ne chantait pour elle dans les montagnes. La nuit, les chiens n'aboyaient plus dans sa cour désertée. Personne ne venait frapper à sa fenêtre.

Un après-midi, Zhecinamu dit à sa mère qu'elle s'en allait dans la montagne pour ramasser du bois pour le feu. Elle rangea la hache dans son panier et attacha son panier sur son dos en croisant la corde sur sa poitrine et en faisant un nœud. Elle s'en alla dans la forêt sur la montagne et, quand la fatigue la gagna, elle posa son panier par terre. Elle retira la corde du panier, la lança par-dessus une branche, puis elle retourna le panier qu'elle plaça au-dessous de l'arbre. Elle monta sur le panier, elle s'attacha la corde au cou et elle sauta.

Pendant les mois qui suivirent, tous les matins, avant le lever du soleil, les gens du village furent réveillés par des cris qui venaient de la forêt. C'était la mère de Zhecinamu qui appelait le fantôme perdu de sa fille orgueilleuse. Alors, tous les garçons du village pleurèrent Zhecinamu, mais c'était trop tard.

Nous avions encore fêté une nouvelle année. La fin de l'hiver approchait, mais les nuits étaient encore très froides. Ce soir-là, je m'étais couchée tout habillée, mais je n'avais pas encore réussi à me réchauffer et je n'arrivais pas à m'endormir. Le chien se mit à aboyer dans la cour. Je m'assis sur mon lit et j'écoutai. Quelqu'un était entré dans la cour, et j'entendais des pas dans les escaliers. Cette fois, l'intrus n'irait pas chez Zhema parce que son amant était déjà avec elle et ils chuchotaient et riaient encore de l'autre côté de la paroi. Et s'il ne venait pas pour Zhema, alors il venait pour moi. Je sautai du lit et je m'assurai que la porte était bien fermée. Il était déjà sur le balcon mais, tout à coup, ses pas se firent hésitants, perdus, et très légers – trop légers pour un homme et trop hésitants pour un amant. Je retins mon souffle et je tendis l'oreille. Non, ça ne pouvait pas être un homme en quête d'amour – les amants savent toujours où ils vont, même la première fois, car cela n'irait pas du tout de frapper à la mauvaise fenêtre. Mais il n'y avait pas de doute : qui que ce fût, il était venu pour moi.

J'entendis un chuchotement et puis quelqu'un demanda en yi :

– Namu... Namu, tu es là ?

– Añumo ! C'est toi ?

C'était bien elle. C'était ma sœur yi, Añumo. Je la fis entrer dans ma chambre et j'allumai la bougie. Elle était tout en sueur et essoufflée. Sa jupe était couverte de boue, son chapeau carré avait glissé de sa tête. Elle se laissa tomber sur mon lit, exténuée.

– Alors tu es revenue ! Ton mari est donc si méchant ?

Cela faisait un peu plus d'une semaine que je l'avais vue. Elle était en route pour Muli avec son escorte nuptiale – son père, ses cousins et peut-être dix autres hommes. Ils s'étaient arrêtés en passant, pour nous dire bonjour et nous annoncer la bonne nouvelle.

Cet après-midi-là, elle m'avait paru resplendissante. En plus de sa jupe tricolore, elle portait trois autres jupes qu'elle s'était attachées à la taille et qui faisaient partie du trousseau que la famille de son mari avait payé pour elle. Avec toutes ses jupes autour d'elle, elle semblait assise dans une mer de couleurs. Elle portait un beau corsage rouge et sa poitrine était couverte de bijoux en argent. De grosses boucles d'oreilles, rondes et plates, pendaient de chaque côté de son visage fier et brillaient dans la lueur du feu. En la voyant lever le bol de thé à ses lèvres, je fus fascinée par les tatouages traditionnels sur sa main gauche, neuf points disposés en carré. Je ne les avais pas remarqués le jour où nous étions devenues des sœurs de sang.

– Ça t'a fait mal ? demandai-je.

– Au début. Mais c'était vite guéri. C'est beau, non ?

Je me frottai le dos de la main. Je ne voulais pas la froisser, et je lui dis :

– Oui, c'est beau.

Mais je savais que je n'avais pas trop l'air d'y croire. Añumo prit une autre petite gorgée de thé et nous restâmes silencieuses un moment. Elle regardait le feu, et ses yeux étaient noirs et troublés.

– Tu n'as pas l'air heureuse, lui dis-je.

Elle se retourna et posa son regard sur les hommes qui se tenaient près de l'âtre inférieur ; ils buvaient de l'alcool de riz et ils riaient. Elle me répondit à voix basse :

– Je ne connais même pas son village. Je ne l'ai jamais rencontré.

Añumo me faisait beaucoup de peine. Je savais bien que les Yi avaient des coutumes différentes des nôtres, mais je ne comprenais pas comment une femme pouvait quitter sa propre maison pour se marier avec un homme qu'elle connaissait à peine. Pour ma part, j'avais très peur qu'un homme vienne frapper à ma fenêtre la nuit, mais personne et rien au monde ne pouvaient me forcer à ouvrir ma porte si je ne le voulais pas – pas même l'amour ou l'orgueil de ma propre mère. Comment était-il possible que ma sœur Añumo soit forcée d'aller vivre dans un autre village, dans la famille de quelqu'un d'autre ?

Añumo crut pouvoir m'expliquer :

– Un cousin de ma mère est venu chez nous quand ma mère était enceinte de moi. Il lui a touché le ventre et lui a dit : si c'est une fille, elle sera pour mon fils. C'est comme ça qu'ils ont décidé de nous fiancer, et maintenant je dois partir.

Quand ils furent sur le départ, je pris la main d'Añumo :

– Si tu n'es pas heureuse, tu peux revenir et rester chez nous.

Elle hocha la tête, évidemment sans y croire, et elle monta sur son cheval, une fille triste vêtue de toutes les couleurs entre des hommes en cape noire.

Et, maintenant, elle était revenue ! Elle était là, allongée sur mon lit, essoufflée, sa jupe pleine de boue et ses pieds en sang. Son mari était donc si méchant ? Est-ce qu'elle haïssait sa belle-famille ? Que s'était-il passé ? Je descendis les escaliers en courant pour aller réveiller ma mère et lui dire qu'Añumo s'était sauvée de chez son mari. Mais, quand ma Ama se leva, elle dit :

– Namu, ne t'inquiète pas. C'est une coutume yi : quand une femme se marie, elle est supposée se sauver de la maison de son mari, et plus elle résiste et plus loin elle court, plus elle montre qu'elle est forte et capable et qu'elle vient d'une bonne famille. Les hommes la suivront bientôt et, s'ils la trouvent, ils la porteront sur leurs épaules comme un sac de pommes de terre. Et si elle arrive à rentrer chez son père avant qu'ils ne la retrouvent, elle aura gagné le respect de tous.

Quand je conduisis Añumo dans la pièce principale, ma mère avait déjà remis du bois sur le feu pour faire bouillir de l'eau pour le thé. Elle la reçut avec un petit hochement de tête et nous nous assîmes pour écouter son histoire. Elle avait couru pendant deux jours sans manger, en s'arrêtant seulement la nuit pour dormir. Elle avait mis plus longtemps qu'elle n'avait pensé pour arriver jusqu'à notre maison et, quand la nuit était tombée, elle avait eu très peur. Ce matin-là, elle avait perdu ses chaussures ; ses pieds étaient très sales et saignaient, et elle avait une grosse écharde dans la plante.

Ma mère retira un morceau de bois de l'âtre et me le tendit, pour éclairer le pied blessé d'Añumo et bien le regarder. Elle le nettoya avec un bout de tissu mouillé et partit chercher une aiguille dans son panier à couture, pour retirer l'écharde. Tout en soufflant doucement sur la blessure pour calmer la douleur, elle enfonça l'aiguille dans la chair ensanglantée. Añumo avait très mal. Son visage était couvert de sueur et les larmes coulaient sur ses joues, mais elle ne dit rien. Elle ne se plaignit pas.

J'aurais voulu qu'Añumo soit une vraie sœur, j'aurais voulu pouvoir la protéger. Je voulais qu'elle reste avec nous.

Ama examina l'écharde à la lumière du feu et s'écria :

– Regardez ça ! C'est un vrai tronc d'arbre ! Mais comment

as-tu pu courir avec une chose comme ça dans le pied ? Tu as de la chance que ça ne se soit pas infecté.

Elle me demanda de remettre le morceau de bois sur le feu et de verser de l'eau chaude dans la cuvette.

Quand l'eau fut prête, je voulus prendre les pieds d'Añumo, mais elle se retira vivement.

– Non, non, je ne veux pas que tu me laves les pieds.

Et elle mit toute seule les pieds dans la bassine. Entre-temps, Ama était allée lui chercher une paire de chaussures, et elle avait mis à réchauffer des restes de ragoût.

Añumo mangeait comme si elle avait failli mourir de faim, et je ne pouvais pas m'empêcher de remarquer :

– Tu manges comme ton père la première fois !

Sur quoi ma mère m'envoya une claque derrière la tête. Je compris tout de suite pourquoi. Pourtant, je ne pouvais pas m'empêcher de regarder Añumo, parce que les Yi ont une façon très particulière de manger. Ils mangent en gardant la nourriture dans la bouche jusqu'à ce que leurs joues soient pleines et rondes comme des joues d'écureuil. Quand elle eut terminé de manger, elle m'accompagna dans ma chambre et on se coucha ensemble dans mon lit. Elle s'endormit tout de suite parce qu'elle était très fatiguée. Moi aussi, j'étais très fatiguée, mais j'eus beaucoup de mal à m'endormir. D'abord parce que les événements de la soirée m'avaient perturbée, et puis à cause de l'odeur âcre qui émanait des cheveux d'Añumo. Suivant la coutume de son peuple, ma sœur de sang ne s'était pas lavé la tête depuis longtemps.

Quand elle nous rejoignit au petit déjeuner le lendemain matin, j'avais déjà fait chauffer l'eau pour lui laver les cheveux. Sans même lui laisser le temps de s'asseoir pour prendre un bol de thé, je lui tendis la cuvette.

– Tiens, viens dehors avec moi et je te laverai la tête. Je n'ai pas dormi de la nuit.

Cette fois ma mère ne me frappa pas. Añumo était horriblement gênée, mais elle se plia à ma volonté et me suivit dans la cour en portant la cuvette en émail. Quand je lui séchai les cheveux avec la serviette, ma Ama lui dit :

– Añumo, tu as de très beaux cheveux, si longs et si soyeux. Tu ne voudrais pas que je te peigne ?

Añumo lui sourit. Ma mère peigna ses beaux cheveux et elle lui fit deux nattes, comme la coutume yi l'exige d'une femme mariée. Après quoi ma Ama nettoya bien son peigne. Elle déposa les cheveux dans un petit panier pendu sous le porche où nous mettions tous nos cheveux perdus – parce que, si on ne les range pas, les oiseaux s'en servent pour faire leur nid et ils nous donnent mal à la tête.

Plus tard dans la matinée, j'attachai mon panier sur mon dos pour aller arracher les mauvaises herbes dans les champs et Añumo se prépara à partir avec moi, mais ma mère ne voulait pas qu'elle vienne, à cause de son pied.

– Tu ne peux aller nulle part avec ça ! lui dit-elle. D'ailleurs, tu as besoin de te reposer. Tu as encore longtemps à courir avant de rentrer chez ton père.

Quand je rentrai des champs, un peu après midi, Añumo se tenait près de l'âtre, à côté de ma mère. Elles préparaient du tofu et elles se relayaient pour remuer le bouillon et pour ramasser à la louche l'écume blanche et épaisse qui flottait au-dessus des haricots. Je ne pouvais pas m'empêcher de penser qu'on aurait pu les prendre pour la mère et la fille, et je me sentis très malheureuse qu'Añumo ne fût pas vraiment ma sœur. Je ne voulais pas qu'elle parte et je le lui dis.

– Mais je ne peux pas rester avec toi, Namu, me répondit-elle un peu tristement. Je suis une femme mariée. Que dirait mon mari ? Et mon père ?

– Eh bien, tu vois, si tu restes ici, tu n'auras plus à t'inquiéter de maris ou de pères.

Añumo retint son souffle, et elle éclata de rire. De mon côté, je ne trouvais pas cela très drôle, et je continuai à argumenter, à essayer de la convaincre de rester avec nous. Le chien coupa court à notre discussion en aboyant furieusement. Et, juste au moment où Ama allait sortir pour voir ce qui se passait, Zhema entra en courant et alla droit au garde-manger.

– Vite, Namu, ils sont là ! Il faut qu'elle parte ! me commanda-t-elle à voix basse.

Elle se hâta de sortir des galettes d'orge et de couper une tranche de jambon qu'elle enveloppa dans un torchon.

Añumo s'était levée d'un bond et était déjà prête à s'échapper, mais elle ne savait pas par quel côté sortir, alors elle resta plantée au milieu de la pièce, jetant un regard effaré dans tous les coins comme un animal pris au piège.

– Attends ! Au moins mets bien tes chaussures ! suppliai-je, la voix cassée et les yeux brûlants de larmes. Fais attention à ton pied.

Elle regarda ses pieds et se baissa pour faire entrer ses talons dans les chaussures en toile. Je l'aidai pour les lacets. Zhema lui avait posé sa cape sur les épaules, et elle lui fourrait ses provisions dans les bras. Elle la prit par la main et l'entraîna dans la pièce de rangement par où nous sortîmes dans le jardin potager, où nous l'aidâmes à sauter par-dessus le muret en terre.

Les hommes, ils étaient six, étaient entrés dans la cour et ma mère discutait avec eux, en faisant de son mieux pour leur faire perdre le plus de temps possible.

– Oui, mais elle doit être assez loin. Elle est partie hier. Vous devez être fatigués, vous ne voulez pas rester dîner et dormir ici ?

Les hommes se regardèrent et hésitèrent. Ils étaient très fatigués et ils voulaient bien boire quelque chose. Ils entrèrent dans la maison où ils perdirent un peu plus de temps, mais ils ne voulaient pas rester dîner.

Quand ils furent partis, je me mis en colère après ma mère.

– Pourquoi n'as-tu rien dit ? Tu aurais pu les garder ici plus longtemps ! Pourquoi on ne l'a pas gardée ici ? Tu es une femme, tu es plus âgée qu'eux ! Les hommes t'auraient écoutée !

Ma mère secoua la tête avec impatience.

– C'est une coutume yi. Il faut qu'elle rentre chez elle. De quoi te mêles-tu ?

Eh bien, je savais que c'était une coutume yi, mais Añumo était ma sœur et je savais aussi, et mieux que tout le monde, que la montagne était dangereuse et que c'était déjà l'après-midi, et je ne pouvais supporter de penser qu'elle allait courir toute seule dans la nuit, la peur au ventre. J'étais loin de me douter que, quelques mois plus tard, ce serait mon tour de courir toute seule dans les montagnes.

En attendant, à partir de ce soir-là, quand j'entendais un chien aboyer dans la nuit, je ne craignais plus que ce soit un homme qui vienne frapper à ma fenêtre. J'espérais que c'était Añumo qui revenait vivre avec nous. Mais on ne la revit jamais.

Une chanson et un voyage en ville

Quelque temps après le départ d'Añumo, nous eûmes d'autres visiteurs. J'avais passé toute la journée au bord du lac avec mes amies, à bêcher la terre pour préparer les semis du printemps. Le soleil avait commencé sa descente derrière les montagnes et les oiseaux se taisaient. C'était l'heure de rentrer à la maison. Nous étions presque arrivées au village quand nous entendîmes les enfants crier :

– *Letsesei !* Les invités arrivent ! *Letsesei !*

Nous voyions très rarement des étrangers. En dehors des fonctionnaires du gouvernement et des travailleurs paramédicaux qui couraient derrière les enfants la seringue à la main, personne ne venait jamais dans notre village. Les seuls véhicules motorisés qui traversaient nos montagnes étaient des camions chargés de troncs d'arbres, qui crachaient en montant les côtes et dévalaient en roue libre les routes de gravier, rebondissant sur les ornières et les nids-de-poule, le moteur éteint pour économiser le fioul. Mais même les routes de gravier étaient loin de Zuosuo. Pour arriver jusqu'à notre village, il fallait venir à pied ou enfourcher un cheval.

Avant même de voir leur visage, juste à leur manière de tenir la bride des chevaux, nous savions qu'un seul des quatre visiteurs était moso. Quand nous les rattrapâmes, nous reconnûmes notre voisin Yisso, un homme plutôt grand avec une chevelure épaisse et ondoyante et des yeux moqueurs. Quant aux trois Han, nous ne les avions encore jamais vus. L'un d'eux était assez âgé, avec les cheveux blancs, et, comme c'était lui qui parlait le plus, nous en conclûmes que c'était le chef.

– *Ni hao !* criaient les enfants, tout contents de pouvoir se servir des seuls mots de chinois qu'ils connaissaient.

– *Ni hao ! Ni hao !* répondaient les fonctionnaires, avec des grands sourires bienveillants.

Comme nous étions des femmes adultes, nous nous contentâmes de les regarder de loin, de hocher la tête et de prétendre ne pas être trop intéressées, mais nous les suivîmes tout de même pendant un bout de chemin pour nous assurer qu'ils allaient bien chez Yisso. Quand nous fîmes demi-tour, nous ne pouvions plus retenir notre curiosité.

– Ce sont peut-être des ingénieurs, dit Erchema. Vous vous souvenez des ingénieurs qui nous avaient apporté des bonbons ?

– J'espère qu'ils nous ont apporté des bonbons eux aussi, dis-je avec une certaine emphase, parce que je n'avais encore jamais mangé de bonbons enveloppés dans du papier et parce que, justement, je ne me souvenais pas des ingénieurs qui étaient venus lorsque je vivais encore dans les montagnes avec mon oncle.

La nouvelle qu'il y avait des invités chez Yisso se répandit de maison en maison comme un feu de forêt, si bien que, avant même de nous asseoir pour dîner, nous avions déjà appris que ce n'étaient pas des ingénieurs mais des fonctionnaires du bureau de la Culture du chef-lieu de Yanyuan et qu'ils étaient venus enregistrer des chansons moso. Nous avions aussi appris leur nom. Le chef, le vieil homme aux cheveux blancs, s'appelait M. Li. Les jeunes s'appelaient Zhang et Zhu, mais nous ne savions pas encore lequel s'appelait Zhang et lequel s'appelait Zhu.

– Ils ont entendu dire que les meilleurs chanteurs habitent notre village, dit Dujema avec beaucoup de fierté.

Je pensai, ah oui c'est vrai, nous avons Latsoma et Zhatsonamu, et moi je sais chanter plus fort que tout le monde. Je demandai à Ama :

– Pourquoi ne viennent-ils pas chez nous ? Pourquoi restent-ils chez Yisso ?

– Yisso parle chinois, répondit-elle un peu brusquement, et elle bougonna : Qu'est-ce qu'ils vont faire avec des chansons moso ?

Ma Ama remuait une grosse gamelle de ragoût. Elle avait une ride profonde au milieu du front et ses lèvres étaient serrées. Elle était de mauvaise humeur parce que Zhema était rentrée tard pour l'aider à préparer le dîner et aussi parce que, depuis la Révolution culturelle, personne ne se réjouissait de la présence de fonctionnaires han au village, même si tout ce qu'ils voulaient faire était recueillir nos chansons.

Mais, au cours des deux jours suivants, quoi que les mères et les oncles puissent penser des fonctionnaires, les enfants suivirent partout M. Li Zhang et Zhu, en courant d'une maison à l'autre pour apporter les dernières nouvelles. Quant à nous, les jeunes gens, nous interrompions les travaux des champs et nous écoutions tout ce que les enfants avaient à nous dire.

Le matin du premier jour, Yisso avait emmené les Han en canoë jusqu'à l'île de Lewube où ils avaient grimpé la colline pour visiter le petit temple bouddhique qui avait échappé à la fureur des Gardes rouges. Les Han s'étaient tenus sous le ciel, ils avaient plissé les yeux dans la lumière éclatante du soleil et ils s'étaient retournés dans toutes les directions, en pointant le doigt au-dessus du lac vers la montagne Gamu, vers l'horizon découpé et les endroits qui les intéressaient.

– Kunming est par là !

– Non, non, c'est par ici !

– Aya ! Par là c'est Chengdu !

Dans l'après-midi, les Han s'étaient rendus chez Zhatsonamu qui leur avait chanté la chanson de la déesse. Et, le soir, les Han avaient pris le thé chez le vieux Gasso. Il y avait une foule de gens dans la maison et Gasso avait raconté l'histoire du lapin qui avait triomphé du tigre. Mais, bien sûr, Yisso avait tout traduit ! Autrement, comment est-ce que les Han auraient pu comprendre ce qu'il disait ? Le deuxième matin, un petit garçon arriva chez nous en criant :

– J'ai vu les invités sucer des petites brosses et ils écumaient de la bouche !

Alors là, je ne pus plus retenir ma curiosité et je courus derrière lui pour voir ça de mes propres yeux. Je n'avais encore jamais vu personne se brosser les dents.

Dans l'après-midi, les enfants devancèrent Yisso et les fonctionnaires du bureau de la Culture qui se rendaient chez nous.

– Ils sont là ! cria Homi en accourant prévenir ma mère. Ils sont dans la cour !

Ma Ama se tenait derrière l'âtre. Elle s'essuya les mains sur son pantalon et lança un regard furibond vers la porte d'entrée alors que les invités franchissaient le seuil en clignant des yeux dans la pénombre et marchaient sur le chien, qui fit un bond de côté après avoir mordu Zhu au mollet. Je chassai le chien dans la cour.

– Mais ce n'est rien ! Ce n'est rien du tout ! Ne vous inquiétez pas pour ça ! dit M. Li tandis que Zhu se frottait la jambe.

M. Li nous avait apporté un paquet de cigarettes, des briques de thé et de l'alcool de riz, et ma mère, voyant que ces gens avaient un certain savoir-vivre, se radoucit et s'en alla placer leurs cadeaux sur l'autel des ancêtres.

Bientôt nous étions tous installés autour du feu. Zhu se tapotait encore la jambe et les autres secouaient la poussière de leur pantalon et pelaient leur pomme comme le font les Han, avec un couteau. On leur servit du thé noir parce qu'on pensait que les Han n'apprécieraient pas le thé au beurre. Pendant un moment, Zhang avait bien essayé de jouer avec Jiama et Homi et les autres enfants, mais ils étaient tous trop timides. Quand il se pencha de côté pour les attraper, ils se mirent à rirent et à se tortiller, et puis, d'un coup, ils poussèrent des hurlements et s'enfuirent en courant pour retrouver leur mère. Jiama empoigna la veste de Ama et Homi me prit la main.

Entre-temps, M. Li avait expliqué à ma mère qu'il désirait entendre chanter autant de gens que possible et qu'il voulait organiser une fête dans une cour du village. À mon grand plaisir, Ama répondit :

– On peut faire ça ici.

Quand Yisso suggéra d'apporter du bois pour le feu de camp, elle répondit fermement :

– Ça ne sera pas nécessaire, on en a assez.

J'aurais pu sauter de joie, mais je demandai à Yisso :

– Tu crois qu'ils ont apporté des bonbons enveloppés dans du papier ?

Ama se retourna et me lança un regard stupéfait. M'attirant vers elle, elle me dit d'une voix sévère :

– Namu, viens par ici m'aider un peu.

Par ici, c'était dans la cour.

– Où as-tu appris à mendier comme ça ? Tu es une femme adulte ! Heureusement qu'ils ne comprennent pas ce que tu dis !

Ce soir-là, les gens du village prirent le chemin de notre maison en portant des flambeaux de sapin pour éclairer leur passage. Les Han se tenaient déjà près du feu et parlaient entre eux. M. Li avait l'air d'un chef, Zhang portait une boîte en plastique noire, et M. Zhu qui, de toute évidence, s'était remis de la morsure du chien, montrait un pas de danse. Les villageois entrèrent dans la cour, et M. Li et Zhang et Zhu montrèrent leurs dents brossées en souriant d'une oreille à l'autre et en saluant tout le monde en chinois :

– Bienvenue ! Bienvenue !

Quelques instants plus tard, nous étions tous autour du feu, serrés les uns contre les autres, les yeux grands ouverts, tous bien trop curieux pour avoir quelque chose à dire, jusqu'à ce qu'une vieille femme s'esclaffe en tirant sur sa pipe en terre :

– On se demande comment ils peuvent monter à cheval avec leurs fesses plates !

Et tout le monde éclata de rire.

Zhang posa la boîte noire par terre, et Yisso traduisit que M. Li voulait tous nous entendre chanter et que quelqu'un devait commencer. Or chez nous, si on sait marcher, on sait danser, et si on sait danser, on sait chanter, si bien qu'on ne manquait pas de chanteurs. Mais il nous semblait que, pour commencer, les Han devraient entendre une voix hors du commun, et tout le monde se retourna vers Achimi parce que c'était une vieille dame et qu'elle connaissait les ballades qui racontent nos vieilles histoires. Jiaci l'accompagna avec sa flûte en bambou et Achimi chanta une chanson triste et pleine d'espoir qui parlait des adieux aux hommes quand ils partaient pour le Tibet avec la caravane. Après Achimi, des femmes et des hommes de tous les âges entrèrent dans le cercle, les uns après les autres. Je chantai après mon amie Erchema. Quand tous ceux qui voulaient chanter eurent eu leur tour, nous attendîmes que M. Li nous fasse part de ses instructions, tout en guettant le moindre de ses gestes et en essayant de deviner ce qu'il pouvait bien dire aux deux autres. Zhang hocha la tête et appuya sur la boîte noire, et nous entendîmes la flûte de Jiaci et la voix de Achimi sortir de la boîte.

– Ah ! Mais qu'est-ce que c'est ? s'écrièrent les gens. Qu'est-ce que c'est que cette boîte noire ?

Et ils s'avancèrent comme un seul homme en direction de la boîte.

– Ne poussez pas ! Ne poussez pas ! cria M. Li.

– Mais refaites ça ! répondirent les gens. Appuyez sur la boîte !

Zhang appuya sur la boîte, et quand Jiaci s'entendit jouer à nouveau, il dit :

– Cette boîte apprend très vite, elle m'a écouté une seule fois et elle sait déjà jouer !

Tout le monde se mit à rire. Yisso traduisit pour les Han et ils rirent aussi. Yisso se tourna vers nous et parla sur le ton de quelqu'un qui a voyagé dans le monde.

– Ça s'appelle un magnétophone, dit-il en utilisant le mot chinois. Ces choses-là sont fabriquées au Japon.

– C'est où le Japon ? demanda quelqu'un.

Il y eut un silence. Parce que, en dehors du Dr Rock, qui était un fantôme en provenance d'un pays fabuleux qu'on appelait l'Amérique, nous ne connaissions que deux sortes d'étrangers : les Anglais, qui s'étaient installés en Inde et au Tibet, et les Japonais, qui avaient fait la guerre à la Chine. Et jusqu'à présent personne ne s'était encore posé la question de savoir où était le Japon.

Yisso prit à nouveau la parole :

– Le Japon est une île, à l'est.

Le vieux Gasso, qui avait les yeux collés sur le magnétophone, secoua la tête.

– Alors, ça ne sert à rien. On ne peut pas aller dans une île sur un cheval.

Et tout le monde éclata de rire une nouvelle fois.

On chanta pendant le reste de la soirée. Les Han enregistrèrent nos chansons et nous les repassèrent jusqu'à très tard dans la nuit, jusqu'à ce que le magnétophone commence à émettre des trémolos geignards. Alors, M. Li dit qu'il voulait conserver ses piles pour le lendemain, et que lui et ses collègues étaient très fatigués. On leur souhaita une bonne nuit et on les regarda disparaître derrière Yisso qui portait le merveilleux magnétophone sous son bras. Personne ne bougea. Enfin, on s'assit autour du feu et on parla de la boîte noire pendant longtemps.

Les Han restèrent trois jours. L'après-midi du dernier jour, Yisso les ramena chez nous. Ils voulaient discuter de quelque chose d'important avec ma mère : M. Li voulait m'emmener avec lui à Yanyuan pour participer à un concours de chant. Il avait choisi trois filles : les deux autres étaient nos meilleures chanteuses, Latsoma et Zhatsonamu. M. Li couvrirait tous les frais et « si les filles gagnent un prix, elles ramèneront un peu d'argent ». Par-dessus tout, bien sûr, elles apporteraient la gloire à notre village et à notre peuple moso. Et, oui, M. Li était convaincu que nous avions assez de talent pour gagner un prix. Ma mère serait-elle d'accord pour me laisser partir ?

Au début, je n'osais pas y croire. Mais quand Yisso continua de parler et que ma sœur Zhema, mon amie Erchema et les autres se tournèrent vers moi en me faisant des grands sourires pleins d'admiration et d'un peu de jalousie, je commençai à croire que je ne rêvais pas et que cela m'arrivait pour de vrai. J'allais vraiment voyager avec Latsoma et Zhatsonamu – nous allions voir la ville, nous allions prendre part à un concours de chant à Yanyuan, et Yisso allait nous accompagner parce que nous ne parlions pas chinois, parce que nous étions si jeunes et que nous ne connaissions rien du monde. Même si je ne voyais pas trop l'intérêt qu'il pouvait y avoir à partir en ville pour chanter des chansons moso, qu'à cela ne tienne, j'étais folle de joie. Depuis que j'étais allée vivre dans les montagnes avec mon oncle, j'avais regardé les oiseaux voler par-dessus les sommets des montagnes et j'avais rêvé de voir ce qu'il y avait de l'autre côté. J'avais vu les hommes partir à cheval avec les caravanes, et j'avais écouté les histoires qu'ils racontaient sur le monde extérieur. Et, maintenant, c'était mon tour. Mon tour de découvrir le monde. C'était mon tour de voir toutes ces merveilles dont les hommes parlaient. J'allais voir les voitures, les camions, les cinémas, les avions. J'allais voir la fameuse route en or noir, dont l'amant de Zhema m'avait raconté qu'elle était si lisse et si brillante qu'on pouvait s'y admirer comme dans un miroir.

Pendant les heures qui suivirent, je me sentis aussi impatiente que je l'avais été quand j'avais dit au revoir à mon oncle. Ma mère envoya ma sœur chez les voisins pour emprunter mon nécessaire de voyage et, en un rien de temps, elles avaient rassemblé trois costumes de belles couleurs vives et des bijoux assortis. Ma Ama me dit :

– Quand tu quittes ta maison, tu dois toujours être belle. Tu ne veux pas faire honte à ton peuple. Souviens-toi du vieux proverbe : « Il n'y a pas d'aigles blancs, et il n'y a pas de Han gentils. » Alors ne quitte pas les autres filles. Il faut rester ensemble partout où vous allez. Vous devez être comme les yeux et les sourcils.

Zhema ajouta :

– Comme les doigts d'une seule main. Inséparables. Et rapporte-moi des chaussettes blanches.

Les filles du village voulaient quelque chose elles aussi :

– Tu pourras nous rapporter des écharpes ?

Elles me tendirent une boîte de champignons sauvages à troquer contre leurs marchandises.

Mais ma Ama se moqua d'elles :

– Namu ne va pas vendre des champignons pour qui que ce soit. Grosses bêtes ! Elle ne va pas faire le marché ! Elle va gagner un concours de chant !

Je regardai ma mère et je pensai : eh bien oui, je vais gagner un concours et je vais apporter la gloire à ma famille et à mon village, et tout le monde sera fier de moi !

Au moment du départ, le lendemain matin, tous nos voisins s'étaient rassemblés pour nous accompagner jusqu'à la sortie du village et nous souhaiter bonne chance. Nous étions comme les caravanes d'antan – dix chevaux et neuf personnes, car Yisso avait décidé qu'il aurait besoin de deux hommes pour ramener les chevaux quand nous arriverions à l'usine de ciment, notre première étape sur la fameuse route en or noir, où les voitures viendraient nous chercher.

La coutume nous interdit de monter à cheval à l'intérieur du village, au cas où nous rencontrerions une personne âgée, car chez nous cela serait une insulte terrible qu'une jeune personne se place au-dessus de ses aînés. Mais nous avions à peine dépassé la dernière maison que ma mère me dit de monter sur mon cheval et, tandis que je me tenais bien au-dessus d'elle sur ma petite monture, elle prit les rênes pour me guider et montrer qu'elle était vraiment très fière de moi. Après quelques pas, elle s'arrêta, me tendit les rênes, fit demi-tour et s'en alla reprendre sa place aux côtés des gens du village qui nous disaient au revoir. À plusieurs reprises, je me retournai pour la regarder. Elle se tenait toute droite sur la route, elle me suivait des yeux et me réchauffait le cœur de sa fierté – puis le chemin fit un coude, et je la perdis de vue.

Le voyage jusqu'à l'usine de ciment dura cinq jours, pendant lesquels nous passâmes autant de temps à marcher à côté des chevaux qu'à les chevaucher. Nous traversâmes des villages moso, des villages pumi et des villages yi où M. Li nous impressionna en parlant la langue locale. Là où nous avions des connaissances, nous profitions de l'occasion pour accepter l'hospitalité du pays, pour manger et dormir sous un toit. Mais, la troisième nuit, nous fîmes un grand feu de bois, et nous entassâmes des aiguilles de pin pour nous faire des matelas et nous endormir sous les étoiles en haut des montagnes. En général, les femmes moso n'aiment pas voyager trop loin de leur village, à cause des bêtes sauvages et aussi parce que, dans le temps, avant la révolution communiste, les montagnes étaient remplies de gens dangereux et de bandits. Cette nuit-là, quand nous couchâmes dehors, Latsoma et Zhatsonamu se plaignirent qu'il faisait trop froid et qu'elles s'ennuyaient de leur lit. Mais le jeune Zhu leur dit :

– Eh ! De quoi vous plaignez-vous ? On est dans le meilleur hôtel possible ! Regardez le ciel... C'est un hôtel toutes étoiles ici !

Et je me dis que j'allais voir de quoi ça avait l'air, un hôtel.

Le lendemain en début d'après-midi, après un tournant, nous découvrîmes sur le coteau opposé les bandes colorées de champs cultivés et un village yi. C'était un village typique, d'une demi-douzaine de maisons assez éloignées les unes des autres, avec des murs de terre jaune et des toitures de planches en bois retenues par des grosses pierres disposées en rangs bien ordonnés. Chaque maison était entourée de hautes palissades de branches entrelacées. Yisso nous annonça qu'il avait un très bon ami dans ce village et que nous passerions la nuit chez lui.

– Comme ça, vous pourrez bien vous reposer.

– Ça ne serait pas trop tôt ! ronchonna Latsoma en essuyant la sueur de son visage.

D'où nous nous tenions, le village paraissait très proche et nous pouvions même sentir la fumée qui s'échappait des toits, mais nous savions qu'il ne fallait pas nous réjouir trop vite. Dans les hautes montagnes, les cimes sont tellement élevées et les vallées tellement profondes que cela prend beaucoup de temps pour que le chemin descende en serpentant d'un coteau à l'autre. Comme le dit notre vieux proverbe moso : « Un homme et une femme peuvent bien se chanter des chansons du haut de deux montagnes, il leur faudra s'approvisionner en nourriture pour trois jours s'ils veulent se rencontrer à mi-chemin. »

Heureusement, cela nous prit plusieurs heures plutôt que trois jours pour arriver jusqu'aux palissades du village yi, où nous fûmes accueillis, comme il arrive dans les villages de montagne, par les aboiements de chiens aux allures féroces. Comme personne n'arrivait à notre secours, nous nous baissâmes pour ramasser des pierres et les chiens reculèrent à une distance plus sûre, en grognant et en montrant les crocs, l'échine toute hérissée. Après les chiens, ce fut au tour des enfants de venir à notre rencontre, les pieds nus et le regard curieux. Enfin, nous nous retrouvâmes dans la maison de l'ami de Yisso. C'était un homme grand, avec des petits yeux brillants et un visage tout noir de suie, de poussière et de crasse accumulée au cours de longues années. Il s'appelait Jibu.

Jibu nous invita à nous asseoir à la place d'honneur, entre le mur noir de suie et l'âtre qui brûlait dans un trou circulaire qu'on avait creusé dans le sol en terre battue et qui donnait quantité de fumée. Ainsi installés, il nous laissa en compagnie de sa femme et de sa fille. La femme nous offrit des pommes de terre rôties dans la braise, puis elle ramassa sa longue jupe et alla s'asseoir à son tour à gauche de l'âtre, à la place réservée à la maîtresse de maison. Sa fille nous versa de l'alcool de riz et du thé chaud. La fille de Jibu avait un beau sourire et des belles dents très blanches, comme Añumo, ma sœur yi.

M. Li venait de lever son verre pour porter un toast quand Jibu entra dans la pièce en tenant un mouton au bout d'une corde courte et qui nous fixa des yeux à travers l'épaisse fumée tout en poussant des bêlements plaintifs. Je pensai que la pauvre bête avait peut-être besoin de sel mais, avant d'avoir le temps de dire un seul mot, Jibu lui avait fracassé la tête d'un coup de massue, et il ressortit avec le mouton, assommé ou mort, sur les épaules. Quelques minutes plus tard, il revint avec le foie du mouton entre ses mains ensanglantées.

Zhatsonamu se couvrit la bouche avec la main, comme si elle était sur le point de vomir. Latsoma et moi regardâmes les mains de l'homme, puis nous nous regardâmes toutes les deux. Nous n'avions jamais vu un animal tué de manière si cruelle et si froide.

Jibu mit le foie de mouton à rôtir sur le feu et Yisso nous expliqua que c'était la coutume locale : dans le village de Jibu, la manière correcte et respectueuse de traiter les invités était de leur montrer l'animal qu'ils allaient manger, de le tuer devant eux et de leur en offrir le foie. Surtout, pour montrer le plus de respect possible, il fallait offrir un animal à quatre pattes – un poulet ou un canard n'auraient pas fait l'affaire. Comme je ne voulais pas faire offense à Jibu, je ne posai plus de questions, et quand il me tendit un morceau de foie je le pris en le remerciant, mais j'avalai d'un coup sans mâcher.

Pendant que Jibu nous tendait respectueusement des bouts de foie fraîchement dépecé, sa femme et sa fille traînèrent sur le feu une grosse marmite en fer qu'elles remplirent d'eau. On en finit alors avec le foie, et Jibu s'en alla massacrer le reste du mouton qu'il hacha en gros bouts et revint jeter dans la marmite. Quand ils virent ces gros morceaux de viande et d'os tomber dans l'eau, les trois fonctionnaires du bureau de la Culture devinrent tout pâles.

L'arôme de ragoût de mouton remplit bientôt la pièce et eut pour effet d'attirer les membres de la famille de Jibu, qui arrivèrent les uns après les autres avec du vin et de la bière du pays. La maison prit une allure de fête et bientôt tout le monde dansait, chantait et buvait, si bien qu'à la fin de la soirée il ne restait plus rien du mouton, à part les os autour desquels les chiens se bagarraient. Et ça aussi, nous expliqua Yisso, c'était une coutume yi : quand les Yi tuent un animal ils le mangent tout entier en un seul repas.

Il était très tard quand les derniers invités titubèrent sur le chemin de leur maison, et nos hôtes sur celui de leur lit. Nous étalâmes nos couettes à même le sol, auprès du feu, et je m'endormis dès que je fermai les yeux. Nous nous réveillâmes très tôt le matin, toutes raides, en nous grattant follement les jambes, et Latsoma, qui avait du mal à ouvrir les yeux, se plaignit qu'elle aurait préféré l'hôtel toutes étoiles.

– Peut-être que les puces n'aiment pas le ragoût de mouton, répondit Yisso en riant.

Nous sortîmes nous soulager dans les champs. Nous rentrâmes dans la cour et nous nous lavâmes la figure pendant que M. Li et Zhang et Zhu écumaient de la bouche en faisant marcher leur petite brosse à dents, et que les enfants, qui ne s'étaient pas lavés depuis le Nouvel An, nous regardaient les yeux écarquillés, perplexes et muets.

La toilette du matin ainsi terminée, nous nous retrouvâmes bientôt devant le feu où la fille de la maison nous servit le thé en souriant de son beau sourire, pendant que la mère s'asseyait près d'une table basse pour nous préparer des galettes de maïs et de blé noir pour le petit déjeuner.

– Vous avez bien de la chance d'aller en ville ! n'arrêtait pas de répéter Mme Jibu tout en pétrissant sa pâte et en se mouchant dans ses doigts à l'occasion.

Mais nous étions tous d'accord, même M. Li, que ses galettes étaient les meilleures que nous ayons jamais mangées. M. Li le redit plusieurs fois alors qu'on disait au revoir à Jibu et à sa famille.

Encore un coteau à descendre et enfin nous atteignîmes l'usine de ciment, une énorme bâtisse en brique avec un toit en tôle. L'usine avait été construite dans une grande carrière poussiéreuse découpée dans la forêt. Des ouvriers en bleu de travail et casquette couverte de poussière fourmillaient. C'était une vision étrange et laide – une vision merveilleuse aussi. Et les camions que j'avais tant voulu voir étaient là ! Ils étaient bruyants et vomissaient des mauvaises odeurs, mais ils montaient et descendaient sur la route, et ils se déplaçaient bien tout seuls ! Et puis, il y avait la route en or noir.

Les hommes nous avaient tellement parlé de cette route que, maintenant que nous nous y trouvions, nous n'en revenions pas. Elle était dure, noire, et terne – où donc était l'or ?

Yisso nous regardait toucher et mettre le nez sur la route comme s'il nous voyait pour la première fois de sa vie.

– Mais qu'est-ce que vous racontez ? Qu'est-ce que vous faites ?

Et il éclata de rire.

– Mais ce n'est pas de l'or comme vous vous mettez aux oreilles !

Vexées, nous nous retirâmes sur le bord de la route et nous accroupîmes sur nos talons en attendant M. Li qui était en train d'organiser notre transport pour Yanyuan. Quelques instants plus tard, il y eut un gros bruit de moteur et la Jeep arriva, comme un lapin géant, en faisant des bonds et des sauts sur les bosses et les trous de la route cahoteuse. Elle s'arrêta pile devant nous.

Nous regardâmes la Jeep, et puis nous nous regardâmes. Nous étions sept en tout.

– Ce machin doit avoir un énorme ventre ! dit Latsoma.

– C'est une voiture et ça n'a pas de ventre. Ce machin a des sièges, lui répliqua Yisso. Et on ne va pas tous monter dedans. M. Li et les autres vont prendre une autre voiture.

Le chauffeur descendit pour nous ouvrir le coffre et nous faire ranger nos baluchons. Nous fîmes comme on nous le demandait, et puis nous montâmes, et Yisso ferma les portes derrière nous et s'installa sur le siège avant. Nous touchâmes les sièges en toile et les fenêtres en verre, nous ouvrîmes les fenêtres, nous les fermâmes, nous tapâmes par terre avec nos pieds. Nous changeâmes de place plusieurs fois aussi, pour voir où nous préférions nous asseoir. Naturellement, nous voulions toutes nous asseoir près d'une fenêtre mais, comme il fallait bien qu'une des trois s'asseye au milieu, nous nous mîmes d'accord pour nous relayer et Latsoma se porta volontaire pour s'asseoir entre nous. Quand nous fûmes enfin installées, le chauffeur mit le contact et la voiture démarra en faisant un bond en avant. Alors, on se cogna la tête en tombant les unes contre les autres et on se mit à rire comme des folles. Quand la voiture gagna de la vitesse, on se pencha par la fenêtre la figure au vent, et on regarda les arbres et le précipice défiler à toute vitesse sous nos yeux en hurlant de terreur et de joie. Même aujourd'hui, je me souviens du pur bonheur, de l'ivresse de ce premier voyage – jusqu'à ce qu'on eût fait quelques kilomètres sur la route de montagne, en retombant les unes contre les autres, un coup à gauche et un coup à droite, et puis un coup à droite et un à gauche et que, subitement, j'arrête de rire et que je dise :

– J'ai envie de vomir.

On vomit toutes les trois.

Yisso demanda au chauffeur de s'arrêter.

Le chauffeur nettoya la voiture avec un vieux torchon et nous fîmes de notre mieux pour nous débarbouiller, mais nous ne pouvions pas nous débarrasser de l'odeur sur nos vêtements.

– Oh, c'est dégoûtant ! s'écria Latsoma. Maintenant l'odeur va suffire pour me rendre malade.

Alors, Yisso, qui avait visiblement pensé à tout, sortit du gingembre frais de son sac et nous donna un morceau à chacune en nous disant de le mâcher.

– Ça vous empêchera d'avoir mal au cœur, dit-il.

Mais cela ne fit rien du tout. On vomit tout le long du chemin, jusqu'à ce qu'on n'eût plus rien dans l'estomac et qu'on eût l'impression que nos têtes allaient exploser, et que, finalement, on ne pût même plus ouvrir les yeux – cinq heures plus tard, on arrivait à Yanyuan et la voiture s'arrêtait.

– Ça y est, dit Yisso. C'est fini !

Alors, j'ouvris les yeux et je regardai la ville.

La ville

J'aurais dû trouver ça laid. L'hôtel était gris et trapu, avec trois étages et de grandes fenêtres encastrées dans des chambranles de métal, au-dessous desquelles le vent faisait gonfler des pantalons noirs, des chemises bleues et des sous-vêtements de couleur chair pendus sur des fils de fer comme d'étranges drapeaux de prières. La cour était un carré de béton défoncé et sale, entouré de bâtiments et d'un grand mur de brique rouge flanqué d'un haut portail en fer. Une poussière grise semblait tout recouvrir, jusqu'à la demi-douzaine de géraniums qui poussaient dans des pots de fleurs et une espèce de petit arbuste qui était supposé décorer l'entrée. Latsoma et Zhatsonamu trouvèrent ça laid. Mais pas moi.

Le grand bâtiment rectangulaire me coupa le souffle. Je repensai à tout le verre que le Dr Rock avait apporté d'Amérique et j'imaginai que le petit palais de verre sur notre îlot avait bien dû ressembler à cette bâtisse. Je tapai des pieds sur le sol dur et sale et je le touchai. Curieusement, la terre ne s'en détachait pas, et je me dis, si nous avions ce genre de parterre dans notre cour, il n'y aurait pas autant de boue et ça serait beaucoup plus facile à balayer. Les autobus usés qui étaient garés à côté de notre Jeep, les gens qui allaient et venaient entre les bâtiments, occupés à leurs affaires, tous ces bruits dépaysants, et peut-être aussi le fait que mes oreilles bourdonnaient encore des vibrations du moteur, que ma tête et mon estomac ne s'étaient pas encore remis du mal de voiture, tout cela me transportait dans un espace étrange et merveilleux – un espace merveilleusement irréel, comme le monde au-delà de nos montagnes se devait de l'être. Et ce monde me parut beau, dès le premier instant.

Latsoma descendit de voiture en se tenant l'estomac.

– Si j'avais su que ça allait être aussi horrible, je ne serais jamais venue ! Au retour, je ne remonte pas dans cette voiture. Je préfère faire tout le chemin à pied !

– Moi aussi, ajouta Zhatsonamu. Je ne remonterai jamais en voiture !

Elles regardèrent autour d'elles et se turent, mais l'expression de découragement et de choc sur leur visage en disait long.

Latsoma essaya de secouer la poussière de ses vêtements sales et elle s'appuya contre la voiture avec un air abattu.

– On est affreuses.

C'était vrai. On était affreuses. On était sales, couvertes de poussière rouge, et nos habits puaient le vomi. Et dire que nous avions quitté nos mères si belles…

– Allez ! Ça ira mieux dans un moment, fit Yisso pour nous remonter le moral, et il nous désigna un autre bâtiment, au fond de la cour. Allez, venez faire un tour à la cantine. Je vous commanderai de la soupe au chou aigre, ça vous calmera l'estomac.

Nous avions des doutes quant à l'efficacité des remèdes de Yisso, mais la soupe au chou aigre nous fit plus d'effet que le gingembre. Quand nous nous sentîmes un peu mieux, Yisso nous mena à un lavabo avec un robinet. Il remplit d'eau une bassine en émail et nous nous lavâmes le visage et les mains, et tout doucement nous nous sentîmes revivre. Mais alors nous n'arrêtions plus d'ouvrir et de fermer le robinet.

Quand il en eut assez de nous regarder jouer avec l'eau, Yisso nous dit de ramasser nos baluchons et de le suivre dans l'hôtel. Ce fut à ce moment-là que nous nous aperçûmes que M. Li et Zhang et Zhu n'étaient pas encore arrivés.

– Eh ! Où sont les trois autres ? demanda Latsoma.

– Ils sont rentrés chez eux. On les retrouvera au dîner.

Je regardai par-delà le mur en brique, vers les bâtiments en béton qui se découpaient sur l'horizon – les gens avaient des maisons, ici, en ville. Je me demandai à quoi ressemblait la maison de M. Li.

Le hall de l'hôtel était une pièce carrée, assez grande pour que les gens puissent s'y attarder pour bavarder et s'amuser. En fait, c'était presque aussi grand que la pièce principale de notre maison. Il y avait beaucoup de monde dans cet hôtel et la plupart étaient en costume national – yi, tibétain, miao, lissou –, et c'étaient tous des inconnus, des gens qui ne parlaient pas notre langue et que nous n'avions jamais rencontrés, des gens qui n'étaient pas de notre famille, qui n'étaient même pas des amis de la famille, mais qui étaient venus là pour participer au concours.

L'accueil se trouvait sur la gauche, derrière une fenêtre intérieure qui ouvrait sur une loge où la femme de service faisait la sieste, la tête sur les bras et les bras sur son bureau. Passant la tête par la fenêtre, Yisso la réveilla en lui tapant doucement sur l'épaule.

Elle releva la tête et répondit sur un ton hargneux :

– Quoi ? Qu'est-ce que vous voulez ?

Nous n'en croyions pas nos oreilles ou même nos yeux, car personne au pays moso n'aurait pu imaginer qu'on puisse aboyer après un invité. Mais Yisso n'avait pas l'air de trop s'en faire et, quoi qu'il se passât entre eux, la femme de service sortit du bureau, un trousseau de clés à la main, et en apparence de meilleure humeur parce qu'elle souriait – du genre de sourire, je le découvrirais un jour, que les gens de la ville ont tendance à arborer quand ils ont affaire aux gens de la campagne.

Elle portait un chemisier blanc et un pantalon noir. Ses cheveux étaient tirés dans un chignon. Elle ne portait ni casquette ni foulard sur la tête et ses lèvres étaient peintes en rouge vif. Elle passa devant nous, avec ses chaussures à hauts talons qui claquaient sur le béton poli.

– Eh, Yisso ! chuchota Zhatsonamu. Comment est-ce qu'elle arrive à marcher sur ces petits bâtonnets ?

– En ville, toutes les filles savent faire ça, répondit Yisso. Elles trouvent ce genre de chaussures très jolies.

– Moi, je les trouve bizarres et moches, dit Latsoma.

Je ne dis rien, mais j'aimais bien les chaussures de la femme. J'aimais bien aussi sa façon de marcher avec. J'aimais comment les chaussures lui faisaient joliment balancer les hanches. Mais ce que je préférais, c'était ses lèvres peintes. Sa bouche me faisait penser à une fleur rouge d'azalée.

Elle nous fit monter jusqu'au deuxième étage, où elle ouvrit la porte sur une grande chambre carrée avec un sol en béton poli. Les murs étaient peints en vert jusqu'à mi-hauteur, et le reste était blanc. Quatre lits étaient disposés aux quatre coins et recouverts de dessus-de-lit en coton rose avec des fleurs et, sur chacun, deux oreillers roses ornés de beaux volants de la même couleur. À l'autre bout de la chambre, il y avait une petite table en bois et une chaise, et sur la table, quatre belles Thermos en émail rouge avec des fleurs blanches, et une cuvette en émail bleu avec des fleurs roses – comme on en avait à la maison –, et puis par terre, à côté de la table, une corbeille en plastique verte. La lumière du soleil se déversait par les grandes fenêtres. L'effet que tout cela produisait était parfait. Je n'avais jamais vu un tel assortiment de couleurs ; je n'avais jamais rien vu d'aussi beau ou d'aussi brillant et frais que cette chambre d'hôtel. Nous entrâmes, nos baluchons dans les bras, et nous restâmes plantées là, éblouies par tout ce luxe, toute cette propreté. Nous n'osions pas marcher sur le béton ou même déposer nos affaires.

La femme de service passa devant nous en me poussant sur le côté d'un coup de hanche. Elle donna de grandes claques sur les lits, saisit les Thermos qu'elle nous montra à bout de bras, puis elle tendit le doigt vers la corbeille en plastique, tout en criant en chinois, pensant apparemment que, si elle hurlait assez fort, nous surmonterions toutes les difficultés de communication. Quand elle fut enfin satisfaite que nous ayons bien compris où tout se trouvait, elle expliqua à Yisso où étaient les douches et nous informa qu'il faudrait l'appeler à chaque fois que nous voudrions ouvrir la porte de la chambre, et qu'elle ne voulait pas être dérangée après onze heures du soir. Enfin, elle nous quitta, et Yisso la suivit dans le couloir.

Nous étions stupéfaites : une femme moso n'aurait jamais crié comme ça ni frappé sur des meubles ! Mais voilà, nous n'étions plus au pays moso, nous étions en ville. Alors, nous essayâmes les lits, nous nous assîmes dessus et nous les fîmes rebondir un peu, nous nous allongeâmes, et puis nous découvrîmes les draps sous les couvertures. Nous n'avions encore jamais vu de draps, mais nous comprîmes tout de suite que nous aurions besoin de nous laver avant d'oser dormir dans ces lits-là.

Les douches étaient dans un bâtiment extérieur, de l'autre côté de la rue, dans une autre bâtisse en brique, humide et noire, avec des murs visqueux et mal éclairés par une ampoule électrique qui pendait du plafond bas. Au mur, près de la porte d'entrée, se trouvait une rangée de crochets sur lesquels pendaient des vêtements et des serviettes de toilette, et, à quelques pas, des femmes se tenaient sur des traverses de bois glissantes. Elles se lavaient sous des tubes en métal d'où jaillissait de l'eau chaude quand on tournait une petite poignée dans le sens du tuyau. Je tournai la petite poignée... Quelle expérience ! Quelle belle sensation ! À la maison, comme nous étions au moins à deux jours de marche des sources chaudes, nous nous lavions dans la cuvette en émail ou nous nous baignions dans l'eau froide du lac. Et là, cela faisait plusieurs jours que nous ne nous étions pas lavées ; l'eau coulait sur nos cheveux et nos corps, délicieuse, chaude et noire. Nous restâmes sous la douche à nous savonner pendant si longtemps que lorsque nous en sortîmes toutes propres et magnifiques dans nos habits moso, nous avions complètement oublié le voyage en voiture, et le soleil se couchait.

Yisso nous attendait dans la cour, assis sur un banc, en fumant une cigarette.

– Vous vous êtes bien amusées ? nous demanda-t-il en riant.

– Ah oui ! On s'est même très bien amusées ! répondit-on d'une seule voix.

– Vous voulez vous promener dans la rue avant d'aller dîner ?

– Oui ! Oui ! On y va !

Sur les conseils de Yisso, nous courûmes à l'hôtel pour donner notre linge à laver à la femme de service et nous revînmes aussi vite, folles de joie et ébahies que quelqu'un que nous ne connaissions même pas fasse notre lessive.

Pour nous, tout était nouveau, merveilleux, étonnant : l'interrupteur électrique qui allumait le tube en néon dans notre chambre et que nous éteignions et rallumions à maintes reprises, le doux ronronnement des roues de bicyclette, le bruit des camions et des tracteurs dans la rue, et les gens qui s'énervaient entre eux. Ce n'était pas que nous ne sachions vraiment rien du monde, mais ce que nous en savions, nous l'avions appris en nous l'imaginant, en écoutant les autres parler, en écoutant leurs histoires – dont certaines étaient loin d'être fiables, comme nous l'avions découvert en touchant la « route en or noir ». Et maintenant que nous touchions, que nous sentions, que nous entendions, qu'enfin nous voyions de nos propres yeux, nous faisions beaucoup plus que confirmer nos connaissances, nous découvrions aussi des choses dont nous n'avions jamais entendu parler, des choses comme des draps et des douches chaudes, et puis, pour ainsi dire dès notre première promenade en ville, des toilettes. À Zuosuo, nous n'avions pas de toilettes. Mais ici, en ville, il n'y avait pas de champs pour aller se soulager, et il n'y avait ni chiens ni cochons pour nettoyer derrière soi. Il y avait des baraques en béton où il fallait s'accroupir en vitesse au-dessus d'une fente entre deux petits murets, en se tenant le nez pour ne pas respirer la puanteur et en fermant les yeux pour ne pas voir le trou au-dessous. Quand on avait fini, on en sortait en courant pour retrouver l'air étrange et âcre de la ville et les rues merveilleuses avec leurs boutiques, magiques et éclairées par des ampoules électriques, et dans lesquelles on pouvait acheter tout ce qu'on n'aurait jamais pu rêver de posséder et au moins autant d'autres choses dont on ignorait le nom. Ces boutiques-là n'étaient pas construites en planches de bois avec un comptoir sur lequel on s'appuyait quand on passait les commandes, c'étaient des vrais magasins avec des murs en brique et des sols en béton, ouverts sur la rue et dans lesquels on pouvait entrer. Et puis, il y avait tant de monde, et c'étaient tous des étrangers. Des gens de différentes nationalités en costume de toutes les couleurs, et des Han ; des femmes han qui ne portaient ni turban ni casquette sur la tête, et qui n'avaient pas de nattes, mais les cheveux coupés court juste au-dessus des oreilles.

– Vous êtes sûres que ce sont des femmes ?

– Mais oui, regarde ! Elles portent ces drôles de chaussures à petits bâtons !

– Et celles-là ? demandai-je en montrant du doigt deux femmes han qui se tenaient devant un magasin. Elles avaient les cheveux frisés et me faisaient penser aux moutons que les Yi emmenaient paître dans les hautes montagnes. Elles suçaient des bâtonnets roses.

– C'est de la glace, dit l'une d'entre elles en chinois.

Dlaglasse, dlaglasse, nous répétions. Qu'est-ce que c'est, dlaglasse ? Elle essaya de nous expliquer, mais ça ne valait pas la peine. Elle entra dans le magasin et en ressortit avec trois bâtonnets.

J'adorai la glace, j'aimai tellement cela que je ne m'embarrassai pas à la lécher, je la mangeai à grandes bouchées et l'avalai en un rien de temps. Après quoi, je mâchai le petit bâton en regardant mes amies lécher leur glace, et lécher leurs doigts, sucrés, collants, et je me dis que mes petits frères et Jiama auraient bien aimé manger de la glace eux aussi.

Quand nous rentrâmes à l'hôtel, nous trouvâmes la cantine gaiement éclairée par des chandeliers en faux cuivre qui pendaient au-dessus d'une vingtaine de grandes tables rondes. Il y avait beaucoup de monde, et tous étaient habillés en costume national. Latsoma, qui pensait s'y connaître en minorités nationales, repéra les Tibétains, les Naxi, les Yi, les Pumi, les Miao, les Lissous. Yisso nous montra les Bai, les Dai, les Zhuang et les Hani. Tous ces gens étaient venus à Yanyuan pour participer au concours. Certains étaient déjà assis, d'autres allaient et venaient entre les tables et cherchaient des amis. Je reconnus quelques visages, des gens que nous avions croisés dans le couloir, et aussi M. Li et ses collègues, tout propres, qui nous attendaient à la table qu'on nous avait désignée.

– Alors, vous allez mieux? On nous a dit que vous aviez été malades dans la voiture, dit M. Li tout en tirant de sa poche une petite bouteille marron.

Il vida quelques pilules dans ses mains qu'il nous tendit.

– C'est un médicament chinois, nous expliqua-t-il. Un remède pour éclaircir la gorge et rétablir le *qi*.

Nous avalâmes les pilules et nous bûmes du thé qui avait le goût d'eau chaude. Mais même si le thé au beurre nous manquait, la nourriture était splendide. Nous n'avions jamais vu un tel festin avec des plats aussi variés. Le riz était très blanc et très léger.

M. Li nous expliqua que le riz à la chinoise était cuit à la vapeur et qu'il n'était pas bouilli comme chez nous, que c'était ça qui le rendait si doux.

– Alors, c'est bon ? demanda-t-il en se tournant vers moi, peut-être impressionné par ma gloutonnerie.

– Oui, c'est très bon ! répondis-je en chinois.

Et je me resservis du riz pour la quatrième fois.

– C'est très bien comme ça, continua M. Li. Il faut bien manger et surtout bien vous reposer pour être en forme pour la répétition demain.

– La répétition ? Pour quoi faire ? demanda Zhatsonamu. On va chanter, c'est tout !

Yisso traduisit et M. Li éclata de rire.

– Ça ne vous fera pas de mal de vous reposer, quand même ?

Il fit une pause, en gardant le sourire, et il se tourna vers moi de nouveau :

– Tu aimes ta chambre, Namu ?

– Oui, le lit est très confortable, merci, répondis-je en chinois, très fière de pouvoir en dire autant.

– Bien, très bien, dit M. Li, et il prit un petit morceau de viande avec ses baguettes.

Zhatsonamu se tourna vers Yisso :

– Tu peux lui demander pourquoi il n'y a pas de feu de bois dans les chambres ?

– Oh oui, demande-lui ! Demande-lui comment les gens font pour se réchauffer la nuit ! fit Latsoma en riant.

Bien sûr, Yisso comprenait de quoi elles parlaient – c'était difficile de s'imaginer en train de murmurer des mots d'amour sous la lumière blafarde du néon. Il sourit et secoua la tête.

– Je ne vais pas lui demander ça !

– Allez, Yisso, demande-lui, insista Latsoma en souriant de son plus joli sourire.

Alors Yisso demanda à M. Li, qui répondit sans aucune ironie :

– C'est difficile d'obtenir du bois en ville.

Et quand nous éclatâmes de rire, il continua en toute sincérité :

– De toute façon, si vous faisiez du feu dans ces pièces, tout se salirait et en plus vous seriez vite asphyxiées !

Même sans faire de feu, mes amies dormirent très bien cette nuit-là. Il était bon de ne pas coucher par terre et de ne pas se faire piquer par les puces. Les lits étaient si confortables, et les draps et les couvertures sentaient le savon, le savon dont nous nous étions servies dans la douche.

Le soir du concours, M. Li nous conseilla :

– Il ne faut pas avoir le trac. Tout va bien se passer. Il n'y a vraiment pas de quoi avoir peur.

Nous éclatâmes de rire, bien sûr. De quoi aurions-nous peur ? Nous allions chanter ! Pourquoi aurions-nous le trac ? Mais M. Li avait le trac. Il s'essuyait la figure avec son mouchoir et, jusqu'au moment où il nous escorta derrière l'estrade dans la salle de concert, il n'arrêta pas de nous redire que lorsque l'hôtesse nous appellerait, tout ce que nous aurions à faire serait de marcher jusqu'au milieu de la scène.

Nous fûmes les premières à être appelées. Et quand je montai sur scène, je compris tout de suite pourquoi M. Li avait le trac. C'était bien facile de répondre à l'appel et de monter sur l'estrade, mais je n'avais fait que quelques pas avant de me trouver aveuglée par l'éclairage. Je m'arrêtai net. L'hôtesse me prit par la main et me guida jusqu'au milieu de la scène où se tenaient mes amies, les yeux mi-clos, le visage rayonnant et d'une pâleur surnaturelle. Petit à petit, je discernai les auditeurs en face de nous dans l'obscurité, et le cœur me manqua. C'était la première fois de ma vie que j'allais chanter pour des gens que je ne connaissais pas, et ils étaient si nombreux. Et là, j'eus peur.

Les applaudissements se turent et l'hôtesse présenta « les trois demoiselles moso du Pays des filles ». Nous chantâmes et les auditeurs applaudirent de nouveau. En entendant les applaudissements, nous comprîmes que les gens avaient vraiment aimé notre chanson. Je me retournai pour regarder M. Li qui était derrière le rideau et qui nous souriait. Il nous fit signe de chanter une autre chanson et nous rechantâmes, et, cette fois encore, les auditeurs furent ravis. Nous aurions bien entonné une troisième chanson, mais l'hôtesse se précipita pour nous féliciter et nous faire sortir de scène. Nous passâmes le restant de la soirée dans les coulisses à écouter les autres artistes chanter. Certains étaient même accompagnés par un orchestre et les chansons étaient aussi variées et aussi colorées que les costumes. J'étais émerveillée. Je n'aurais jamais pu imaginer que le monde était ainsi rempli de chansons.

L'hôtesse rompit l'enchantement quand elle remercia les artistes et annonça aux spectateurs que la musique était finie – que le moment était venu d'annoncer les gagnants et de remettre les prix. M. Li monta sur scène et dit quelque chose mais, avant même d'avoir le temps de demander à Yisso de traduire, on nous avait appelées et poussées sur la scène où nous serrions des mains et nous souriions sans savoir à qui. L'hôtesse souriait elle aussi et elle nous offrit un diplôme et une enveloppe rouge à chacune. Les auditeurs s'étaient levés et nous applaudissaient. Mes amies les remercièrent d'un geste de la main, s'inclinèrent et se retirèrent, et l'hôtesse me poussa gentiment dans la même direction. Parce que je ne voulais pas partir tout de suite, moi – parce que je leur avais vraiment plu, à ces inconnus.

Le lendemain, quand nous sortîmes nous promener dans la rue, des gens que nous ne connaissions même pas nous appelaient et nous souriaient. Zhatsonamu et Latsoma semblaient à peine s'en apercevoir. Quand nous avions ouvert les enveloppes rouges, nous avions découvert qu'elles contenaient cinquante yuans chacune. Nous n'avions jamais vu autant d'argent, et mes amies étaient tellement excitées qu'elles voulaient tout dépenser tout de suite pour acheter des cadeaux à leur mère et à leurs petits amis. À cette époque, on pouvait acheter beaucoup de choses avec cinquante yuans. De mon côté, j'étais très contente d'avoir de l'argent, naturellement, mais j'étais surtout heureuse d'être célèbre, et je n'avais qu'une idée en tête, c'était de voir le monde.

Mon vœu fut exaucé dans l'après-midi même, quand M. Li et Yisso entrèrent dans notre chambre pour nous apprendre que nous ne retournions plus à Zuosuo comme il était prévu, mais que M. Li nous avait inscrites à un autre concours qui se passait à Xichang – à huit heures de Yanyuan en voiture – et que nous partirions de bonne heure le lendemain matin. Mes amies s'assirent sur leur lit, au bord des larmes. Moi, je ne me tenais plus de joie.

Xichang est une ville beaucoup plus grande que Yanyuan. À Yanyuan, le bâtiment le plus haut avait quatre étages, à Xichang le bâtiment le plus haut en avait douze. À Xichang, l'hôtel avait un tapis rouge et des toilettes à tous les étages, avec des chasses d'eau qui marchaient la plupart du temps. Le matin suivant notre arrivée, M. Li nous emmena faire un tour en ville. Il nous dit :

– Je vais vous montrer la gare et un train.

Et quand je vis ce mille-pattes géant, l'idée me vint que plus nous nous éloignions de Zuosuo, plus les villes devenaient merveilleuses... J'aurais bien voulu monter dans ce train.

De retour à l'hôtel, les gens de la télévision nous attendaient. Ils portaient un appareil sur un piquet, que nous prenions pour un gros magnétophone.

– C'est une caméra vidéo, nous apprit le cameraman. Et ça, c'est un microphone, ajouta-t-il en montrant l'appareil sur le piquet.

Puis il nous montra la boîte en verre dans notre chambre.

– Et ça, c'est la télé !

Et ça, ça nous énerva un peu parce qu'on le savait déjà. On avait même appris à l'allumer et à l'éteindre toutes seules.

Quand les gens de la télé eurent fini de nous faire chanter, danser et rire devant la caméra vidéo, le cameraman accrocha sa caméra derrière la télévision et mit l'écran en marche. Il y eut une petite explosion, et nos têtes illuminèrent l'écran, et nous nous vîmes rire, chanter et sourire à la télévision. Impressionnées, nous nous regardions dans la télé, nous nous regardions dans la chambre, et nous nous regardions encore dans la télé. Je trouvai qu'on était très jolies. Mais quand elle vit comment la télévision avait capturé son visage, ses chansons et son rire, Latsoma dit :

– Cette télé ne pourrait pas nous voler notre âme ?

À Xichang, nous remportâmes aussi le concours. Mais là, on ne nous donna pas d'argent, bien que Xichang soit une ville bien plus grande que Yanyuan, tellement grande que nous étions sûres de gagner au moins cent yuans chacune. On ne nous offrit qu'un diplôme rouge – et on nous prit en photo.

Le lendemain du concours, on nous conduisit à l'aéroport local et un journaliste prit une photo de nous devant un avion. C'était notre première photo, et c'était aussi le premier avion que nous ayons jamais vu. Après les photos, nous regardâmes les avions atterrir et décoller. Comment était-ce possible qu'une chose comme ça, tout en métal, puisse voler comme un oiseau ? Et comment c'était à l'intérieur d'un avion ? Est-ce que c'était comme dans une voiture ? Est-ce que ça donnait envie de vomir ? Non, répondit le journaliste. Ça ne rendait pas malade. Dans un avion, on pouvait manger et se promener. J'avais toujours rêvé de m'envoler par-delà les montagnes, comme les oiseaux qui partaient et revenaient avec les saisons. Et maintenant que je constatais de mes propres yeux que les oiseaux n'étaient pas les seuls à avoir des ailes, je voulais m'envoler à mon tour, pour voir le monde. Zhatsonamu et Latsoma voulaient s'envoler elles aussi. Elles voulaient rentrer au village.

Ce soir-là, M. Li et les organisateurs de Xichang eurent une longue discussion à notre propos. Je ne comprenais rien du tout, mais je restai avec eux, épiant le moindre de leurs gestes, et de temps en temps j'embêtais Yisso pour qu'il me traduise. Quand ils s'arrêtèrent enfin de parler, Yisso m'expliqua qu'ils avaient sélectionné quinze personnes pour représenter la province du Sichuan dans un concours national à Pékin, et que j'étais parmi celles-ci. Quand je rentrai dans notre chambre, j'annonçai à Zhatsonamu et Latsoma que je partais pour Pékin où le Panchen Lama vivait et où Mao Zedong dormait, et qu'elles rentraient à la maison. Elles sautèrent de joie. Elles étaient très pressées de retourner au village et de retrouver leur mère et leurs petits amis.

Yisso rentrait à la maison, lui aussi, ainsi que M. Li. Dès le lendemain, notre chef serait M. Luo, du bureau de la Culture de Xichang. Yisso informerait ma mère du changement de programme et puisque je parlais le yi assez bien pour me débrouiller et que je faisais déjà des progrès en chinois, ni Yisso ni M. Li ne prévoyaient de difficultés.

– Namu, ça ne va pas être aussi facile de chanter à Pékin que ça l'était à Xichang, m'assura M. Luo.

Pour commencer, j'allais chanter avec la célèbre cantatrice tibétaine Nankadroma – une chanson moso, une chanson tibétaine et une yi –, puis nous serions accompagnées par un orchestre de musique classique chinoise. Il fallait que je comprenne que se produire avec un orchestre n'était que routine pour Nankadroma et les autres musiciens, qui étaient tous des professionnels, mais que ça allait être une toute autre expérience pour moi. D'après M. Luo, je chantais comme on marche ou comme on danse, je n'avais jamais chanté qu'accompagnée d'une flûte en bambou et je ne connaissais que quelques airs. Car la musique moso, comme la musique des autres peuples de la Chine occidentale et à la différence de la musique chinoise ou européenne, est faite de poésie improvisée sur un nombre d'airs restreint.

– Combien y a-t-il de mélodies dans le répertoire moso ? me demanda M. Luo.

Six ? Peut-être sept ? Ou dix ? Un air pour célébrer notre amour pour notre mère, un pour dire adieu aux hommes qui partaient avec les caravanes, un pour les funérailles, un autre pour séduire nos amants, et puis les chansons du travail dont les rythmes simples exprimaient les gestes des travaux des champs.

De Xichang, nous partîmes pour Chengdu. Nous prîmes des chambres à la pension du bureau de la Culture de la province du Sichuan et nous commençâmes les répétitions quotidiennes à partir du lendemain matin, et le jugement de M. Luo sur mes capacités musicales se vérifia. Je trouvai très difficile d'apprendre des airs nouveaux et cela m'était pour ainsi dire impossible de chanter avec l'orchestre. Malgré tous mes efforts, je n'arrivais pas à battre la mesure. Je n'arrivais pas à rejoindre l'orchestre au moment voulu, jusqu'à ce que le violoniste pose son *erhu* sur ses genoux et suggère qu'il pourrait peut-être taper du pied quand ce serait mon tour de chanter. Au soulagement de tous, cela marcha. Et puis, comme si je n'avais pas déjà assez de problèmes avec l'orchestre, M. Luo avait prévu qu'un professeur de chant nous donne des leçons. Je faisais de mon mieux pour ne pas paraître réticente, mais je ne pouvais pas me contraindre à faire les grimaces nécessaires pour éclaircir et renforcer ma voix. Les femmes moso chantent très haut et très fort, et, comme elles chantent en voix de tête, elles arrivent toujours à chanter et à sourire en même temps. L'idée de faire une horrible grimace pour mieux chanter me semblait tout à fait contradictoire. Mais peut-être que le plus frustrant, et surtout pour mon entourage, c'était que j'apprenais rapidement, en copiant les autres, mais que j'oubliais tout presque aussi vite – probablement parce que je n'avais jamais rien appris dans un contexte formel. Néanmoins, après deux semaines de répétitions, nous étions dans le train en route pour Pékin.

Pendant trois jours et deux nuits, le mille-pattes géant souffla dans les montagnes et longea les grands fleuves, il traversa des petits villages et des grandes villes, et s'arrêta dans des gares remplies de gens bruyants et de vendeurs dont les cris couvraient le tintamarre. Les artistes se plaignaient que le voyage était trop long mais moi, je collai ma figure contre la vitre et, pendant trois jours, je regardai la Chine défiler. Quand je me lassais de regarder dehors, je faisais du chinois. Le soir, nous nous endormions sur les banquettes étroites et je rêvais des lumières de la scène et de glace rose. Je rêvais les yeux fermés, mais je ne dormais pas.

Pékin est une ville très grande, bien plus grande que Chengdu, peut-être même plus grande que tout le pays moso. Dès l'instant où le train entra en gare, je fus consciente de son immensité. Quand nous descendîmes du train, j'en fus terrifiée. J'attrapai la main de M. Luo.

– Mais ne me serre pas si fort ! dit-il en se détachant. Regarde un peu ce que tu m'as fait !

Je vis que je l'avais griffé.

Nankadroma me prit par le bras. Englouties par une mer humaine, dense et mouvante, nous traversâmes la gare jusqu'au hall gigantesque où la voix d'une femme résonnait mélodieusement par-dessus le vacarme. « Bienvenue à la gare de Pékin. Pékin est notre grande capitale. Pékin est la capitale de la République populaire de Chine. » Et, bien que je n'en comprisse pas le sens, ces mots me firent l'effet d'une chanson toute douce. Ce refrain me calma et je me mis à l'imiter en baragouinant une chanson qui fit rire tout le monde.

Les organisateurs du concours nous accueillirent dans le hall, et ils nous conduisirent à notre hôtel en minibus. À Pékin, l'hôtel était plus grand qu'à Xichang. Non seulement il y avait un tapis rouge, mais aussi des chambres avec des salles de bains particulières avec des murs carrelés, des baignoires et des toilettes qui marchaient à chaque fois qu'on tirait la chasse d'eau. Je partageais une chambre avec la célèbre cantatrice tibétaine, Nankadroma.

Nankadroma était très belle, grande et forte, avec une peau très brune. Ses cheveux étaient épais et noirs, ses sourcils aussi, et son regard, qui était initié aux mouvements et aux expressions de l'opéra tibétain, commandait le silence ou l'enchantement. Nankadroma semblait toujours perdue dans ses pensées. Elle parlait lentement et peu, et quand elle parlait tout le monde écoutait. Je l'admirais beaucoup, et j'étais très fière de partager une chambre d'hôtel avec elle. J'observais tous ses mouvements, j'imitais ses expressions, les gestes de sa main et le balancement de ses hanches. Je la suivais partout. Je la suivais jusque dans la salle de bains quand elle remplissait la baignoire, ce qui fut l'occasion d'une découverte de plus, après celle des avions, des trains et des glaces.

– Qu'est-ce que c'est ? demandai-je en chinois.

– Un soutien-gorge. Ne t'en fais pas : tu n'en as pas besoin, dit-elle en riant, tout en me faisant sortir d'un geste de la main.

À la sortie de l'hôtel, il y avait de grandes avenues et sur les avenues les gens marchaient et parlaient comme si la Chine leur appartenait. J'avais l'impression de rêver. J'avais vu des choses merveilleuses à Yanyuan, à Xichang et à Chengdu, mais tout cela n'était rien en comparaison avec Pékin. Pékin était immense, majestueuse, belle, grandiose. Ici, je ne faisais pas que m'amuser, j'étais sous un charme profond, presque effrayant.

– Tu as l'air si heureuse, dit Nankadroma, que tu souris même quand tu dors !

Les organisateurs avaient prévu des sorties pour nous faire visiter les sites importants – la Grande Muraille, la Cité interdite, la place Tian'anmen, les appartements de Mao Zedong et le mausolée où le grand timonier reposait, embaumé dans son cercueil de verre. Mes connaissances de la politique et de l'histoire étaient telles que lorsque je vis le portrait de Mao au-dessus de la place Tian'anmen, je ne fus frappée que par le grain de beauté qu'il avait au menton – parce que ma mère avait un grain de beauté exactement au même endroit. Je n'en croyais pas mes yeux ! Des années plus tard, quand ma mère me rendrait visite à Pékin, elle aussi remarquerait le grain de beauté de Mao, et elle n'en finirait pas de s'enorgueillir de ce détail.

Le soir du concours, je montai sur scène en tremblant de peur et d'espoir. Nankadroma sourit devant le public, énorme et sombre, et je souris aussi. Puis elle me sourit à moi, et l'orchestre joua les premières notes. Ce soir-là, sous la chaleur de l'éclairage, je me souvins de tout : de chaque parole en tibétain et en yi, des grimaces et de la mesure. Je chantai de tout mon cœur et, à la fin de la soirée, Nankadroma et moi avions gagné le premier prix avec le reste du groupe du Sichuan.

Le lendemain, on nous offrit des diplômes rouges et on nous poussa sur la scène du palais du Peuple dont on nous fit sortir presque aussitôt pour faire place à toutes sortes de fonctionnaires, qui firent des discours que je ne compris pas et que des centaines de spectateurs applaudirent. Cette fois-ci, nous reçûmes de l'argent – non pas dans une simple enveloppe, mais enroulé dans le plus beau papier de riz, comme un cadeau précieux. C'était beaucoup d'argent. M. Luo me dit qu'il y avait là deux cents yuans – une véritable fortune.

Ma première idée fut de compter mon argent et d'aller tout de suite acheter des beaux cadeaux pour ma famille, mais en même temps je ne pouvais pas supporter l'idée de déchirer le beau papier rouge. Chez nous, nous n'enveloppions jamais les cadeaux, et je voulais que ma mère voie ce papier. Au grand amusement de tous, je passai toute la soirée à méditer ce dilemme. Ce n'est qu'une fois de retour dans notre chambre d'hôtel, alors que nous étions sur le point de nous coucher, que, finalement, je décidai de ne pas déballer l'argent. Nankadroma parut alors un peu inquiète et me dit qu'il faudrait faire attention aux voleurs. Le lendemain matin, quand je me réveillai, je la trouvai en train de coudre une pochette à mes sous-vêtements, dans laquelle je pourrais garder mon argent en sécurité.

– Petite Namu, qu'as-tu décidé de faire de ton argent? demanda M. Luo dans le hall de l'hôtel tout en comptant nos billets de train.

– J'ai décidé de laisser ma mère l'ouvrir.

Il me donna une petite tape affectueuse entre les omoplates et tous les artistes furent d'accord pour dire que j'avais pris la meilleure décision. Ils étaient tous très chaleureux, et ils avaient été très patients avec moi. J'étais la plus jeune et j'étais sans aucune expérience, mais j'étais leur préférée. Surtout, j'étais la préférée de Nankadroma.

Quand je m'assis à ses côtés sur la banquette du bas dans notre wagon de deuxième classe, je regardai son beau visage, et mon cœur se remplit d'amour pour elle et d'orgueil pour moi. Je me dis : j'ai voyagé au centre du monde pour chanter avec la célèbre Nankadroma, et nous avons gagné. Mais, quand le train s'ébranla et commença la lente sortie de la gare de Pékin, j'oubliai Nankadroma et la petite liasse de billets pressée contre ma taille, et je me sentis seulement triste de partir.

Un village au bord du temps

Le voyage en train jusqu'à Chengdu prit trois jours et deux nuits, pendant lesquels je collai ma figure contre la fenêtre et je regardai la Chine défiler en marche arrière. Mes yeux n'étaient pas encore las du monde, et pourtant il arrivait que, au lieu de voir les villages et les montagnes, je voie notre lac Lugu et notre déesse Gamu. Quand je fermais les yeux, le soir, je ne rêvais plus de glace rose mais de pommes de terre rôties et de thé au beurre. Je rêvais aussi du visage de ma mère quand elle ouvrirait la petite liasse rouge, et de tous les endroits que j'avais vus et des autres que je verrais un jour.

À travers la fenêtre du train, je regardais la Chine passer – les champs à perte de vue, les rivières et les fleuves, les montagnes perdues dans des cieux nuageux, les villes encrassées et les villages terreux, des paysans qui marchaient en groupe, le râteau et la binette à l'épaule, des paysans qui travaillaient seuls dans les champs labourés jusqu'aux lignes de chemin de fer et parsemés de détritus jetés par les fenêtres du train. Durant mes voyages, j'avais découvert qu'il y avait deux sortes de gens dans le monde : les gens des villes, qui mangeaient au restaurant, prenaient des douches et allaient au cinéma, et les paysans qui travaillaient dans les champs. Nous, les Moso, nous étions de cette seconde sorte.

Le troisième jour, quand nous atteignîmes le Sichuan, le train traversa des champs inondés et des villages presque submergés, comme des îlots perdus dans une mer jaune. Des paysans marchaient dans l'eau sale en portant leurs affaires et de petits enfants au-dessus de leur tête. Où allaient-ils ? Il y avait de l'eau partout. Je vis une femme qui portait un petit enfant sur une épaule et une valise sur l'autre. L'eau lui arrivait presque au menton. Si elle mettait le pied dans un trou, elle serait engloutie. Un des artistes posa sa main sur mon épaule.

– Ne t'inquiète pas, l'Armée populaire de libération viendra les sauver.

Les autres hochèrent la tête et se retirèrent des fenêtres, et, après quelque temps, ils retournèrent à leurs jeux de cartes, leurs livres, leur thé et leurs cigarettes. Le train continua sa route pour Chengdu, et je ne vis aucun signe de l'Armée populaire de libération.

Arrivés à Chengdu, on nous conduisit à l'hôtel Jinjiang, où le directeur du bureau de la Culture de la province du Sichuan nous avait invités à un banquet organisé en notre honneur parce que nous avions gagné le premier prix à Pékin. Des gens de la télévision du Sichuan avaient été invités aussi. Et puis des journalistes attachés à divers journaux locaux et provinciaux. Dans la salle à manger, les énormes tables rondes étaient recouvertes de plats cuisinés.

Le directeur fit un discours interminable. Je ne compris absolument rien. Mais, même si j'avais pu comprendre, je n'aurais pas écouté. Je fixais d'un regard distrait la bouche du fonctionnaire qui s'ouvrait et se refermait sur des dents noircies par le tabac, mais je ne voyais que des gens qui se tenaient dans l'eau jusqu'à la poitrine. Je ne pensais qu'à une seule chose, c'était qu'à quelques kilomètres de cette salle de banquet une petite femme pleurait sous le ciel noir, elle portait une valise sur une épaule, et sur l'autre un petit enfant qui s'accrochait à ses cheveux. Je n'avais jamais vu d'inondations. Mais s'il y en avait une à Zuosuo, tout le monde aiderait, sûrement. Comment pouvait-il sourire, ce directeur ? Comment pouvions-nous nous fourrer de la nourriture dans la bouche ? Je ne pouvais rien avaler et je ne dis pas un mot de toute la soirée. Je ne comprenais pas ces gens. Ma mère, Zhema et mes frères me manquaient et j'étais contente de les savoir en sécurité à Zuosuo. Pour la première fois depuis que j'étais partie, mon pays et les gens de chez nous me manquaient.

Nous passâmes les deux jours suivants à donner des interviews. Je me vis à nouveau à la télévision, et dans le quotidien local, le *Journal du Sichuan*. Il y avait une énorme photo de moi à la une du journal. Nankadroma lut le gros titre : « Un phénix d'or s'envole de la vallée ». Je pris la première page, la pliai, et la rangeai avec soin, avec les autres choses que j'allais donner à ma mère. Je pensais avec une joie triste que cela la rendrait très heureuse, très fière aussi. J'étais triste parce que je ne pouvais pas oublier la misère que j'avais vue par la fenêtre du train, et parce que le moment de dire adieu approchait.

À part ceux qui habitaient à Chengdu, tout le monde rentrait chez soi. Nankadroma partait elle aussi. Le dernier après-midi, je la trouvai assise sur son lit, toute seule dans notre chambre d'hôtel. Elle pleurait. Je pensais naturellement qu'elle était triste parce que nous allions nous dire au revoir, mais elle montra du doigt une lettre ouverte devant elle, sur le lit. Comme je ne savais pas lire, je lui demandai :

– Qu'est-ce que c'est ? Qu'est-ce qui ne va pas ?

Nankadroma me regarda comme si j'aurais dû connaître la réponse et, voyant que je ne comprenais pas, elle dit :

– C'est écrit en rouge. Tu ne vois pas ?

– Oui, je vois bien.

Mais j'étais perplexe.

– C'est pas bien le rouge ?

Le rouge était une belle couleur. C'était la couleur des

fleurs d'azalée et du corsage de ma mère au moment des fêtes. C'était la couleur que j'avais aimé peindre sur mes lèvres quand nous chantions sur scène. Pourquoi Nankadroma avait-elle peur du rouge?

À cause de mon chinois, elle eut du mal à m'expliquer que c'était là une lettre de la femme de son amant, que cette femme était chinoise et horriblement jalouse et qu'elle voulait sa mort – et que c'était pour cela que la lettre était écrite en rouge. En Chine, une lettre à l'encre rouge était une malédiction ou une menace de mort. En fait, ce ne fut que quelques années plus tard, alors que j'étais étudiante au conservatoire de musique de Shanghai, que je compris la terreur que le rouge pouvait provoquer. Je me promenais dans la rue avec mon professeur et mes compagnons de classe quand je m'arrêtai devant une affiche avec les portraits de deux jeunes hommes et, imprimés au-dessous de leur photo, leur nom, leur âge, la ville où ils avaient grandi, et puis deux mots : *Criminels homosexuels.* Les deux listes avaient été barrées d'un trait rouge. Je demandai à mon professeur d'expliquer ce que tout cela voulait dire, car c'était la première fois que je voyais ce mot : *homosexuel.* Quand je lui demandai d'expliquer les traits rouges, il me répondit que les hommes avaient été exécutés. Je fus saisie d'une horrible sensation de froid.

Quand Nankadroma sécha enfin ses larmes, elle voulut absolument parler avec son amant et, comme il n'y avait pas de téléphone à l'hôtel, il nous fallut aller à la poste. Je l'attendis de l'autre côté de la cabine téléphonique et, pendant qu'elle criait et pleurait dans le combiné, je mangeai une glace aux haricots rouges. J'avais très peur. Je pensais aux histoires des chefs yi qui avaient voulu couper la tête de Rock. Mais voilà, c'étaient des histoires. Je n'avais encore jamais entendu parler de quelqu'un qui avait jeté un mauvais sort à un autre en lui souhaitant la mort.

Quand Nankadroma sortit de la cabine téléphonique, elle

avait la bouche dure et triste mais elle affichait aussi une expression résolue. Elle ne voulait pas rentrer à l'hôtel. Elle voulait se promener, se calmer. Alors nous nous promenâmes dans les rues jusqu'à ce qu'elle me demande :

– Tu as faim, Namu ?

Et elle eut un petit sourire.

– Bien sûr que tu as faim. Tu as toujours faim. Allez, viens, je connais un coin sympa.

Je suivis Nankadroma dans les rues étroites qui nous menèrent à un petit restaurant réputé pour son ragoût de canard.

Nous nous assîmes près de la rue, sur des tabourets carrés, à une table carrée. Nankadroma se rapprocha de moi et me demanda ce que je voulais boire.

– Du thé, répondis-je.

– Tu n'as donc jamais bu de vin ? demanda-t-elle en montrant du doigt une bouteille d'Erguotuo sur une étagère poussiéreuse.

– Je n'ai jamais bu de vin chinois.

– Essaie, ordonna-t-elle.

Je ne savais pas que l'Erguotuo était un mauvais alcool à très bon marché mais, même si je l'avais su, je n'aurais pas osé refuser. Elle avait l'air tellement triste, et je ne voulais pas la décevoir. Nankadroma appela le patron du restaurant et lui pria d'apporter la bouteille d'Erguotuo. Elle versa deux petits verres et but le sien d'un coup.

– Tiens, bois ! dit-elle en poussant l'autre verre de mon côté. Vas-y, cul sec !

Je pris une gorgée, et tout de suite j'eus la gorge en feu et la chaleur me monta aux joues. Ce vin chinois n'avait rien à voir avec notre vin de Sulima. Mais Nankadroma s'était servi un autre verre et elle avait bu celui-là aussi. Je la regardai avec un mélange de fascination et d'inquiétude.

Nankadroma était très belle et célèbre. Pourquoi pleurait-elle sur un homme ? Pourquoi permettait-elle à un homme de lui causer autant de problèmes ? Nankadroma aurait pu avoir qui elle voulait. Pourquoi avait-elle besoin d'un homme marié à une femme aussi méchante ? Il me vint à l'esprit que le mariage était cause de grande misère et que l'amour était bien compliqué hors de notre pays moso. Mais, bien sûr, je savais déjà cela avant de partir pour Pékin. Tous les Moso en savaient autant sur le mariage. En voyant Nankadroma boire son deuxième verre d'Erguotuo, je repensai à Añumo, ma sœur yi qui s'était échappée de chez son mari, et je pensai à d'autres histoires, une en particulier, à propos d'un couple de jeunes Naxi qui s'étaient suicidés à Lijiang.

Pour tous ceux qui avaient cru que le suicide des jeunes amants avait disparu après la Révolution communiste, cela avait été une nouvelle choquante.

Les Naxi n'étaient pas comme les Han, qui, avant les réformes communistes, gardaient les femmes à la maison. À Lijiang, les filles se promenaient librement dans les rues, bras dessus, bras dessous, en chantant à pleine voix pour taquiner les garçons. Chez les Naxi, c'étaient les hommes qui restaient à la maison, qui jouaient aux cartes, fumaient le tabac ou l'opium et s'occupaient des bébés pendant que les femmes abattaient les animaux, faisaient le marché et construisaient les maisons. Les femmes naxi étaient capables de porter des charges énormes sur leur dos et elles travaillaient dans les champs du matin au soir. Elles étaient trapues, carrées et fortes comme des mulets, et elles ne recevaient d'ordres de personne. Mais, jusqu'à ce que les communistes réforment leurs règles de mariage, en ce qui concernait l'amour, les Naxi étaient soumis à une coutume cruelle. Les filles étaient promises en mariage à leur naissance, toujours à un de leurs cousins maternels, et cette règle était tellement stricte que seule la mort pouvait défaire les fiançailles. L'amour illicite conduisait les jeunes gens à se suicider pour préserver l'honneur de leur famille.

Et là, des années après que les communistes eurent accordé aux Naxi le mariage libre, un jeune couple s'était suicidé. Pendant des mois, les amants s'étaient retrouvés en secret dans les champs et dans la forêt de sapins. Quand le ventre de la fille était devenu trop rond pour qu'elle puisse le cacher sous sa tunique bleue, ils étaient partis dans la montagne selon la vieille coutume. Ça s'était passé très tôt un matin, quand tout le monde dormait encore. Ils avaient quitté le village, revêtus de leurs plus beaux habits, emportant avec eux un sac de provisions. Ils étaient partis dans la forêt, et ils avaient trouvé un bel endroit pour pique-niquer – une clairière où ils vécurent des jours d'amour et de bonheur jusqu'à ce qu'ils manquent de nourriture et de vin et qu'ils se pendent à un arbre.

Quand ma Ama avait entendu cette histoire, ses yeux s'étaient remplis de larmes, et Dujema avait murmuré :

« Une femme moso ne se pendrait jamais pour un homme. »

Je voulais raconter cette histoire à Nankadroma, je voulais lui parler des amants naxi et de ma sœur Añumo. Je voulais lui dire que l'amour était tellement simple dans mon village, du moment qu'on n'avait pas peur d'ouvrir sa porte le soir. Mais je ne connaissais pas assez de mots chinois. Je voulais lui dire : « Dans mon village, quand les femmes sont amoureuses, leur visage brille comme le soleil. Toi, on dirait que tu reviens d'un enterrement. »

Nankadroma but un autre verre et me demanda :

– Tu sais ce que les Chinois disent des femmes ? Ils disent que la beauté d'une femme fait son malheur.

Et elle me raconta son histoire.

Nankadroma venait du comté de Mianing dans la région tibétaine du Sichuan. Elle avait deux sœurs et, des trois filles, elle était la plus belle – ce qui lui causait beaucoup d'ennuis parce que, partout où elle allait, les femmes étaient jalouses d'elle et les hommes la tourmentaient et la malmenaient.

Dans le pays de Nankadroma, les hommes ne faisaient pas la cour aux femmes avec des jolies ceintures et des chansons pleines d'esprit. Au lieu de cela, ils leur jetaient des pierres et leur criaient des grossièretés, et, quand les femmes se retournaient pour répliquer, ils ricanaient. Quand Nankadroma avait seize ans, un jour qu'elle se promenait dans la rue, deux garçons s'étaient précipités sur elle pour essayer de lui toucher les seins. Elle se défendait de son mieux, quand un autre homme arriva et chassa les mauvais garçons. Elle ne le connaissait pas et ne le revit pas. Mais, des années plus tard, ils se retrouvèrent par hasard à la gare routière. Elle était devenue une cantatrice célèbre et elle partait en tournée avec l'opéra du Tibet. Quant à lui, il travaillait pour le bureau régional de la Culture. Ils étaient tous les deux sur le point de monter dans le même car. Ils se reconnurent tout de suite et, avant la fin de la tournée, ils étaient tombés amoureux. Malheureusement, entre leurs deux rencontres, l'homme s'était marié et, encore plus malheureusement, il s'était marié avec une Chinoise. Si sa femme avait été tibétaine, ils auraient pu s'arranger, mais une Chinoise n'accepterait jamais une rivale ou un divorce.

– Pourquoi il ne s'était pas marié avec une Tibétaine ? demandai-je.

– Elle était très belle, et il l'aimait quand ils se sont mariés. Comment aurait-il pu savoir que nous nous rencontrerions un jour ? Comment aurait-il pu savoir qu'elle deviendrait si mauvaise ?

Nankadroma alluma une autre cigarette et remplit son verre. J'avais arrêté de compter les verres, mais la bouteille était plus qu'à moitié vide.

– De toute façon, c'est fini. Je vais rompre, continua-t-elle, les yeux à nouveau remplis de larmes. Chaque jour je deviens de plus en plus triste, et maintenant j'ai peur de mourir. J'ai du mal à y croire.

La bouteille vidée, Nankadroma voulut rentrer à l'hôtel. Il

était très tard, il ne restait que quelques clients, ivres, qui s'amusaient à hurler en faisant des paris. Nankadroma, qui était tout aussi ivre, se leva en renversant les verres de la table, et je dus la retenir pendant que le patron du restaurant envoyait la serveuse chercher un pousse-pousse. J'aidai Nankadroma à basculer dans le pousse-pousse, en me disant que j'étais bien contente que ma mère, mes sœurs et mes petits frères habitent à Zuosuo où tout le monde s'entraidait, où il n'y avait pas d'inondations, où les gens pouvaient s'aimer sans avoir peur des jaloux ou d'être puni.

Nankadroma s'appuya sur mon épaule. Je caressai ses cheveux longs et soyeux. Je me sentais si proche d'elle, comme je m'étais sentie proche d'Añumo, et j'étais heureuse de penser que je lui faisais du bien. Une fois dans notre chambre, je l'aidai à retirer ses chaussures et ses habits, je la mis au lit. Je lui donnai un baiser sur la joue, comme si j'étais sa mère.

Le lendemain matin, elle était toujours ivre ou, du moins, elle avait la gueule de bois. Je lui tendis un verre d'eau et lui dis au revoir, et elle marmonna quelque chose, mais je ne suis pas certaine qu'elle était même consciente de ma présence. Je ne la reverrais pas avant des années, et il m'arriverait souvent entre-temps de me demander si elle avait rompu avec son amant et si elle avait rencontré un homme digne d'elle.

On avait décidé que je retournerais à Yanyuan, d'où je pourrais rejoindre une caravane qui rentrait à Zuosuo. Il y avait seulement quelques semaines, la petite ville de campagne m'avait semblé tellement animée qu'elle m'en avait coupé le souffle, mais elle me paraissait très petite à présent, et il manquait une moquette à la chambre d'hôtel aux couleurs vives. Très tôt le matin, je me rendis à l'auberge des Cavaliers où je retrouvai Jiashe, un homme de notre village, et quatre autres compagnons. Ils avaient déjà sellé et chargé les chevaux, quinze en tout, avec des sacs de sel, de sucre, de thé, des faucilles et des rouleaux de tissu en coton, si bien qu'en moins d'une heure nous avions entamé notre randonnée de sept jours.

Je ne sentis pas la fatigue. Je vis à peine les montagnes, je ne remarquai même pas que j'avais besoin de prendre un bain. Mes pensées étaient avec Nankadroma et, même quand nous atteignîmes la dernière crête après laquelle le lac Lugu apparaît, je ne pensais qu'aux endroits que j'avais visités.

– Ça t'a drôlement calmée d'aller à Pékin, me taquina Jiashe.

Mais c'était mon village qui était calme. Trop calme. Notre lac Mère était d'un bleu si pur, si tranquille, un miroir sans défaut dans lequel la déesse de la Montagne pouvait se contempler pour l'éternité. Le ciel était vaste et vide, sauf quelques plumes de fumée blanche qui s'échappaient des toits et se perdaient très vite dans le ciel infini. Tout cela était d'une beauté parfaite, d'une beauté sans souillure... *une paix éternelle* – comme signifie le nom de Yongning, notre capitale moso. Je ne pouvais m'empêcher de penser que le monde ne savait rien de notre pays et qu'on nous avait vraiment oubliés.

Les clochettes des chevaux annoncèrent notre retour bien avant que nous n'entrions dans le village, et bientôt les enfants vinrent à notre rencontre en criant, et, derrière eux, ma mère qui courait en portant Jiama sur son dos, la figure toute blanche, couverte de farine. Elle était en train de faire la cuisine. Elle souriait et son visage brillait comme pour un jour de fête.

– Tu es là ! Je savais que tu allais rentrer ! Ce matin, la pie a chanté et je savais que tu allais rentrer !

Comme elle ne savait que faire d'elle-même, elle me tendit Jiama et dénoua mon sac de la selle du cheval. On rentra à la maison ensemble, moi en portant Jiama et ma Ama mon sac. C'était bon d'être enfin à la maison avec ma mère, ma petite sœur, Zhema et mes frères, tous ensemble assis autour du feu, à boire du thé au beurre, à rire et à s'émerveiller de mes histoires.

Le soir même, ma Ama invita le village tout entier dans notre cour pour fêter mon retour et pour remercier les hommes qui m'avaient raccompagnée à la maison, saine et sauve. On dansa, on chanta, on fit des plaisanteries. C'était comme cette autre soirée, pendant laquelle M. Li et Zhang et Zhu avaient fait marcher leur magnétophone, quand l'avenir était encore une aventure mystérieuse et inconnue, une aventure en attente de son héroïne, sauf que maintenant les gens du village fêtaient le retour de l'héroïne. L'aventure était terminée. Le vieux Datso qui, une fois, avait voyagé jusqu'en Inde, se leva pour dire quelque chose.

– Écoutez-moi, vous tous ! Nous sommes réunis pour fêter Namu qui revient de Pékin. Elle a gagné des prix et tous les Moso sont fiers d'elle. Je suis vieux et je n'aurai jamais l'occasion d'aller à Pékin. Alors taisons-nous, et écoutons ce qu'elle a à raconter. Parce que moi, je veux tout savoir.

Mais il avait parlé comme un fonctionnaire, avec tant de cérémonie qu'au lieu de se taire tout le monde éclata de rire. Sans se laisser décourager, il me prit par la main et exigea que je fasse un discours. Je me redressai, je chantai, je dis quelques mots, puis je sortis la petite liasse de billets enveloppée dans le papier rouge que j'avais rapportée sous mes vêtements depuis Pékin. Je demandai à ma mère de l'ouvrir, mais son orgueil la rendait timide, elle secoua la tête et repoussa le petit rouleau en me disant de l'ouvrir moi-même.

– Deux cents yuans, dis-je en montrant la liasse de billets pour que tout le monde puisse bien voir.

Sur le coup, ils en restèrent muets. Ensuite, ils voulurent tous toucher à l'argent.

– Ça vient de Pékin, disaient-ils en se passant les billets, en se touchant le front avec pour s'attirer bonne fortune.

Après les billets, je leur montrai le journal. Personne ne savait lire, mais tout le monde apprécia ma photo. Quand je vis cela, je courus dans ma chambre pour chercher les cartes postales que j'avais achetées à Pékin et, bien entendu, la photo de Nankadroma dans le journal. Je parlai beaucoup de Nankadroma.

– Mais pourquoi tu ne l'as pas invitée à rentrer avec toi ? demanda Ama.

– Je ne crois pas que ça lui plairait ici. Ça serait trop calme pour elle, répondis-je, mais je pensais déjà que, peut-être, c'était trop calme pour moi aussi.

Ama ne me reparla plus de Nankadroma. Elle était bien trop heureuse pour comprendre le sens de ma réponse. Et puis, les gens avaient commencé à se lasser de mes histoires et ils s'étaient remis à parler et à rire, et elle voulait se joindre à leur gaieté. Elle voulait aussi écouter Numbu qui s'était levé pour faire un autre discours.

– Comme vous le savez, déclara Numbu sur le même ton cérémonieux qu'avait pris Datso et qui avait fait rire tout le monde, il y a un poste vacant à notre école primaire. Eh bien, nous avons décidé que Namu irait faire la cuisine et le ménage pour les instituteurs. Elle gagnera un salaire mensuel de quinze yuans.

Cette fois, personne ne trouva ça drôle. Ils applaudirent et hochèrent la tête pour montrer leur approbation. Ma mère rayonnait. Il y avait très peu de travail payant dans notre village, et toutes les mères avaient espéré qu'une de leurs filles obtiendrait cet emploi. Il y avait à peine un mois, j'aurais été la dernière à être choisie, mais depuis Pékin tout avait changé. J'étais devenue une star dans mon village et il leur semblait naturel de m'offrir cette opportunité que toutes les filles du village avaient convoitée. Mais voilà, je ne voulais pas être la star de mon petit village, je voulais être une grande star, connue dans le monde entier.

L'amour et le devoir

Pendant les jours qui suivirent mon retour de Pékin, je baignai dans la gloire. Je ne travaillais pas, je me levais très tard et je flânais dans la cuisine où je retrouvais ma mère qui avait presque terminé les travaux du ménage, tandis que Zhema était déjà partie travailler dans les champs. Je prenais mes aises près du feu, je buvais du thé au beurre, je mangeais des pommes de terre rôties dans la braise. Je jouais avec Homi et Jiama. Personne ne m'en tenait rigueur. J'étais une star, il fallait bien que je me repose de mon voyage. De plus, j'allais bientôt commencer à travailler à l'école. Mais un matin, alors que je terminais mon petit déjeuner, Ama me demanda d'aller lui chercher une racine de taro dans le jardin potager.

Quand je revins dans la cuisine, elle jeta la racine dans une marmite et m'apprit que j'allais en faire de la colle pour mettre ma photo sur la porte du garde-manger. Ama voulait que je surveille le taro parce qu'elle avait trop de choses à faire. Elle n'avait pas achevé ces mots que Geko entrait dans la maison, avec des galettes d'orge et une bouteille de vin que sa mère lui avait confiées pour notre famille. Geko habitait à quelques portails de notre maison. Il avait à peu près vingt ans, il était grand, avec un beau visage d'homme et des cheveux épais et ondoyants. Tout le monde pensait qu'il était le plus beau jeune homme du village. Ama l'accueillit chaleureusement et lui dit de s'asseoir près du feu. Elle alla placer ses cadeaux sur l'autel des ancêtres et me demanda de servir le thé. Et, tandis que je servais le thé, elle s'excusa brusquement, prit Homi et Jiama par la main et nous laissa tous les deux, tout seuls dans la maison. Je ne savais pas où me mettre et j'étais furieuse. C'était évident que ma Ama avait arrangé cette visite.

Geko me regarda longuement et prit une cigarette.

– C'était comment Pékin ? demanda-t-il en formant un o avec ses lèvres pour faire des ronds de fumée. J'ai pensé que tu ne reviendrais jamais. J'ai bien vu comment tu étais partie.

Je fis semblant de m'intéresser à la racine qui bouillait dans la marmite.

Il souffla encore de la fumée, par le nez cette fois, et il descendit du *kang* pour venir à mes côtés regarder le taro.

– Tu as aimé le monde extérieur, Namu ? demanda-t-il.

– Oui, beaucoup, répondis-je froidement.

Son visage s'assombrit, mais il n'allait pas se décourager aussi facilement.

– Tu ne voudrais pas m'offrir un verre ce soir ?

– Je n'ai jamais allumé le feu dans ma chambre, répondis-je en me tournant vers lui et en le regardant bien en face – ce qui est, chez nous, une manière très brutale de regarder quelqu'un. J'ajoutai : je préfère m'asseoir près de l'âtre, ici dans la cuisine.

– Quel dommage.

Et il me fit un sourire très doux et désarmant, qui me prit complètement par surprise. Du coup, je ne savais plus quoi répondre et je lui lançai :

– Je ne vois pas pourquoi tu voudrais prendre un verre de vin dans ma chambre. Il y a bien d'autres filles dans le village. De toute façon, tu as déjà une amie à Luo Shui.

Geko éclata de rire. Il s'était attendu à une réponse un peu moins directe.

– Oh, je ne la vois pas très souvent. C'est trop fatigant de traverser le lac la nuit.

– Alors ça, je m'en moque, rétorquai-je.

Mais j'étais furieuse de mon manque d'esprit et de ma lourdeur. Et puis, je ne savais pas pourquoi ni comment, mais ce n'était pas vrai, je ne m'en moquais pas. Je n'aimais pas du tout l'idée que Geko avait de nombreuses amies. Et cette réaction me surprit aussi, parce que je ne lui avais jamais rien trouvé de spécial. En fait, je n'avais même jamais pensé à lui.

Nous nous tûmes tous les deux et nous regardâmes la racine bouillir jusqu'à ce que la tension silencieuse qui s'alourdissait d'espérances et de retenue nous rendît trop proches, et je me remis à parler – de Nankadroma qui était tombée amoureuse d'un homme marié à une méchante femme jalouse qui l'avait menacée de mort dans une lettre écrite à l'encre rouge, et comment je l'avais quittée, le cœur brisé, seule et ivre dans sa chambre d'hôtel. L'histoire de Nankadroma était très belle et triste, et Geko ne rata pas une parole, mais je voyais bien, à l'expression de son visage, qu'il n'était pas trop sûr que je lui faisais la cour.

La racine avait assez bouilli. Je pris la louche et versai la soupe épaisse et gluante dans un petit bol, et avec un pinceau j'étalai la colle sur la porte du garde-manger. Geko prit mon portrait et le plaça sur la glu, en faisant attention à le mettre bien droit. Il le lissa, passa ses deux mains sur mon visage de papier, d'un geste lent et très doux. Je manquai un peu d'air. Ses mains étaient longues, élégantes, comme les mains de mon père. Il se tenait tout près de moi, et il faisait comme s'il ne me voyait pas, mais son haleine était douce et sa peau sentait bon. Quand il fut assuré que la colle tiendrait, il fit quelques pas en arrière et dit :

– Regarde comme tu es jolie.

Il se tourna vers moi et me demanda avec un grand sourire :

– Tu ne veux pas qu'on aille se promener au bord du lac Mère ?

Et je lui dis oui.

En dehors des jours de fêtes, les couples ne se promènent pas comme cela, autour du lac, en pleine journée, mais les quelques personnes que nous rencontrâmes sur notre chemin n'eurent pas l'air de s'inquiéter. Elles nous regardèrent, tout simplement, en nous faisant des petits gestes de la main, et elles nous sourirent. Peut-être étaient-elles contentes de penser qu'enfin quelqu'un allait frapper à la fenêtre de ma chambre.

J'aimais marcher aux côtés de Geko. J'aimais aussi parler avec lui. Je lui racontai d'autres histoires sur mes voyages, sur les concours, sur les gens que j'avais rencontrés. Geko m'écoutait comme s'il buvait mes paroles mais, quand je lui reparlai de Nankadroma, il me dit :

– Tu t'es tellement amusée dans le monde, tu es sûre que tu voulais revenir ? Peut-être que tu as laissé ton cœur avec ton amie, Nankadroma.

Soudainement, je n'avais plus envie de parler avec lui. Toute la tendresse, tout le plaisir que j'avais ressentis en sa compagnie s'étaient éteints. Il avait vu au plus profond de moi, et il avait vu juste. Car c'était vrai : j'avais laissé mon cœur avec Nankadroma et je n'avais pas voulu revenir. Mais voilà, j'étais revenue, j'étais bien là, et je ne pouvais rien y changer.

– Eh bien si, je voulais revenir, ripostai-je. Je voulais revenir, juste pour toi. Parce que ta mère et ma mère ont tout arrangé. Mais, tu vois, j'ai changé d'avis. Je ne veux pas de toi. Tu ne me plais pas du tout.

Ses yeux s'enflammèrent et il éclata de rire.

– Mais qu'est-ce que tu racontes ? Tu ne veux pas de moi ? Mais je ne veux pas de toi non plus ! Tu te prends pour qui ? Tu crois que tu es trop bien pour moi ?

Il arrêta de rire et prit mes deux mains dans les siennes.

– Ce soir, je viendrai frapper à ta fenêtre. Tu verras, après avoir passé une nuit avec moi, tu ne voudras plus jamais partir.

Ce soir-là, je l'attendis. Je l'attendis, bien décidée à ne pas lui ouvrir ma porte. Mais il ne vint pas. Je me demandai s'il avait traversé le lac pour aller retrouver son amie à Luo Shui, ou s'il était allé rendre visite à une autre, et qui elle pourrait bien être, ou s'il croyait vraiment que j'avais laissé mon cœur avec Nankadroma. De toute façon, il ne vint pas. Ni cette nuit-là ni les suivantes et, à la fin, j'étais déçue.

Ma mère aussi était déçue. Elle aimait beaucoup Geko et il aurait été parfait pour moi. Geko était le plus beau garçon du village et toutes les filles en étaient amoureuses. Cela aurait été tout à fait naturel que nous tombions amoureux l'un de l'autre, puisque moi aussi j'étais la star du village. Quand Ama comprit que les choses ne s'étaient pas très bien passées entre nous, elle commença à s'inquiéter. Peut-être voyait-elle dans mes yeux quelque chose qui lui rappelait sa jeunesse à elle. Quelque chose qui lui avait fait quitter la maison de sa mère. Chaque fois qu'elle le pouvait, elle me parlait de Geko, de sa beauté et de sa gentillesse ; elle me racontait que toutes les filles lui couraient après. Quand elle ne parlait pas de Geko, elle me parlait de mes amies qui étaient enceintes ou déjà mères de famille.

Tous les soirs, je me couchais et je pensais à lui. Ma Ama avait raison. Je ne pouvais pas trouver mieux que Geko et, si je ne voulais pas de lui, les intéressées ne manqueraient pas. Je me sentais très ingrate. Plus que tout au monde, ma mère voulait élever une grande famille ; pourquoi étais-je si réticente ?

« Namu, ton corps est parfait, m'avait dit Ama ce matin même. Tu pourrais avoir dix enfants. »

Mais elle exagérait. De nos jours, personne ne pouvait avoir dix enfants, à moins d'être prête à voir le gouvernement confisquer vos cochons, vos chèvres et vos chevaux. La nouvelle loi limitait à trois le nombre d'enfants, et c'était là une règle spéciale parce que nous faisions partie des ethnies minoritaires. Pour leur part, les Han n'avaient droit qu'à un seul enfant.

La douce odeur de son haleine me hantait, et je brûlais d'envie d'être avec lui. Mais, quand je m'imaginais avec des enfants accrochés à mes jupes, je repensais à Nankadroma – si belle et si triste – et je repensais à la lettre écrite à l'encre rouge, parce que même la menace d'une lettre rouge me semblait plus intéressante que tout ce qui se passait dans mon village. Non, je ne voulais même pas de trois enfants pendus à mes jupes. Ce que je voulais, c'était devenir une chanteuse célèbre et belle – comme Nankadroma. Je voulais être exactement comme Nankadroma. Je voulais avoir l'air d'une femme à qui on avait brisé le cœur.

Mais je n'étais qu'une fille qui avait apporté un moment de gloire à son peuple, et qui était sur le point d'être récompensée par un travail à quinze yuans par mois, à faire la cuisine pour les instituteurs de l'école – la seule école du village.

Il m'arrivait d'apprécier l'idée de travailler à l'école. J'aimais surtout l'idée de gagner de l'argent. Même si quinze yuans par mois paraissaient peu en comparaison des deux cents yuans que j'avais eus à Pékin, c'était plus que ce que beaucoup de familles arrivaient à gagner. Il y avait très peu d'argent à cette époque. Même les hommes qui transportaient les produits locaux sur les villes de marché ne rentraient pas toujours avec beaucoup d'argent. Trop souvent ils devaient se contenter de faire du troc. Et puis, j'étais fière d'aller faire la cuisine pour les instituteurs. Les maîtres d'école étaient des gens éduqués, un peu comme des lamas, et l'idée de leur faire à manger me plaisait. Tout le village était d'accord sur ce point : faire la cuisine pour les instituteurs était un emploi à responsabilités et c'était un honneur, pas seulement pour moi, mais pour ma mère et notre famille.

Le matin où je devais commencer à travailler, Ama prépara le thé au beurre et me le servit comme si j'étais une aristocrate. Cet emploi était tellement important pour elle. Depuis qu'elle s'était installée à Zuosuo, ma mère s'était toujours efforcée de gagner le respect de tous et, maintenant que sa troisième fille avait fait la gloire du village et qu'elle allait faire la cuisine pour les instituteurs, elle avait vraiment de quoi être fière. Mais moi, je me sentais peu méritante et le cœur me manquait. Je m'étais encore réveillée en pensant à Pékin et, ce matin-là, je n'avais pas seulement rêvé des endroits que j'avais visités et des gens que j'avais quittés, j'avais rêvé de quitter mon village.

Ma mère m'accompagna à l'école. C'était déjà l'été, il faisait chaud et humide, et la marche était plutôt désagréable, car l'école était située assez loin dans la vallée, à équidistance de plusieurs villages. Elle avait été bâtie dans un endroit tranquille et, vue du chemin, elle était particulièrement laide, faite de deux bâtiments sans étage, sans aucun ornement, avec un simple portail en bois. Les murs de terre cuite au soleil n'étaient pas crépis. Une aile abritait les salles de classe et l'autre, les chambres des instituteurs et la cuisine – *ma* cuisine. Ama me dit que l'école était laide parce qu'elle était construite à la chinoise. Je pensai qu'elle était laide parce que tout était laid dans notre vallée, mais je gardai mon opinion pour moi.

Ma Ama voulait être sûre que je fasse tout correctement, si bien qu'elle fit tout le travail. Elle alluma le feu et me montra comment préparer quelques plats que je savais déjà cuisiner. Puis elle me montra comment il fallait balayer et faire la vaisselle et le reste du ménage que je faisais depuis que j'étais toute petite, et qui me venait aussi naturellement que de marcher. Finalement, elle me répéta à plusieurs reprises que, quand tout serait prêt, il me faudrait aller chercher les instituteurs un par un, et les inviter très poliment à venir manger.

– Surtout, n'oublie pas de les servir avec les deux mains. Montre du respect.

Trois instituteurs étaient yi et les deux autres han. Aucun ne parlait moso ni même le mandarin. Leur langue commune était le dialecte chinois du Sichuan, ce qui posait des problèmes pour l'éducation des enfants, mais ça ne me concernait pas. J'étais là pour servir, pas pour parler. Ma mère prépara le déjeuner des instituteurs et, pendant qu'ils mangeaient leur soupe en faisant des bruits de bouche, elle leur expliqua que j'étais très bonne, mais aussi très jeune et sans expérience, et qu'elle leur saurait gré de ne pas prendre les choses trop au sérieux s'il m'arrivait de commettre une erreur. Je ne sais pas s'ils prirent ma mère au sérieux, ou même s'ils comprirent son mauvais chinois, mais elle m'agaça fortement. Je ne voulais pas être traitée comme une enfant. J'étais une femme adulte. J'avais voyagé dans le monde jusqu'à Pékin. J'avais allumé et éteint des postes de télévision et j'avais gagné en une seule soirée plus d'argent que les instituteurs n'en gagnaient en six mois ! Alors, je pouvais sûrement faire la cuisine et le ménage sans qu'on doute de mes capacités. Mais aussi elle m'agaçait parce que je savais, au fond de mon cœur, que je ne voulais pas faire la cuisine pour les instituteurs. Je savais que je faisais ce travail pour elle.

Quand les instituteurs eurent fini de manger, Ama voulu faire la vaisselle, mais je lui fis remarquer que le ciel s'obscurcissait et qu'elle devait se dépêcher de rentrer à la maison avant la pluie. Quand ma mère partit, je me sentis soulagée et très triste. Je la regardai rentrer chez nous en courant, elle avait l'air toute petite avec son pantalon à la chinoise. Elle s'inquiétait pour moi, et elle s'inquiétait aussi de ce qui se passait à la maison, de ce que Homi et Jiama pouvaient bien être en train de faire. Elle avait tellement travaillé pour élever sa famille. Elle travaillait tellement.

Je terminai la vaisselle et jetai un regard autour de moi,

dans la cuisine. Je me sentis bien déprimée. La cuisine était trop grande, trop obscure. Trop laide aussi. Et vide, avec pour tout mobilier une table basse en bois, six petits tabourets, une cuisinière en brique et un lit de planches dans un coin noir. Mon nouveau lit.

Avant de me coucher ce soir-là, je tirai une grosse poutre en bois que je bloquai contre la porte. Bien que cela eût été tout à fait invraisemblable, j'avais très peur que quelqu'un force l'entrée de la cuisine au milieu de la nuit. À vrai dire, j'avais tellement peur de cette première nuit que je ne pus même pas me coucher dans le lit que ma Ama avait fait pour moi quelques heures auparavant. Je m'assis dans la lueur du feu de bois et je sortis la photo de Nankadroma. J'étais persuadée que Nankadroma était la seule personne au monde qui saurait vraiment me comprendre.

Ma journée de travail commençait avant le lever du soleil. Je me réveillais, j'enfilais un pull et un pantalon en Nylon, et j'attachais mon panier sur mon dos pour aller ramasser du bois pour le feu. Sur le chemin du retour, je me lavais la figure dans l'eau froide d'un ruisseau de montagne et, quand le soleil était enfin levé, j'étais de retour à la cuisine, en train de remuer les braises chaudes et d'alimenter le feu. La cuisinière était une grosse boîte en brique, avec une cheminée qui sortait par le toit. Sur le dessus, il y avait trois énormes pots en terre cuite qui allaient du plus grand au plus petit, et en dessous, un trou où je mettais le bois, et dans lequel je soufflais et soufflais, jusqu'à ce que ma figure soit couverte de suie et qu'il y eût une belle flamme vive sous chaque pot. Les pots avaient été transportés de Lijiang à dos de cheval, et ils étaient très précieux. Le plus large servait pour cuire les légumes et la viande, et pour faire frire le pain non levé et les galettes de riz à la tibétaine ; celui du milieu était pour faire bouillir l'eau du thé ; et le plus petit servait aussi à chauffer l'eau, pour la toilette des instituteurs. Les instituteurs n'avaient besoin que de se laver la figure.

Le matin, après avoir allumé le feu sous les trois pots, je préparais tout dans un ordre bien précis et au moment où il le fallait. Un peu avant que les galettes soient prêtes, je versais de grandes louches d'eau chaude dans cinq cuvettes en émail que j'apportais dans les chambres des instituteurs – en allant et venant cinq fois de suite. Pendant que les instituteurs s'habillaient, je mettais la table et je servais le thé et les galettes de riz. Pendant qu'ils prenaient leur petit déjeuner, je donnais à manger aux poules et au cochon. Quand les instituteurs étaient rentrés dans leur classe, j'arrachais les mauvaises herbes dans le jardin et je cueillais de l'ail, de la coriandre et les autres légumes pour faire le déjeuner. Pour le déjeuner, je préparais deux plats de légumes, un plat de viande et de la soupe, et quand tout était prêt je me postais devant chaque classe et j'appelais :

« Maître, le déjeuner est prêt ! »

Et les maîtres d'école sortaient des classes et venaient s'asseoir à la petite table devant la cuisinière, et ils prenaient leur déjeuner. Ils ne me parlaient jamais, parce que j'étais trop occupée et que je ne connaissais pas assez le dialecte du Sichuan pour soutenir une conversation.

Je ne parlais pour ainsi dire à personne. Parfois, il m'arrivait de bavarder avec les enfants, parce que justement ils parlaient moso, mais ils ne venaient presque jamais à l'école. Les bons jours, il arrivait qu'il y ait un enfant par classe, mais cela était rare. Il y avait bien trop de travail à la maison, entre donner à manger aux poules et couper l'herbe pour les cochons, pour laisser les enfants perdre leur temps à s'asseoir sur les bancs d'une école où il n'y avait même pas de livres, à écouter des instituteurs qui parlaient une langue qu'ils ne comprenaient pas. Quelquefois, quand il n'y avait pas d'enfants du tout, les instituteurs jouaient aux échecs ou ils lisaient, ou bien ils allaient se promener dans la montagne d'où ils rentraient avec leurs paniers remplis de champignons sauvages.

De temps en temps, quand j'étais vraiment en manque de compagnie, je rentrais à la maison en courant et je prenais un bol de thé en vitesse. J'apportais toujours un petit cadeau pour ma mère, des restes de nourriture ou de l'huile pour faire la cuisine, et tout le monde était toujours content de me voir. Puis je rentrais à l'école et je reprenais mon travail solitaire. Mais ce n'était pas plus mal que je n'aie personne avec qui parler, parce que je n'aurais jamais pu me confier à personne. Ils auraient cru que j'étais devenue folle.

« Mais tu te prends pour qui ? Tu es une femme, tu appartiens à ta maison, au village. La maison est la source de ton pouvoir. C'est ton devoir de tenir la maison, d'être polie envers les personnes âgées et de donner à manger aux hommes. »

Seuls les hommes pouvaient quitter la maison de leur mère, et même les hommes ne partaient pas de chez eux pour satisfaire des ambitions individuelles. Ils partaient faire du commerce, vendre des denrées et rapporter de l'argent à leur mère et à leurs sœurs. Ou bien ils partaient au Tibet étudier les textes bouddhiques et ils en revenaient lamas pour pourvoir aux besoins spirituels de leur famille.

Je travaillais à l'école depuis un mois environ et je m'occupais du mieux possible. Quand les travaux habituels ne suffisaient pas pour remplir ma journée, je balayais et rebalayais la cour. Ou je partais dans la montagne chercher du bois pour le feu. Ou je me baignais dans une source de montagne. Je restais assise dans l'eau froide à penser à ma Ama et à Geko, et j'essayais d'oublier que je voulais partir. Enfin, je sortais et m'essuyais, et j'élaborais des plans d'évasion. Le lendemain matin, quand j'ouvrais les yeux dans la grande cuisine noire et vide, je me rappelais qu'il ne fallait pas hurler après les instituteurs.

Un scandale

Je revis Geko une autre fois. Il était venu me rendre visite à l'école un après-midi et m'avait trouvée en train de faire la vaisselle.

– Ma mère m'a demandé de t'apporter ça, dit-il tranquillement en me tendant des galettes de riz.

Je regardai les galettes et le remerciai, et je lui demandai de les poser sur la table. Pendant que je finissais la vaisselle, Geko s'assit sur un des petits tabourets et me regarda travailler en fumant une cigarette.

– Ça te plaît ici ? demanda-t-il.

– Oui, dis-je.

Je rangeai le reste de la vaisselle, versai deux bols de thé et tirai un tabouret pour m'asseoir en face de lui à la table. Nous essayâmes de faire un peu de conversation, mais nous n'avions pas grand-chose à nous dire. Ou peut-être que nous avions des choses à dire mais que nous ne savions pas par où commencer. Quand il reposa son bol vide sur la table, je lui dis qu'il ne restait plus de petit bois pour allumer le feu et qu'il me fallait aller en chercher. Je ne voulais pas vraiment qu'il rentre chez lui, mais je ne pouvais plus supporter le silence entre nous.

– Il ne reste plus rien par ici, répondit-il. Il faut aller dans la montagne.

– Oui, je sais.

– Alors j'y vais avec toi.

Je ne refusai pas.

Nous partîmes pour une longue marche en montagne ; Geko portait la hache sur son épaule et moi j'avais mon panier sur le dos. La marche, ou peut-être l'air frais des montagnes, nous fit du bien à tous les deux car Geko retrouva bientôt la parole. Il ne pouvait plus s'arrêter de faire des plaisanteries et moi, je ne pouvais m'empêcher d'en rire. À chaque occasion, il cueillait un fruit sauvage pour me le donner ou une fleur pour mettre dans mes cheveux.

Beaucoup plus haut dans la montagne, nous atteignîmes un gros sapin avec des branches mortes qui traînaient par terre et que Geko coupa en petit bois. Quand il eut tout coupé, le soleil baissait et le ciel se couvrait de nuages gris, et je commençai à m'inquiéter de la pluie qui s'annonçait et du dîner des instituteurs. Nous chargeâmes mon panier et nous reprîmes le chemin de l'école en pressant le pas sur la descente, mais mon panier était lourd, nous étions tous les deux fatigués et nous avions trop chaud, si bien que nous décidâmes de faire un petit détour pour nous arrêter à une source.

Geko m'aida à déposer mon panier sur l'herbe et, tandis qu'il allumait une cigarette, j'entrai dans la source jusqu'aux genoux et je me lavai la figure et les bras. Je me retournai pour lui parler. Il s'était allongé et me regardait en s'appuyant sur les coudes, et je fus soudain frappée par la beauté de ses gestes – sa façon de tirer sur la cigarette, ses lèvres charnues, et la rondeur des ronds de fumée qu'il faisait dans l'air. Mon cœur se mit à battre très fort dans ma poitrine et je sentis la chaleur me monter au cou et aux joues. Je me retournai vivement. Mon corps brûlait pour lui et j'avais peur qu'il sente la sueur qui coulait sur ma peau, alors je me glissai tout entière dans l'eau. Mais, même là, je voulais qu'il s'approche de moi, qu'il me touche.

– Namu, dit-il en riant, n'entre pas trop loin dans l'eau. C'est peut-être très profond.

– Pourquoi ? Tu ne sais pas nager ? Tu ne pourrais pas me sauver ?

Mais quand je ressortis avec mes habits tout mouillés qui me collaient au corps, il arrêta de rire.

– Regarde, me fit-il, tu as drôlement grandi. Un de tes seins est plus gros que l'autre.

Je savais qu'il voulait rire parce qu'il était gêné mais, cette fois, je ne le trouvai pas drôle. J'avais honte et il m'avait déçue.

– Chien !

Je lui tournai le dos et allai m'asseoir au soleil à quelques pas de lui. J'étais très en colère envers lui, mais mon cœur battait tout aussi fort, et je n'osais pas le regarder. J'essayai de penser à Nankadroma et à ce qu'elle aurait fait à ma place, mais tout ce que je voyais, c'étaient ses mains, ses lèvres et les ronds de fumée qu'il avait faits avec sa cigarette.

– Viens. Approche-toi, dis-je tout doucement, en fixant le néant devant moi. Pourquoi ne viens-tu pas ?

Geko se rapprocha de moi ou, plutôt, il me sauta dessus – il me prit dans ses bras, et prit mes seins dans ses mains en me serrant à me faire mal, il m'embrassa avec sa langue et je goûtai la fumée de tabac sur son haleine, et sa langue était forte et douce et sa bouche était sèche. J'étais ivre de désir. Ses mains arrachaient mes habits, et elles étaient rugueuses sur ma peau – des mains de montagnard, et je les désirais follement, ses mains. Il me fit glisser sur l'herbe et murmura :

– Quel mal tu m'as fait. J'en devenais fou.

Il couvrit ma figure de baisers, et je fermai les yeux, ravie, mes bras autour de son corps. Il sentit mes bras le serrer, et il rit.

– Tu vas voir, tu vas être si heureuse, tu ne voudras plus jamais t'en aller.

Je pensai à Latsoma et à Zhatsonamu, qui avaient tant voulu rentrer au village pour retrouver leurs amis.

« Quand tu as goûté au corps d'un homme, avait dit Latsoma, tu ne t'appartiens plus. Tu en reveux et tu n'en finis pas d'en revouloir. Tu deviens comme les vieilles personnes qui fument l'opium. »

Elle avait raison. Et Geko aussi avait raison. Il était tout ce que je désirais, et si je goûtais à son corps je ne voudrais jamais le quitter... Il s'allongea au-dessus de moi, et les paroles de ma mère me revinrent : ton corps est parfait Namu, tu pourrais avoir dix enfants...

Je retirai mes bras, j'ouvris les yeux et je le regardai bien en face. Je ne voulais pas avoir dix enfants qui s'accrocheraient à mes jupes. Je ne voulais pas me retrouver enceinte et rester dans la maison de ma mère, je ne voulais pas agrandir la famille de ma mère. Je voulais mon rêve à moi.

– Tu ne me quitteras jamais, répéta-t-il, avec moins de douceur cette fois – et il ne riait plus, mais il me rendait mon regard et se pressait contre moi. Il était prêt.

Je lui flanquai une gifle à travers la figure, si forte qu'il se retira, roula au sol à mes côtés. Il me regarda en se tenant la joue, stupéfait. J'attrapai une poignée de terre et je la lui lançai dans les yeux pour l'aveugler, et je le frappai avec mes poings en hurlant :

– Arrête ! Arrête ! Vous êtes tous les mêmes. Vous voulez tous me garder ici. Tu crois que tu es assez bien pour moi ? Tu ne l'es pas ! Va donc voir ta tête dans le lac ! Je te déteste ! Je vous déteste tous ! Je hais ma mère ! Je hais ce pays ! Je déteste tout ici !

Il me regardait avec ses yeux blessés, pleins de terre, sans comprendre, et, plus je voyais ses yeux, plus j'étais furieuse. Je m'étais relevée et je me tenais au-dessus de lui, alors je commençai à lui donner des coups de pied, le frappai brutalement, et je hurlai et pleurai de rage.

– Je ne t'ai jamais aimé ! Et je ne veux plus jamais te voir ! Jamais, jamais ! Je te déteste.

Ce n'était pas vrai. Je l'aimais. Je l'aimais. Mais je me détestais, moi.

Geko s'était retourné sur le côté, en chien de fusil, et se protégeait la tête avec les bras. Quand, enfin, j'arrêtai de le frapper, il se redressa lentement et se mit à genoux devant moi. Sa figure était toute rouge, déjà toute contusionnée. Il avait l'air effaré, horrifié.

– Tu es complètement folle, dit-il enfin d'une voix rauque, en retenant les larmes qui lui montaient aux yeux. Tu crois que tu peux partir et faire fortune dans le monde ? Eh bien va-t'en ! Va trouver quelqu'un qui s'intéresse à toi.

Il remit son pantalon et reprit la descente vers le village. Il ne se retourna pas une seule fois pour me regarder.

Je le regardai disparaître. Je respirais plus librement. Je me sentais calmée, durcie, et je me dis : voilà, c'est comme ça. Je remis mes vêtements et retournai à la source pour me laver la figure. Pour laver les baisers que Geko avait laissés sur ma peau. Le soleil était très bas à présent et la pluie tombait. Je chargeai mon panier sur mes épaules et je rentrai à l'école.

Ce soir-là, les maîtres durent attendre leur dîner et, quand ils prirent leur place pour manger, ils avaient trop faim pour remarquer que mon silence était plus noir que d'ordinaire. Ils mangèrent, fumèrent et bavardèrent jusqu'à ce qu'ils aient assez sommeil pour rentrer dans leur chambre. Je me moquais bien de ce qu'ils faisaient. J'avais failli goûter au corps de Geko. J'avais failli me perdre à tout jamais. Mais je ne voulais pas être amoureuse. Je voulais m'appartenir à moi-même. Tout ce que je voulais, c'était mon rêve.

Je restai assise auprès du feu à boire du thé vert beaucoup trop tard dans la nuit. Quand je me couchai, je n'arrivai pas à m'endormir. Je revoyais la scène près de la source. Geko qui riait. Geko qui avait mal, qui était dégoûté de moi. Je pensais à ma mère et, en même temps, je repensais à Pékin. Et, plus je pensais à Pékin, plus loin de mon cœur je repoussais ma mère et mon village. Tout ce que je voulais, c'était repartir pour la ville, prendre une douche chaude, mettre du rouge à lèvres et marcher avec des chaussures à talons hauts. Et je voulais chanter ; je voulais être aveuglée par les éclairages de scène, assourdie par les applaudissements de spectateurs sans nom, de gens que je ne connaissais pas.

Le lendemain, mon corps souffrait encore de l'étreinte de Geko. Il avait été trop brutal envers moi et j'en ressentis de la colère. Dehors, il pleuvait et la grisaille de la pluie reflétait l'état de mon cœur. Il plut pendant une semaine sans s'arrêter. Le septième jour, je rentrai à la maison. La route était un véritable bourbier. Je ne portais pas de chaussures et l'argile rouge et gluante me collait aux pieds, et, quand je glissai en tombant sur le dos, j'en fus complètement couverte. Ma colère tourna à la fureur. Je détestais tout, la pluie qui n'arrêtait pas, la boue qui collait à mes pieds, à mes vêtements, à ma figure, qui me rentrait même dans les oreilles. Et je détestais ma mère. J'aurais tant voulu avoir une amie avec qui parler. J'aurais tant voulu ne pas me sentir aussi seule.

Quand je passai le portail, Zhema éclata de rire.

– Mais qu'est-ce que tu as fait, Namu ? Tu t'es couchée dans la boue ?

Je ne répondis rien. Ama me fit entrer dans la maison, m'apporta de l'eau chaude pour me laver et demanda à ma sœur d'aller me chercher des vêtements propres. Mais je ne pouvais même pas parler à ma mère.

– Tu as perdu ta langue ? me taquina Zhema.

Cette fois, Ama l'arrêta.

– Ne la taquine pas, peut-être qu'elle va avoir ses règles. Tu veux de la soupe de poulet, Namu ?

La soupe de poulet me remonta assez le moral pour parler.

– J'ai battu Geko, dis-je en regardant dans ma soupe.

Ama ne répondit pas tout de suite.

– On me l'a appris, dit-elle lentement. Sa mère m'a raconté qu'il est rentré à la maison couvert de bleus, et qu'il avait la marque de tes cinq doigts sur la figure.

Elle eut un petit rire qui ne me laissa pas penser qu'elle approuvait ce que j'avais fait.

– En tout cas, tu n'as pas besoin de t'en faire pour Geko, reprit Zhema. Il ne va pas manquer de filles au village pour s'occuper de ses blessures.

Je lançai un regard furieux à ma grande sœur et rétorquai d'un ton hargneux :

– Je ne suis pas comme toi. Je ne crois pas que tout ce qui compte dans la vie, c'est d'avoir un homme.

– Oh, mais qu'est-ce qui te prend ? me retourna-t-elle sur le même ton. Tu as avalé de la poudre à canon ?

– Allez, vous deux, ça suffit comme ça ! intervint Ama. Sois gentille avec elle, Zhema. Namu vient juste de rentrer.

Nous nous tûmes pendant un moment, et Zhema sortit de la maison.

– Je vais aller donner à manger aux cochons, dit-elle.

Ma mère poussa un soupir et s'assit à mes côtés, le regard assombri et le visage crispé.

– Depuis que tu es rentrée de Pékin, tu es devenue bizarre. La mère de Geko voit bien ça. Tout le monde dans le village le voit. Tu m'inquiètes. J'ai travaillé très dur pour élever cette famille. J'aimerais que tu deviennes *dabu* quand je serai trop vieille. Ta sœur est bonne mais elle est trop timide, elle n'a pas ta force de caractère. Tu n'es pas ordinaire, tu n'as jamais été ordinaire. Même quand tu étais un petit bébé. Tout le monde sait cela aussi. Et tout le monde t'aime, surtout les vieilles personnes. Je sais que, le jour où tu auras la charge de cette famille, je n'aurai plus jamais à me faire du souci.

C'était là un discours surprenant. Il ne m'était jamais venu à l'idée que ma mère eût de tels espoirs pour moi – Zhema était tellement bonne –, mais je savais que, si je la laissais parler, elle se mettrait bientôt à pleurer et je ne voulais pas voir ma mère pleurer.

– Ami, il faut que je rentre à l'école. Il faut que je donne à manger aux maîtres.

De retour à l'école, je fis chauffer l'eau, je préparai le thé, je fis cuire les légumes et le plat de viande. Mais je n'allai pas me tenir devant les salles de classe pour appeler les instituteurs. Au lieu de ça, je sortis sur le seuil de la cuisine et je criai dans le rude dialecte du Sichuan :

– Le dîner est servi ! Si vous voulez manger, amenez-vous ici. Si vous n'avez pas faim, je donne tout au cochon.

Quelques instants plus tard, les instituteurs entraient dans la cuisine, un peu intimidés. Je les accueillis avec un regard noir et la figure toute grise.

– Qu'est-ce qui ne va pas ? osa me demander l'un d'entre eux.

– Les ventres repus vont péter ! répondis-je en moso, avant de reprendre en dialecte du Sichuan : Vous en revoulez ou vous avez fini ?

Cela faisait huit jours que j'avais battu Geko. Il avait cessé de pleuvoir, mais le feu s'était éteint pendant la nuit. Au petit matin, j'étais partie dans la montagne et j'étais rentrée avec un panier rempli de bois, mais le bois était trop mouillé et le feu ne prenait pas. J'arrivais à faire rougir un morceau de braise et à produire une fumée grise et épaisse, et je soufflais et resoufflais à m'en étourdir, mais le feu mangeait le petit bois et s'éteignait.

Résignée à tout recommencer, j'allai dans le jardin couper une tige de bambou – je ne voulais plus souffler et avoir la tête qui tournait et la figure couverte de suie. De retour devant la cuisinière, je réorganisai les morceaux de bois brûlés, ajoutai du petit bois et jetai une allumette. Je soufflai lentement dans l'embouchure du bambou. Je soufflai jusqu'à ce que le petit bois commence à craquer et rougisse. Je soufflai jusqu'à ce qu'une grande flamme monte au-dessous du gros pot, et je soufflai pour en allumer une autre au-dessous du pot du milieu. Et puis j'aspirai encore une fois, très fort, en oubliant de retirer le bambou de ma bouche, et le feu me brûla les poumons. Le feu me lécha la gorge et explosa dans ma poitrine, à l'endroit même où j'avais retenu ma rage depuis si longtemps qu'il me semblait que j'avais voulu hurler du jour où j'étais née. Je tombai en arrière et me roulai par terre en hurlant.

Un des instituteurs arriva en courant et, quand il vit la tige de bambou par terre à côté de la cuisinière, il éclata de rire.

– Comment peux-tu être aussi étourdie ! Tiens, c'est pour éteindre le feu !

Il me tendit une tasse en émail remplie d'eau fraîche et repartit en rigolant, dans sa chambre, dans son lit, pour attendre son petit déjeuner.

Je lançai la tasse contre le mur et maudis l'instituteur. Au bout d'un certain temps, la douleur se calma et j'arrêtai de crier, mais il me fallut attendre un certain temps avant de pouvoir me relever, et, quand je le fis, ma colère était loin d'être calmée. Je regardai la pièce autour de moi. Le petit déjeuner n'était pas fait, le feu n'était pas allumé. Rien n'était prêt.

Je me levai, sortis et empoignai la hache. Je retournai dans la cuisine. Je pris la hache à bout de bras et je la fis retomber sur la cuisinière, de toutes mes forces. En trois coups furieux, j'éclatai les trois pots en terre cuite. Et je cassai mon lit, la petite table, les tabourets, les bols à riz et les bols à thé. Quand il ne resta plus rien à casser, je sortis et courus sans m'arrêter jusqu'à la maison de ma mère.

Elle était en train de ranger le garde-manger.

– Quel vent t'amène ici ? demanda-t-elle. Les maîtres ne veulent pas de petit déjeuner ce matin ?

– Ils ont la diarrhée, répondis-je en regardant le mur. Ils n'ont pas faim.

– Oh ! fit-elle.

Elle ferma la porte du garde-manger et me montra une cuvette en émail sur le sol, à côté de l'âtre inférieur.

– Viens m'aider à piler ces haricots de soja.

Je la suivis dans la cour où je l'aidai à tourner la pierre du moulin. Chaque fois que le chien aboyait, je pensais que les instituteurs étaient au portail, qu'ils étaient arrivés pour se plaindre de moi. J'avais fait une chose terrible. J'avais cassé les pots qu'on avait fait venir de Lijiang à dos de cheval. Ça avait dû prendre au moins dix jours pour les transporter jusqu'à Zuosuo.

– Tu as perdu ton âme ? demanda ma mère. Pourquoi es-tu si silencieuse ?

Je lui dis :

– Je veux aller à Pékin.

Je le lui dis comme cela. Tout simplement, sans réfléchir, sans faire semblant. Je le lui dis comme cela, parce que c'était tout ce que je le voulais, parce que je voulais tellement partir qu'il ne me restait plus rien – parce que je voulais tellement partir que j'aurais pu en mourir. Et maintenant que je l'avais dit, je faisais aussi bien de tout sortir.

– Je veux quitter Zuosuo. Je ne peux plus supporter cet endroit. C'est trop calme pour moi ici. Je m'ennuie dans ce village. Tout m'ennuie maintenant.

Insolente et brutale, je la regardai droit dans les yeux.

Ma mère ouvrit la bouche, mais rien n'en sortit. Elle se tenait là, devant moi, la bouche ouverte, sans faire un seul geste, comme paralysée – et puis, sans me prévenir, elle empoigna le bol de haricots et me le jeta à la figure. Alors, la parole lui revint.

– Comment oses-tu me parler sur ce ton ? hurla-t-elle. Tu

te prends pour qui ? Tu crois que tes ailes sont assez fortes pour que tu puisses t'envoler toute seule ? Tu crois que tu n'as plus besoin de moi ? Tu veux avoir des amis dans le monde ? Tu crois vraiment que tu es aussi extraordinaire que ça ? Va-t'en ! Va vivre avec les Han ! Allez, pars ! Va-t'en ! Va-t'en le plus loin possible !

Je pleurais. La colère de ma mère me terrifiait. Si elle hurlait maintenant, que ferait-elle quand elle apprendrait ce que j'avais fait à l'école ? Il lui faudrait bien faire plus que crier des paroles furieuses. Elle m'enfermerait. Elle me battrait. Que pourrait-elle faire d'autre ? Il faudrait bien qu'elle me punisse, d'une manière ou d'une autre.

Je montai dans ma chambre en courant, sortis la belle jupe blanche et le corsage rose que j'avais portés le jour de ma cérémonie et les fourrai dans un sac de toile que j'avais acheté à Pékin. Je redescendis les escaliers quatre à quatre et me précipitai dans la cuisine. J'espérais prendre des galettes et du jambon pour la route, mais ma mère se tenait devant moi pour m'empêcher de passer. Ses yeux étaient noirs et sa bouche était tellement crispée qu'il me sembla que sa figure allait se briser. Mais elle n'était plus en colère. Elle avait peur. Parce que, il y avait très longtemps, elle avait quitté la maison de sa propre mère, et quand elle était rentrée il était trop tard.

– Ne t'en va pas, dit ma Ama, la voix cassée.

Jiama et Homi se mirent à pleurer.

Mais je n'avais plus le choix. Il fallait que je parte. J'avais détruit la cuisine de l'école, et les instituteurs allaient arriver d'un moment à l'autre.

– Je m'en vais, dis-je. Je m'en vais.

Et je fis volte-face et partis en courant par le portail, par les rues du village, avec ma mère qui courait derrière moi, qui m'appelait, qui me criait de m'arrêter, de revenir.

Je courus et courus, en serrant mon petit sac sur mon cœur. Encore une maison, et j'étais sur le chemin de la montagne. La voix de ma mère s'était faite plus lointaine mais, juste au moment où je ralentissais, quelque chose me mordit le dos.

Je me retournai. Ma Ama me poursuivait encore, en me jetant des pierres. Elle ne pouvait pas courir assez vite pour me rattraper, alors elle essayait de m'arrêter en me jetant des cailloux. Dans sa jeunesse, ma mère avait tiré à l'arc aussi bien qu'un homme et elle savait encore viser. Elle ne me lança pas une seule pierre qui aurait pu vraiment me faire du mal. Le caillou suivant m'atteignit au coude. Un autre me heurta entre les omoplates et puis un autre au même endroit. Celui-là me fit saigner. Encore des cailloux. Je courus plus vite, plus fort, vers le sommet de la montagne.

Enfin, j'arrivai en bordure de la forêt. Ma Ama avait abandonné depuis longtemps. Quand je m'arrêtai pour me retourner, je la vis debout sur le sentier, toute petite, les yeux tournés vers moi, m'implorant en silence de revenir. Je savais qu'elle pleurait. Je pleurais, moi aussi, sans verser de larmes, mais je pleurais. Mais je ne pouvais pas revenir. Je ne pourrais jamais revenir. Pas après avoir détruit la cuisine de l'école. Je me tournai dans cette direction. Il n'y avait pas de fumée au-dessus du toit et je me demandai si les instituteurs étaient encore couchés, à attendre que je leur apporte leur cuvette d'eau chaude et que je les appelle pour le petit déjeuner.

« Les ventres repus vont péter ! »

J'aurais voulu hurler, mais je manquais de souffle.

Je me retournai et repris ma course.

Je courais et, quand j'étais à bout de souffle, je marchais, et puis je me remettais à courir – je courus comme ça toute la journée et toute la nuit, pendant trois jours. Je ne mangeais rien et je ne dormais pas. Mais je ne sentais ni la faim ni la fatigue. J'avais trop peur. J'avais tellement peur que je ne pouvais même pas avaler ma salive. Pendant un moment, j'avais essayé de chanter, mais le bruit de ma voix, alors que j'étais toute seule dans la montagne, m'avait terrifiée. La troisième nuit, la pluie tombait très fort, et j'arrêtai de courir. Le sol était trop glissant et je ne voyais pas où je mettais les pieds parce qu'il faisait trop noir. J'attachai mon petit sac sur mon dos et je continuai à quatre pattes le long du chemin. Après ce qui me parut être des heures interminables, la boue se durcit et enfin je pus me remettre debout. Mais j'étais aussi complètement perdue.

Cette nuit-là, je trouvai refuge dans un village yi. Je faisais peine à voir – trempée, couverte de boue, les genoux en sang sous mon pantalon déchiré. Mes hôtes étaient bien braves. La femme de la maison fit chauffer de l'eau pour me laver les genoux. Elle me donna des pommes de terre rôties et, quand j'eus fini de manger, elle étala une couverture par terre sur laquelle je me couchai et m'endormis tout de suite. Le lendemain matin, je pris le petit déjeuner, je me relavai les genoux, et je renonçai à déloger les petits cailloux incrustés dans ma chair. Je remerciai la famille yi et je repartis.

Mes hôtes m'avaient expliqué que, pour retrouver la route de l'usine de ciment, il me faudrait revenir sur mes pas et rebrousser chemin pendant deux kilomètres environ. L'idée de me retrouver à quatre pattes dans la boue était loin de me plaire, mais il fallait absolument que je retrouve la bonne route. Suivant les conseils reçus, je revins sur mes pas, puis je pris sur la gauche au croisement et je continuai en avant, jusqu'à ce que la route longe la montagne et que le chemin se rétrécisse plutôt brusquement et qu'il atteigne une largeur d'à peu près trente centimètres. Comme cela faisait déjà longtemps que je marchais et que je n'avais toujours pas vu le sentier boueux, je commençai à m'inquiéter et à penser que je m'étais peut-être encore perdue. Je m'arrêtai pour regarder derrière moi. Je levai les yeux vers le haut de la colline et en direction du ravin – et je vis la boue, en bas, assez loin d'où je me tenais sur le sentier. Je compris alors que je n'étais pas perdue. La nuit d'avant, dans le noir et la pluie, j'avais perdu le sentier sans m'en rendre compte et j'étais arrivée beaucoup trop bas sur le flanc de la montagne. En fait, il n'y avait même pas de sentier. Ce n'était qu'un pan de boue glissant avec, au-dessous, une falaise verticale, et tout en bas, au fond du ravin, le fleuve qui rugissait et brassait des eaux brunes et torrentielles. C'était là que j'avais marché à quatre pattes, sur une bonne longueur de la gorge, au bord même du précipice.

En voyant le bas de la falaise comme cela, en pleine journée, j'eus du mal à croire que j'avais pu faire autant de chemin sans glisser. Si j'avais glissé, on ne m'aurait jamais retrouvée, personne n'aurait jamais su où ni comment j'avais disparu. Je me mis à trembler sans pouvoir m'arrêter.

Je tremblai tellement que j'eus peur de tomber et qu'il fallut m'accroupir sur mes talons avant de trouver le courage de regrimper le long du sentier, les genoux chancelants, le cœur battant follement dans ma poitrine. Je repensais à ma sœur yi, Añumo, qui avait couru pendant deux jours et deux nuits toute seule dans la montagne, et comme je m'étais inquiétée pour elle. Mais Añumo avait couru pour gagner le respect de son peuple. Moi, je courais parce que j'avais déshonoré ma famille et parce que je ne pourrais jamais, jamais revenir dans mon village. Je courais parce que je m'étais couverte de honte au point qu'on ne me pardonnerait jamais. Mais, aussi, je courais parce que je voulais mon rêve.

Le cinquième jour, j'atteignis l'usine de ciment, où, il n'y avait que quelques mois, j'avais attendu de découvrir le monde avec Latsoma et Zhatsonamu. Cette fois, il n'y aurait pas de Jeep. Je me mis à marcher sur la route de goudron, résignée à faire tout le chemin à pied jusqu'à la ville, mais je n'étais pas encore loin quand un camion chargé de troncs d'arbres me dépassa et s'arrêta sur le côté de la route. Quand j'arrivai au niveau de la cabine, la porte s'ouvrit, et je vis avec soulagement que le chauffeur était tibétain et que nous ne le connaissions pas.

Comme j'étais couverte de boue, il me dit de m'installer sur les troncs. C'était horrible, j'avais mal partout et j'étais gelée, et je me mis à chanter pour me remonter le moral. Je chantai très fort, aussi fort que je le pouvais, en fait je criai, et j'en fus bientôt récompensée. Le chauffeur arrêta le camion et me cria de monter dans la cabine où il me demanda de lui chanter quelque chose. C'était un marché parfait. Il adorait mes chansons, et j'adorais rouler en camion. Je ne vomis même pas.

Le soir, nous nous arrêtâmes à Yanyuan, à l'auberge des Cavaliers. Le chauffeur du camion m'offrit à dîner, et je mangeai comme un chien affamé, et terrifié aussi, car je n'arrêtais pas de me retourner pour m'assurer que personne ne pourrait me reconnaître. Quand nous eûmes terminé notre repas, le chauffeur paya pour ma chambre, une chambre de deux personnes où j'allais dormir toute seule. Mais, alors que je réfléchissais auquel des deux lits je préférais, je me rappelai les histoires de Nankadroma à propos des Tibétains, et je me demandai si le chauffeur n'espérait pas venir me tenir compagnie pendant la nuit. Bien entendu, la chambre ne fermait pas à clé – parce que en Chine, à cette époque, les besoins des clients passaient toujours après les désirs du personnel de l'hôtel. Seuls les gens de service pouvaient ouvrir et fermer les portes à clé, et on ne pouvait fermer les portes que de l'extérieur. Je poussai les deux lits et le reste du mobilier contre la porte, et je me glissai entre les draps, toute habillée et couverte de boue. J'étais tellement fatiguée que je n'avais pas la force de m'en inquiéter.

La femme de service me réveilla très tôt le matin, en frappant sur la porte et en criant quelque chose à propos du règlement et du travail à faire, et, quand elle entra dans la pièce, elle ajouta quelque chose à propos de filles sales et d'autre choses à propos de leur mère que j'étais heureuse de ne pas comprendre. Je la laissai à ses gros mots et à son ménage, je ramassai mon sac et sortis en vitesse dans le couloir, où je trouvai le chauffeur du camion qui m'attendait.

– Tu as eu peur que quelqu'un vienne dans ta chambre la nuit dernière ? rit-il, découvrant une dent en or à la mode tibétaine de la région de Kham.

– Pourquoi vous me demandez ça ? dis-je en essayant de contenir la chaleur qui me montait aux joues.

Il me donna une petit tape sur le dos.

– J'ai vu les meubles. C'est bien, tu sais te protéger.

Je le suivis dans la salle à manger où il commanda des petits pains à la vapeur et du thé pour notre petit déjeuner.

Un peu plus tard, nous étions en route pour Xichang. En traversant un village, il ôta une main du volant et mis ses doigts sur sa bouche.

– Tu as faim ? Tu veux de la pastèque ?

– Qu'est-ce que c'est, la pastèque ?

Il gara le camion et nous partîmes faire un tour au marché pour acheter une pastèque. De retour au camion, il ramassa une pierre plate où il posa le fruit. Il sortit son couteau et, d'un seul coup bien tranchant, il fendit la pastèque en deux. C'était rouge et sucré, et c'était aussi bon que de la glace rose. Le chauffeur de camion était très gentil, et très beau. Pour la première fois en presque une semaine, je n'avais plus peur. Je me sentais très heureuse. J'avais l'impression d'être partie en voyage avec mon oncle.

Nous arrivâmes à Xichang en fin d'après-midi, et le chauffeur me laissa dans la rue principale.

– Tiens, dit-il en me tendant quelques billets. Si tu ne retrouves pas tes amis, viens me chercher à l'hôtel Numéro Deux. Je te raccompagnerai chez ta maman. L'hôtel Numéro Deux, tu as compris ?

Mais je n'eus aucune difficulté à retrouver mes amis au bureau de la Culture.

Xichang, encore une fois

Luo Juzhang était entièrement absorbé dans son travail, préoccupé par une pile de papiers. En m'entendant entrer dans son bureau, il leva la tête, et une expression de surprise se lut sur son visage.

– Mais, petite Namu, qu'est-ce que tu as fait ? Tu es toute sale !

– Je suis venue de Yanyuan en camion. Je suis partie ce matin.

– Je suis content de te voir, continua-t-il lentement, en se demandant ce que je faisais là. Mais tu es venue toute seule ?

– Oui.

– Ta famille sait que tu es ici ?

– Non.

Luo Juzhang me fixa pendant un moment et l'expression sur sa figure passa de la surprise à l'inquiétude. Il changea de position sur sa chaise, fit une petite moue et enfin il dit :

– Attends-moi dehors. J'en ai encore pour une demi-heure. Tu pourras rentrer à la maison avec moi pour manger.

C'était comme si on m'avait retiré un poids de la poitrine. Si M. Luo ne me renvoyait pas, s'il m'emmènerait chez lui, chez sa famille, alors peut-être qu'il me donnerait aussi du travail. Je sortis l'attendre dans la cour. Le soleil de l'après-midi était encore haut dans le ciel et il faisait très chaud. Je découvris le robinet et ouvris l'eau pour me laver la figure, les cheveux et les bras, et observer avec une certaine satisfaction la boue rouge qui coulait entre mes mains et disparaissait par le trou du lavabo. Je me sentis beaucoup mieux, bien plus propre et très calme, je n'étais pas pressée et j'allai m'asseoir sur un banc pour me faire sécher au soleil.

Le chauffeur nous conduisit à l'appartement de M. Luo dans la voiture que le bureau de la Culture mettait à la disposition de ses cadres les plus importants. L'appartement de M. Luo allait avec la voiture. C'était un logement typique de cadre, qui allait bien à un fonctionnaire du gouvernement : un appartement avec des murs verts et blancs et un sol en béton nu, une petite cuisine, des toilettes sans siège mais avec une chasse d'eau, et une salle de séjour et trois chambres à coucher bourrées de livres, de trophées, de photos collées derrière du verre. Les meubles étaient rangés contre les murs, y compris, dans la salle de séjour, une télévision et un réfrigérateur vert foncé. L'appartement de M. Luo n'avait rien d'extraordinaire. En Chine, tous les appartements modernes se ressemblaient, à part quelques variations mineures quant au nombre de mètres carrés et de pièces.

M. Luo non plus n'avait rien d'extraordinaire. Il avait les cheveux gris et un peu de calvitie. Il avait du ventre, qu'il avait acquis à force de gueuletons et de manque d'exercice physique. Il portait un costume gris à la Mao et, sauf pendant la canicule, il avait toujours un pull sur une épaule, tout comme notre grand timonier. Quand on le prenait en photo, il posait même en tenant une cigarette entre ses deux doigts, comme l'avait fait Mao Zedong de son vivant. M. Luo appelait tout le monde camarade ou petit Untel, et je me sentais très à l'aise avec lui. Luo Juzhang était le genre de personne qui était presque incapable de dire non. Et on pouvait toujours savoir quand cela allait arriver parce que sa figure devenait toute rouge avant même qu'il commence à parler.

Les trois filles de Luo étaient en train de faire des pas de danse dans la salle de séjour. Avec leur pantalon noir et leur chemisier blanc, elles contrastaient avec leur mère, qui portait la jupe multicolore et traditionnelle des Yi. M. et Mme Luo étaient yi tous les deux, mais Mme Luo était née dans la caste des esclaves, et elle ne parlait que le yi, tandis que M. Luo parlait toujours en chinois avec ses filles. J'avais beaucoup de respect pour M. Luo. C'était un communiste engagé et un idéaliste qui avait réussi à se ménager une place au soleil au bureau régional de la Culture. M. Luo demanda à la cadette, Xiao Mei, de me prêter des vêtements et de m'accompagner aux douches publiques pour que je puisse me laver. Il n'y avait pas de salle de bains dans l'appartement de M. Luo, bien qu'il fût fonctionnaire du département.

Dans les douches, je fermai les yeux. Je ne voulais pas voir la tête des autres femmes quand elles verraient l'eau sale s'écouler de mon corps. Après la douche, je mangeai un bol de nouilles et, aussitôt celui-ci fini, j'allai me coucher dans la chambre de Xiao Mei. Je me réveillai le lendemain avec les trois autres filles pour prendre le petit déjeuner à la chinoise.

– Tante Luo, demandai-je à Mme Luo en montrant le porridge de riz, vous mangez du porridge vous aussi ?

– *Aya !* Bien sûr que non ! Mais les enfants adorent ça.

Et elle m'expliqua que c'était ça, le modernisme. La jeune génération parlait chinois, s'habillait à la chinoise et prenait le petit déjeuner à la chinoise.

J'aidai Tante Luo à faire la vaisselle. Puis je balayai et lavai par terre, et je hachai les légumes pour le déjeuner. Je faisais de mon mieux pour entrer dans les bonnes grâces de Mme Luo, pour qu'elle chante mes louanges quand M. Luo rentrerait du bureau.

Durant le déjeuner, je fis de mon mieux pour expliquer

comment j'étais partie de notre maison parce que je ne voulais pas avoir de petit ami, et que tout ce que je voulais faire, c'était chanter. M. Luo m'écouta et rajouta une louche de riz dans mon bol.

– Quel âge as-tu, petite Namu ?

– Je ne suis pas sûre, dis-je, vaguement honteuse de mon ignorance.

Deux Nouvel Ans avaient passé depuis la cérémonie de ma jupe.

– J'ai peut-être quinze ans.

M. Luo se racla la gorge.

– Tu es née sous quel signe ?

– Le Cheval.

M. Luo alla chercher son almanach.

– Donc tu es née en 1966. Et, comme nous sommes en 1982, tu dois avoir seize ans, à peu de chose près. Il nous faudra te donner deux ans de plus. Tu ne sais pas lire le chinois ?

Non, je ne savais pas lire le chinois, et je ne savais pas lire le moso non plus, puisque notre langue n'avait pas de forme écrite et que je n'étais jamais allée à l'école. Mais, en ville, il y avait un mot pour désigner cette condition : j'étais analphabète, et M. Luo était d'avis qu'il pouvait y remédier.

Le lendemain, je fus admise dans la troupe comme chanteuse. Une chanteuse venait juste de partir et, comme il n'y avait personne pour représenter les Moso, je tombais à pic. Je serais payée trente yuans par mois, nourrie trois fois par jour, et je coucherais sur un lit de camp dans la salle de réunion du bureau de la Culture. M. Luo me fit faire une carte d'identité, la tante Luo me donna une couverture et le directeur de la troupe m'offrit un survêtement de sport. J'étais au comble de la joie. Je courus directement à l'auberge des Cavaliers, pour faire dire à ma mère de ne pas s'inquiéter, que j'avais trouvé un travail à Xichang qui rapportait le double de mon salaire à l'école.

Ma vie avec la troupe était très excitante. Nous étions quarante artistes, tous membres des nationalités du Sichuan : des Yi, des Tibétains, des Lissous, des Miao, des Hui, et aussi quelques Han qui pouvaient se faire passer pour des gens de diverses minorités ethniques. En fait, comme nous n'étions pas une très grande troupe, il nous fallait apprendre un peu de tout. Nous nous entraînions à chanter et à danser, à jouer de plusieurs instruments de musique, et nous apprenions les danses et les chansons des différentes nationalités. Contrairement à ce qui s'était passé à Chengdu, et à la grande surprise de M. Luo, je ne trouvai pas difficile d'apprendre de nouvelles chansons. Je n'avais qu'à écouter un air deux ou trois fois de suite, et je pouvais le chanter.

Ma routine quotidienne débutait un peu avant neuf heures du matin, quand les compositeurs arrivaient dans la salle de réunion. Je me levais, roulais mon matelas et ma couverture, je m'habillais et je descendais à la cantine pour prendre mon petit déjeuner – de l'eau chaude avec des petits pains à la vapeur, et chaque fois le thé au beurre de ma mère me manquait. Après le petit déjeuner, pendant que les compositeurs travaillaient sur notre répertoire dans la salle de réunion, je retrouvais les autres artistes pour l'entraînement quotidien, pour apprendre et répéter les danses et les chansons. Une fois par semaine, nous montions tous dans un car et nous nous rendions dans différentes villes et villages, où nous chantions et dansions pour des ouvriers d'usine ou des écoliers. Quelquefois, nous faisions des tournées plus longues, dans des écoles et des unités de travail plus éloignées, et nous partions pour plusieurs jours. Ma première représentation eut lieu lors d'une réunion de cadres, où nous chantâmes :

« L'amour de nos mères et de nos pères n'est pas aussi profond que l'amour de Mao Zedong. Mao, Mao, les pauvres gens du peuple t'aiment de tout leur cœur. »

La musique était belle à vous réchauffer le cœur. Elle vous

remplissait de reconnaissance et vous donnait envie de donner votre vie pour votre pays, mais les paroles m'intriguaient.

– Comment est-ce que l'amour de Mao pourrait être plus profond que l'amour d'une mère ? Nous, les Moso, nous croyons qu'il n'y a rien de meilleur au monde que l'amour de notre mère.

– Mao est un dieu, me répondit le professeur de chant sur un ton sévère.

Mais comment Mao pouvait-il être un dieu ? me demandai-je. Mao Zedong n'était ni une montagne ni un lama. Et je l'avais vu à Pékin, couché dans son cercueil de verre. Il avait un grain de beauté au menton tout comme ma mère... Mais le professeur n'était pas d'humeur à discuter du grain de beauté de Mao ou de son cercueil.

– Reprenons la mesure !

Elle avait coupé court à mes questions sur le même ton dont ma Ama avait usé une ou deux fois, quand j'avais fait une remarque un peu déplacée en présence de mes frères.

Outre la musique, ce que j'aimais beaucoup à Xichang, c'était la lune. Xichang porte un autre nom : Yuechang, qui veut dire « la cité de la lune ». La lune à Xichang était plus brillante, plus argentée et beaucoup plus grosse qu'elle ne l'était à Zuosuo. La nuit, je me rendais souvent à bicyclette aux limites de la ville pour regarder la lune monter dans le ciel.

Mais, au bout du compte, Xichang n'était qu'un gros bourg. Les mois passèrent, puis le Nouvel An, et je commençai à m'ennuyer.

Un jour de printemps, je faisais de la lessive dans la cour en rêvant aux endroits que j'avais visités en dehors de Xichang, n'écoutant qu'à moitié la conversation des chanteuses qui mangeaient des graines de tournesol sur un banc, quand quelque chose me fit tendre l'oreille et relever la tête de ma cuvette.

– Pourquoi tu me montres ça ? Je ne veux pas aller à Shanghai ! riait Xiaolan. Tu veux y aller, toi ?

– Tu rêves ! Moi, aller au conservatoire de musique ? répondit Shaga en crachant par terre des coquilles de graines de tournesol.

– Mais pourquoi pas ? Ils ont un cours spécial pour les étudiants des minorités ethniques. Tu n'aurais pas à passer les examens d'entrée.

Mon cœur se mit à battre follement. Je ne connaissais que deux choses de Shanghai : l'étiquette que Dashe, qui voyageait avec les caravanes, nous avait montrée à l'intérieur de son pull et sur laquelle il était écrit *Fabriqué à Shanghai*, et aussi que Shanghai était très loin de Xichang et beaucoup plus grande. Je laissai tomber mon chemisier dans l'eau savonneuse.

– Xiaolan, tu vas vraiment partir à Shanghai ? demandai-je.

– Bien sûr que non. Qu'est-ce que j'y ferais ? Imagine, si je faisais tout ce chemin et qu'ils ne veuillent pas de moi ! Quelle honte ! Je ne voudrais plus jamais me montrer à personne.

– Ça t'embêterait de me faire voir ce papier ?

Xiaolan fit une petite pause et me fixa du regard, et elle se remit à rire.

– Tiens, je te le donne !

Je m'essuyai les mains, pris le fascicule et lui demandai de me montrer les caractères qui disaient « Shanghai » et « conservatoire » – je connaissais déjà le mot pour musique. Je repliai soigneusement le bout de papier et le rangeai dans ma poche.

– Comment ça, tu veux aller à Shanghai ? demanda le directeur de la troupe en regardant la brochure. Tes fesses n'ont même pas réchauffé le banc sur lequel tu es assise, et tu as déjà la prétention de nous surpasser tous ? Le conservatoire de Shanghai est la meilleure école de musique de toute la Chine !

Mais, plus tard dans la même semaine, il discuta avec M. Luo et vint me trouver.

– Si tu veux aller à Shanghai, tu peux y aller. Mais on ne va pas couvrir tes frais.

Alors, comment payer le billet de train pour traverser la Chine ? Avec un salaire de trente yuans par mois, je n'avais pas fait d'économies. Et je ne possédais aucun objet de valeur. Je n'avais que ma carte d'identité, les vêtements que je portais sur le dos, le costume que j'avais mis le jour de ma cérémonie, un autre que le bureau de la Culture avait fait faire pour moi – et le bracelet de jade que ma mère m'avait donné. Le bracelet était très vieux, il avait appartenu à la grand-mère de ma mère. Il devait bien valoir quelque chose.

Je vendis le bracelet de ma mère pour cent quarante yuans.

À la fin juin, le directeur de la troupe me tendit une lettre de recommandation avec un tampon rouge, et une autre feuille de papier qu'il me faudrait donner à Djihu, un étudiant yi qui était au conservatoire.

– M. Luo enverra un télégramme à Shanghai pour dire que tu arrives. Tu y seras juste à temps pour passer les auditions, dit-il avant d'ajouter avec un drôle de sourire : Et tu as intérêt à réussir, parce qu'on ne veut plus de toi ici.

Je le remerciai et rangeai mes costumes. Le lendemain, je dis au revoir à M. Luo et à mes amis, et je partis pour la gare où je pris le train pour Chengdu. Je fis le voyage de douze heures en troisième classe, assise entre des poules qui n'arrêtaient pas de caqueter et des bébés qui faisaient pipi par terre. C'était un voyage bien différent de celui que j'avais fait pour Pékin, un an auparavant.

À Chengdu, il me fallut attendre encore une douzaine d'heures avant de monter dans le train pour Shanghai. Après avoir acheté mon billet de troisième classe, il me restait soixante-dix yuans. Me sentant riche, j'allai acheter de la nourriture pour le voyage – un canard fumé entier, des oranges, des langues de canard et du pain – et je revins m'asseoir pour attendre l'heure, avec la foule et le bruit, dans l'énorme cour extérieure qu'était la salle d'attente des troisièmes classes. Après un moment, je me sentis très angoissée et je grignotai un petit bout de canard, et un autre, et puis un autre, et en un rien de temps j'avais mangé le canard entier, les oranges, les langues et le pain. Mais il me restait encore soixante yuans, de quoi acheter des provisions en route.

Le voyage en troisième classe jusqu'à Chengdu avait été dur, mais les trois jours jusqu'à Shanghai furent bien pires. Au bout de quelques heures, le personnel du train avait renoncé à balayer le wagon bourré de monde, puant, et je me retrouvai dans les ordures jusqu'aux chevilles, asphyxiée par la fumée de tabac. Ensuite, le dossier de banquette incliné à angle droit finit par me briser le bas du dos, et, pour couronner le tout, ma vessie se remplit. Je n'osais pas me lever pour aller aux toilettes de peur de perdre mon siège. Je ne voulais pas rester debout pendant les deux jours suivants. Quand je n'en pus plus, je trouvai le courage de demander à la femme assise à côté de moi de garder ma place. Cela faisait du bien de se lever et de s'étirer un peu, même dans un espace aussi étroit, mais quand j'atteignis les toilettes elles étaient dans un tel état que j'en vomis presque. Les WC étaient bouchés, mais les gens avaient continué de les utiliser, si bien que l'urine débordait et s'écoulait jusque dans le couloir du wagon. Et, pourtant, ils se tenaient là, les pieds dans la pisse, sans même avoir l'air de s'en rendre compte.

Qu'est-ce que c'est que ces gens qui marchent dans leur propre pisse ? me demandai-je en jouant des coudes dans la foule pour atteindre les toilettes du wagon d'à côté, qui étaient tout aussi sales. Mais c'est vraiment ça, le monde ? Au cours de la deuxième nuit, un homme qui n'en pouvait plus de fatigue repoussa les ordures de côté et se coucha en chien de fusil à mes pieds, tandis que les autres lui jetaient dessus leurs papiers, leurs épluchures d'oranges et de pommes, et qu'ils crachaient leurs pelures de graines de tournesol, si bien qu'au matin, quand il se réveilla, il était pour ainsi dire enseveli. Mais il se secoua, et s'assit en s'appuyant le dos sur ma jambe droite, jusqu'à ce que j'attrape une crampe et que je lui dise de bouger.

Au bout de trois journées très longues et de deux nuits encore plus longues, le train entra dans la gare de Shanghai. J'étais tellement fatiguée et abrutie qu'il me fallut un moment pour réaliser que, enfin, c'était terminé. Je regardai par la fenêtre. La gare me parut très grise et en très mauvais état en comparaison de la gare de Pékin, et j'eus du mal à croire que c'était vraiment Shanghai. Je restai sur la banquette, sans oser bouger, jusqu'à ce qu'une femme de service arrive pour balayer les ordures. Elle donnait des grands coups de balai à gauche et à droite, et, comme je me trouvais sur son passage, elle m'envoya ses balayures dans les jambes.

– Hé! cria-t-elle en regardant mon pantalon. Qu'est-ce que tu fais là, toi? Tout le monde est descendu du train!

– Je vais à Shanghai, répondis-je bêtement dans le dialecte du Sichuan.

L'audition

Le taxi pour le conservatoire coûtait quinze yuans, et le chauffeur insista pour être payé avant de me laisser monter dans la voiture. Je ne lui en voulus pas. J'imaginais de quoi je pouvais avoir l'air. Mais, alors que nous roulions sur les grandes avenues ombragées par des rangées de platanes, je me demandai s'il ne m'avait pas volée ou si Shanghai était vraiment aussi chère que cela. Il me restait juste trente yuans – un mois de salaire – et j'étais sans emploi... Mais Shanghai était une ville très belle, même si elle ne ressemblait en rien à Pékin. Il faisait très chaud. Je baissai la vitre de la voiture et l'air chaud de la ville inonda le taxi. J'en eus le souffle coupé, et pendant un moment j'oubliai mes problèmes d'argent et mon pantalon en Nylon qui me collait à la peau. J'oubliai que cela faisait trois jours que je ne dormais pas. J'étais à Shanghai.

Encore des maisons et des bâtiments en brique, avec des toits en pente et des fenêtres à volets, des maisons comme je n'en avais jamais vu dans les autres endroits que j'avais visités. On s'arrêta.

– Voilà, c'est le conservatoire, dit le chauffeur.

Je regardai autour de moi, un peu perdue – je m'attendais à voir un grand bâtiment avec plein de fenêtres en verre, mais nous nous étions arrêtés devant un mur avec un double portail, et rien ne différenciait ce portail des autres dans la rue.

– Tu vois ? Conservatoire de musique ! C'est écrit au-dessus des grilles, dit le chauffeur de taxi en désignant des caractères chinois de l'autre côté de la rue.

Je n'osai pas me présenter à l'entrée tout de suite, et je restai sur le trottoir à regarder les étudiantes entrer et sortir du conservatoire sur leur vélo, en faisant signe au vieux gardien qui surveillait les portes et me jetait des regards noirs depuis l'autre côté de la rue. Elles étaient tellement élégantes, tellement jolies avec leurs cheveux attachés en queue de cheval, leur chemisier blanc et leur pantalon noir, avec leurs hanches qui se balançaient au rythme de leurs pieds sur les pédales. Une étudiante sortit avec une boîte à violon sous le bras. Un jour, je serais comme ça moi aussi. Je passerais les portes du conservatoire sur mon vélo avec mes cheveux au vent, et je porterais un beau chemisier blanc et un pantalon noir tout propre. Et je traversai la rue.

Le petit vieux ne voulait pas me laisser entrer. J'essayai de lui montrer les documents que M. Luo avait signés pour moi, mais il ne voulait même pas les regarder et me chassa comme une sale mendiante.

– Allez, fous le camp ! cria-t-il avec un fort accent shanghaïais, la bouche hargneuse et les dents noires.

Je reculai hors de portée de ses aboiements et il se rassit sur son tabouret pour boire du thé vert dans un pot en verre et fumer des cigarettes mouillées les unes après les autres. De temps en temps, il jetait un œil mauvais dans ma direction. J'attendais avec angoisse, en me demandant ce que j'allais bien pouvoir faire, craignant le pire – était-il possible d'être arrivée jusqu'ici pour que ce petit vieux me refuse finalement l'entrée ? J'avais trente yuans en poche, je parlais un minimum de mandarin et je ne lisais que quelques caractères chinois... Que ferais-je toute seule à Shanghai ? À la première occasion, quand le petit vieux n'eut plus de thé et qu'il rentra dans sa loge pour chercher sa Thermos et remplir son pot, je passai les grilles derrière son dos et j'avançai à toute vitesse.

À l'intérieur du conservatoire, c'était un monde entièrement nouveau. Les bâtiments, je l'apprendrais plus tard, étaient de style colonial, avec des murs blancs et des toits en tuile rouge. Au lieu d'une cour en ciment, il y avait une pelouse abritée par de grands arbres couverts de feuilles. Je me promenai sur le campus, très excitée, émerveillée, et petit à petit je pris conscience de mes vêtements pauvres et crasseux, de ma figure sale, de n'être qu'une grossière paysanne, et j'eus honte. Personne ne m'avait remarquée mais, brusquement, je ressentis un désir incontrôlable de me laver et de me coiffer, et je me précipitai dans la première salle de bains.

Quand j'eus fait de mon mieux pour ressembler aux étudiantes qui se promenaient sur la pelouse, je m'approchai de deux filles pour leur montrer la feuille de papier que le directeur avait écrite pour Djihu, le garçon qui était supposé m'aider. Elles secouèrent la tête en disant quelque chose que je ne compris pas et appelèrent un étudiant qui m'indiqua un bâtiment.

– Tu es douée quand même ! Tu es venue toute seule jusqu'ici ! fit Djihu.

– Ça te surprend ? répondis-je, en m'attendant à ce qu'il me fasse un autre compliment.

Car j'étais plutôt fière d'être arrivée à Shanghai et au conservatoire toute seule, sans compter que j'avais même réussi à le trouver, lui.

Mais il y avait une explication toute simple à la surprise de Djihu.

– J'attendais qu'on m'appelle au portail pour venir te chercher, mais je croyais que tu allais arriver un peu plus tôt. Tu sais que demain c'est le dernier jour pour s'inscrire aux auditions ?

Djihu me conduisit au pensionnat réservé aux visiteurs, mais tous les lits étaient déjà occupés, si bien que je passai ma première nuit au conservatoire dans un des dortoirs, sur une couette en coton étalée à même le sol. Comme j'étais très fatiguée et que je ne connaissais personne à part Djihu, je me couchai bien avant que les autres filles ne rentrent aux alentours de minuit. Elles entrèrent en criant et en riant, et en mangeant des petites choses achetées aux vendeurs de nuit, comme cela se fait à Shanghai. En passant à côté de mon lit, l'une d'entre elles me renversa de l'eau dessus, et une autre laissa tomber un bout de papier graisseux, mais j'étais trop fatiguée pour me battre.

Le lendemain matin, je me réveillai sous les regards inquisiteurs de mes camarades. Comme je ne savais pas comment leur répondre, j'enroulai ma couette, ramassai mon baluchon, et allai directement à la salle de bains, où j'enfilai ma jupe blanche et mon corsage rose et où je m'enveloppai la tête dans un grand turban noir. J'allai retrouver Djihu, revêtue de mon costume moso, la tête haute et le regard droit, en m'efforçant de ne pas faire attention aux visages curieux qui se tournaient sur mon passage.

Djihu m'attendait sur le terrain de football. Nous devions aller aux bureaux de l'administration pour m'inscrire à l'audition. La queue était longue et cela nous prit deux bonnes heures pour arriver au guichet.

– Tu as une photo d'identité ? demanda l'employée derrière le guichet.

Je lui donnai mes papiers, mais je ne trouvais plus ma carte d'identité de Xichang. J'étais complètement paniquée. Je n'avais que deux photos de moi : celle qui était sur la carte d'identité, et l'autre, la coupure du journal, qui était chez nous, collée sur la porte du garde-manger. Malheureusement, l'employée était une maniaque du règlement et elle refusa tout net de m'inscrire avant d'avoir ma photo d'identité. Il nous fallut sortir du campus pour trouver un photographe. Quand nous retournâmes au bureau d'inscription, l'employée ferma la porte derrière nous. J'étais la dernière étudiante à m'inscrire à l'audition.

– Nom ? demanda l'employée.

– Yang Erche Namu.

– Drôle de nom. Tu viens de quel groupe national ?

– Moso.

– Je n'ai jamais entendu parler d'une nationalité moso. Et elle commença à nous réciter les noms des cinquante-six nationalités officielles de la Chine populaire.

– Elle veut dire Naxi, interrompit Djihu.

– Naxi ? reprit l'employée en fronçant les sourcils. Ton costume n'est pas naxi. Tu viens d'où ?

– Du Sichuan, et je ne suis pas naxi.

Je jetai un œil furieux vers Djihu. Il sourit et se tourna vers l'employée.

– En fait, c'est vrai, au Sichuan, les Moso sont classés comme mongols.

L'employée nous regarda l'un après l'autre.

– Vous pouvez vous décider ? Qu'est-ce que j'écris pour la nationalité ?

– Moso, répondis-je avec fermeté.

– Puisque vous insistez, nationalité moso…

L'employée se mit à rire.

– Toutes les Moso sont aussi belles que toi ? Et ta date de naissance ?

– Je ne suis pas sûre.

L'employée pencha la tête d'un côté :

– Tu ne connais pas ta date de naissance ?

– Et la fille qui était devant moi ? C'était quoi sa date de naissance ?

L'employée chercha dans ses papiers.

– 25 août 1966.

– Bien, c'est pareil pour moi. 25 août 1966.

Cela me semblait correct, car la fille avait l'air d'avoir mon âge et M. Luo avait dit que j'étais née en 1966, l'année du Cheval. Je lui tendis ma photo d'identité toute neuve.

Une demi-heure plus tard, j'avais une carte d'identité temporaire qui portait le numéro 223. Et j'avais aussi une date pour fêter mon anniversaire.

La semaine des auditions, quelques centaines d'étudiants, la plupart accompagnés de leurs parents, s'assirent de chaque côté des grands couloirs aux portes des salles d'audition. Au-dessus des portes, on avait accroché les plus beaux panneaux, annonciateurs de rêves – opéra, piano, orchestre, composition, musicologie, musique ethnique, chant ethnique. Les étudiants tenaient leur partition et les parents portaient les bouteilles d'eau. De temps en temps, une mère essuyait une trace de maquillage sur une joue mouillée de larmes, un père chuchotait des mots d'encouragement. L'air était rempli d'espérances nerveuses et de la cacophonie de notes perdues qui s'échappaient des salles d'audition. Le conservatoire de musique de Shanghai était la meilleure école de musique de toute la Chine. Il ne pouvait y avoir plus grand honneur pour les gagnants ni plus grande déception pour les perdants.

Mon jour arriva et je pris ma place dans le couloir. J'étais toute seule, sans mère ni père pour m'encourager, mais, durant tous ces mois passés avec la troupe du Sichuan, j'étais devenue une professionnelle, et je me disais que nous avions gagné les concours à Yanyuan, à Xichang, à Pékin, et que je pouvais bien gagner à Shanghai aussi. Et puis, il fallait que je gagne. Je n'avais nulle part où aller.

On appelait un numéro, un candidat se levait et disparaissait dans une salle – certains y allaient presque en courant, d'autres si lentement que leurs parents finissaient par les pousser. Ils ressortaient, les yeux brillants, pour chercher le visage de leurs parents avec impatience, ou bien les yeux au sol, comme s'ils cherchaient leurs pieds.

Il y avait à peu près quarante candidats à l'audition pour

le cours de musique ethnique. Comme je m'étais inscrite en dernier, j'avais aussi le dernier numéro. Il me sembla qu'on ne m'appellerait jamais, et au fil des heures la tension qui saturait l'air me gagna. Je remuais sur mon siège et me frottais les mains. J'avais très faim aussi. Je me levais, j'allais et venais le long du couloir. J'eus même l'idée de passer devant les autres et d'entrer d'un seul coup dans la salle. Mais je me contentai de jeter un œil par la porte entrouverte d'une salle d'audition, où une fille chantait d'une voix faible et tremblotante, jusqu'à ce que sa mère me tape sur l'épaule et que je retourne m'asseoir.

Les candidats disparaissaient, ressortaient, les yeux brillants d'espérance ou de larmes. Brusquement, une fille – non pas la fille à la voix faible, mais une autre – passa devant moi en courant. Elle se couvrait la figure des deux mains et pleurait de tout son cœur. Sa mère courait après elle. Je ne pouvais pas m'empêcher de repenser à ma mère qui avait essayé elle aussi de me rattraper sur le sentier de montagne. Que ferait-elle si elle était là, assise à mes côtés ? Et si je ratais l'audition, comme cette fille, que dirait ma Ama ? Et si je n'arrivais pas à venir à bout de cette peur qui m'envahissait ? Si j'avais peur au point de ne pas pouvoir chanter ?

Je me souviens à peine de comment ou de quand on appela enfin mon numéro. Tout ce que je sais, c'est que je montai directement sur la petite estrade sans tenir compte du pianiste (je n'avais pas de partition à lui donner), et que je commençai à chanter immédiatement, sans me présenter ni même annoncer ma chanson, saluant à peine les examinateurs qui étaient assis à une table, un peu plus bas devant moi, avec devant eux leur calepin et leur tasse de thé. Je me souviens aussi d'avoir été très agacée par l'un des examinateurs qui s'était endormi sur la table, sa tête blanche posée sur ses bras repliés. Je commençai avec la chanson de la déesse Gamu. Je voulais réveiller l'examinateur. Ma voix monta très haut, comme si elle voulait atteindre les sommets de ces montagnes dont je m'étais échappée, et elle sonna très fort, assez fort pour faire vibrer les fenêtres et pour que le vieil homme relève enfin la tête et s'empare de sa tasse de thé.

Après la chanson de Gamu, je chantai le *Ahabala,* la joyeuse chanson des vachers, et puis j'entamai le *Madama,* la chanson de l'amour, mais l'examinateur en chef m'interrompit :

– Ça va ! Ça va ! C'est bien comme ça !

Et je sus qu'ils étaient contents de moi.

La vie au conservatoire

Durant les cinq années que je passai au conservatoire de musique de Shanghai, j'appris beaucoup de choses. J'appris à chanter, à lire la musique et à jouer du piano. J'appris à parler le chinois correctement, à lire et écrire. Pas une seule journée ne s'écoulait sans que je me sente reconnaissante de ce que le conservatoire faisait de moi. Quand je passais les portes de l'école pour sortir, je n'oubliais jamais de porter mon badge en plein milieu de ma poitrine pour que tout le monde puisse bien lire que j'étais étudiante à l'école de musique la plus prestigieuse de Chine. À chaque fois que quelqu'un regardait mon badge, je me disais que ma mère pouvait être fière de moi, que je réparais les pots cassés dans la cuisine de l'école, que je me rachetais de m'être sauvée de la maison. Tous les jours, je pensais à ma Ama, à ma chambre vide chez nous, à mes petits frères et à ma petite sœur, à Zhema. Il m'arrivait même de penser aux instituteurs. Et puis je pensais à envoyer une lettre à la maison. Mais je n'écrivais jamais.

On afficha les résultats des auditions et les étudiants rentrèrent chez eux, mais moi je n'avais ni maison où rentrer ni argent pour aller ailleurs. Alors les administrateurs prirent mon cas en considération et me permirent de m'installer dans l'internat du conservatoire pour le reste de l'été. Ils me donnèrent même une petite bourse. J'allais bientôt découvrir que les étudiants des minorités ethniques étaient particulièrement bien traités par l'administration de l'école. Nous avions notre propre cantine où le personnel de cuisine tenait compte des interdits alimentaires, et nous avions aussi le droit de prendre des congés pour nos fêtes traditionnelles – ce qui était sans conséquence en ce qui me concernait, du fait que nous autres Moso mangeons de tout (hormis les chiens, à la différence des Han), que nous n'avons que deux jours de fête fixés par le calendrier, le Nouvel An et la fête de la déesse de la Montagne, et que ces deux jours tombent pendant les vacances scolaires. En attendant, je passai le reste de ce premier été à regarder par la fenêtre de ma chambre, à me promener sur les pelouses de l'école et à bavarder avec le concierge, qui était devenu mon seul ami et qui me prêta un petit transistor pour que je puisse pratiquer le chinois. Je n'osais pas encore sortir du conservatoire. J'avais peur que le petit vieux qui surveillait les portes de l'école ne me laisse pas rentrer, et puis j'avais peur de paraître ridicule – parce que je n'avais rien à me mettre, à part mon survêtement de sport et mes jupes moso.

Quand les cours commencèrent en septembre, je demandai à partager un dortoir avec des étudiantes han plutôt qu'avec d'autres étudiantes d'ethnies minoritaires. Je voulais apprendre le chinois, et je voulais aussi apprendre à vivre dans le monde moderne. Le premier jour, je marchai dans le couloir en direction de ma chambre, le cœur battant, les mains nerveuses, très consciente du fait que, plus encore qu'une vie nouvelle, c'était mon rêve qui commençait.

Nous étions cinq par chambre. Toutes les chambres étaient meublées de deux tables longues, cinq chaises et trois lits superposés. Comme il n'y avait ni tiroirs ni armoire, un des lits du dessous servait pour ranger les affaires personnelles et les valises. Quand j'arrivai sur le pas de la porte, mes camarades n'avaient encore rien rangé ni organisé et la chambre était sens dessus dessous. Les filles avaient toutes apporté deux valises chacune, et elles avaient étalé leurs affaires partout – des habits, de la nourriture, des couvertures, des livres, des peluches. Je n'avais jamais vu autant d'effets personnels. Même les cadeaux que j'avais reçus le jour de ma cérémonie ne représentaient pas grand-chose en comparaison de ce que ces filles avaient apporté avec elle. Et, alors que je me tenais debout à la porte de la chambre et que je regardais toutes ces choses, je fus prise d'un sentiment nouveau, une sorte de tristesse et d'humiliation, quelque chose que je n'avais encore jamais ressenti, pas même quand je me blottissais contre les yacks pour me réchauffer ou quand j'avais trop honte de mes vêtements pour sortir du conservatoire. Pour la première fois de ma vie, je me sentis pauvre.

Je serrai mon sac de toile dans mes bras et je franchis le seuil de la porte. Mes camarades interrompirent leur déballage. Elles me fixèrent du regard et puis elles se regardèrent entre elles.

– Pourquoi nous ont-ils mises avec une indigène ? fit l'une d'elles.

Je n'étais pas encore accoutumée à l'accent de Shanghai, mais je compris parfaitement la remarque. Je compris aussi ce que leurs regards signifiaient. La seule chose que je ne compris pas immédiatement, c'était que, comme j'étais arrivée la dernière, elles m'avaient laissé le dernier des lits du bas, sous le lit de la fille qui avait fait le commentaire. Elle s'appelait Hong Ling, et j'allais dormir dans le lit au-dessous du sien pendant les cinq années suivantes.

Heureusement, pendant les deux premières années, je n'eus pas beaucoup de contacts avec mes camarades de chambre, ni d'ailleurs avec les autres étudiants. J'étais inscrite dans un cours préparatoire pour les étudiants d'origine ethnique, un cours de deux ans qui avait pour but d'améliorer notre chinois et de nous faire rattraper les retards de scolarité. Mais, quand ils comprirent que j'étais analphabète, mes professeurs aménagèrent des cours particuliers supplémentaires. Je repris les cours avec les autres étudiants des minorités dans le courant de ma deuxième année, bien que j'eusse encore beaucoup de mal à lire et écrire et que je me fasse souvent punir parce que j'avais copié le travail des autres ou parce que j'avais triché pendant un examen. Malheureusement, la bonne volonté de mes professeurs ne s'étendait pas jusqu'à comprendre les efforts que même le plagiat exigeait de moi.

Qu'on ne se méprenne pas, j'étais très travailleuse et j'adorais la vie d'étudiante – les fous rires, les discussions, les larmes, le désordre dans les chambres, les douches communes et le bruit des instruments, et bien sûr aussi les cours. Mes cours préférés étaient les cours de musique ethnique où on apprenait les chansons de toutes les nationalités de Chine. Et ceux que j'aimais le moins étaient les cours de chant, tout comme j'en avais fait l'expérience à Chengdu quand j'avais répété avec Nankadroma pour le concours. Les vocalises allaient tellement à l'encontre de mon naturel, j'étais tellement récalcitrante et je protestais tant, qu'au cours de ma première année deux professeurs abandonnèrent. Cela en dit long sur mon comportement, parce que nos professeurs étaient presque tous très bons et très compréhensifs, même s'ils ne manquaient jamais de nous manifester leur surprise quand l'un d'entre nous réussissait aussi bien, ou même mieux, que les étudiants han.

Dès le premier jour de mon séjour au conservatoire, je recherchai l'amitié des étudiants étrangers et des autres étudiants d'origine ethnique. Les étrangers et les minorités nationales avaient une chose en commun : nous n'étions pas han.

« Nous, les Shanghaïais, nous ne faisons pas comme ça »,

commentait Hong Ling quand elle voyait ou entendait quelque chose qu'elle ne connaissait pas, ou, quand elle était vraiment de mauvaise humeur : « Namu, ça pue ici ! Tu as encore mangé du mouton à la cantine des minorités ? »

Alors que mes camarades de chambre se prenaient pour des modèles pour les étudiants des ethnies minoritaires, les étudiants étrangers étaient curieux de notre langue, de notre religion, de notre cuisine. Ils voulaient chanter nos chansons, ils voulaient même essayer nos vêtements et porter nos bijoux. De fait, nous autres, y compris les Han – y compris Hong Ling –, nous voulions tout connaître des étrangers. La Chine avait été fermée au monde extérieur pendant trop longtemps et tout le monde était avide de tout ce qui venait de l'étranger. Mais il est possible aussi que ma curiosité des étrangers ait été un aboutissement naturel. Puisque je ne vivais plus dans nos montagnes, n'était-ce pas ma destinée de rechercher l'amitié de ces blonds aux yeux bleus qui avaient animé mes rêveries d'enfant ?

Il semblait que le monde entier habitait au conservatoire – il y avait des étudiants venus de toute la Chine, mais aussi d'Amérique, d'Europe, d'Afrique et du Japon. Les dortoirs des étudiants étrangers étaient en face de notre bâtiment. Comme mes quatre compagnes, j'enviais leurs conditions de vie. Tandis que nous arrivions à caser six lits par chambre, les étrangers avaient des chambres particulières, ou ils partageaient une chambre à deux. Nous avions des planchers nus ou des sols en béton, tandis qu'eux avaient de la moquette – même si celle-ci n'était pas épaisse et qu'elle gondolait –, et ils avaient le chauffage dans les chambres en hiver et l'eau chaude dans les douches à chaque fois qu'ils en avaient envie. Dès le premier jour, je fus fascinée par les peaux blanches, roses et noires, les cheveux et les yeux aux couleurs étranges, les traits de visage qui différaient tant des nôtres, et puis les bruits bizarres qui sortaient de leurs pièces, la musique, les rires. Un Congolais habitait juste en face de notre fenêtre. Il passait son temps à souffler des rythmes discordants dans son saxophone au lieu de travailler les marches révolutionnaires que son professeur lui enseignait. À côté du Congolais, il y avait une Hollandaise. Elle était en Chine pour seulement un semestre, pour étudier le chinois et l'opéra. Elle faisait des vocalises à longueur de journée et elle chantait très mal. Une fois, alors qu'elle faisait des gammes dans la cour et que je n'en pouvais plus, je me penchai par la fenêtre pour lui donner la réplique. Elle s'arrêta, me regarda et applaudit.

– Tu as une très belle voix. Comment t'appelles-tu ?

– Namu.

– Descends ! Viens dans ma chambre prendre un café !

J'aimais beaucoup le café, c'était onctueux et à la fois amer et sucré, et, comme il y avait du lait dedans, cela me rappelait le thé au beurre.

– Tu aimes le jazz ? me demanda-t-elle en tapotant son magnétophone.

Le jazz ressemblait beaucoup à la musique du Congolais et je ne savais pas trop quoi en penser, et puis nous ne pouvions pas nous dire grand-chose car son chinois était assez limité, mais nous fûmes amies tout de suite. J'aimais tout chez elle, la façon dont ses yeux verts se rétrécissaient quand elle riait, comment elle bougeait ses mains quand elle parlait et comment elle s'asseyait en tailleur sur son lit. Elle était très grande et elle avait la peau très blanche. Un après-midi ensoleillé, elle s'allongea sur la pelouse pendant quelques heures pour se faire bronzer, mais au lieu de bronzer elle devint toute rouge.

– C'est vraiment réussi ! dis-je en riant. Ta figure ressemble à des fesses de singe !

Elle trouva ça tellement drôle elle aussi qu'à partir de ce jour-là, quand elle avait envie de m'inviter à prendre un café avec elle, elle criait sous ma fenêtre :

« Namu, descends, viens prendre un café avec Fesses de Singe ! »

Je me rendais au dortoir des étrangers aussi souvent que je le pouvais, en dépit de tous les obstacles mis en place par l'administration de l'école – le registre qu'il fallait signer, les gardiens au bas des escaliers devant lesquels il fallait passer et qui vous suivaient des yeux jusqu'au fond du couloir, avec un regard à vous brûler le dos. Si on venait trop souvent, l'administration exigeait qu'on explique pourquoi on passait tant de temps avec les étrangers. Et il y avait d'autres risques. Cette même année, une étudiante chinoise s'était liée d'amitié avec un Africain. Elle adorait sa manière de marcher et le fait qu'il portait toujours des habits bien repassés. Une nuit, elle rentra au dortoir pour raconter à ses amies comment elle faisait l'amour avec l'homme noir. En quelques jours, tout le conservatoire en parlait aussi, et tout le monde lui jetait des regards méprisants. La semaine suivante, elle était renvoyée de l'école.

Un samedi soir, les étudiants ouigour de la province du Xinjiang donnèrent une fête et je fus présentée à deux nouveaux étrangers, des étudiants d'un programme d'échange universitaire avec l'université de Fudan de Shanghai. Le garçon était turc et, à ma plus grande surprise, il ressemblait comme deux gouttes d'eau aux étudiants du Xinjiang. Il parlait chinois avec un accent bien sûr, mais les Ouigours aussi – et, au lieu de me serrer la main, il m'embrassa sur la joue. J'eus un mouvement de recul en sentant son épaisse moustache.

– Un baiser imberbe, c'est comme du pain sans beurre ! fit-il en éclatant de rire.

Il se retourna vers l'autre étrangère et me présenta Umbalo.

Umbalo était mexicaine. Elle portait d'énormes lunettes et elle avait des cheveux noirs coupés très court, très mal peignés. J'étais très impressionnée par sa façon de boire de la bière au goulot de la bouteille. À cette époque, je ne buvais encore que du thé et du café, et Umbalo me fit tout de suite penser à Nankadroma, à son cœur brisé, à notre intimité. Je fus immédiatement attirée et le sentiment fut partagé ; nous passâmes le reste de la soirée ensemble. Après la fête, Umbalo revint me rendre visite au conservatoire, et en peu de temps nous sortions à vélo ensemble presque tous les jours. À la différence de mon amie hollandaise, Umbalo parlait parfaitement chinois. En fait, son chinois était alors bien meilleur que le mien. Quand nous devînmes plus proches, je découvris que ses parents vivaient aussi en Chine. Son père était ambassadeur du Mexique à Pékin, un poste qu'il occupait pour la deuxième fois, car il avait été envoyé en Chine populaire dans un premier temps alors qu'Umbalo était petite. Umbalo avait vécu dans beaucoup de pays et elle parlait huit langues, mais elle affirmait qu'elle ne les parlait pas toutes aussi bien que le chinois.

Umbalo fut ma première véritable amie. Elle me présenta beaucoup de gens, des artistes, des intellectuels, des musiciens, des petits commerçants, des changeurs d'argent au noir, et des étrangers. Chaque fois qu'on s'arrêtait pour dire bonjour à un étranger, elle parlait une autre langue. De temps en temps, nous croisions quelqu'un dont elle disait plus tard :

« C'était mon ex-petit ami. »

Pour la taquiner, je lui disais qu'elle parlait comme une femme du lac Lugu. Néanmoins, nous avions une vision du monde très différente. Umbalo, qui avait eu une enfance privilégiée, dédaignait tout ce qui touchait au confort matériel. Elle portait des jeans trop larges, tout déchirés, elle ne se maquillait jamais, ne se peignait pas, et elle aimait parler de politique et des questions d'environnement. De mon côté, je raffolais du monde matériel et de tout ce qu'il offrait de superflu. En fait, à cette époque, je n'avais qu'un désir brûlant, c'était de pouvoir entrer dans un magasin de l'Amitié et dans les grands hôtels où seuls nos « amis étrangers » étaient autorisés à faire leur shopping. Je voulais acheter de beaux vêtements, une robe de chambre en soie, de la lingerie, une valise, du café, et les autres choses auxquelles les étrangers avaient droit. Mais mon amie Umbalo avait beaucoup voyagé et j'étais tout à fait heureuse d'apprendre à connaître le monde à travers elle. Je m'intéressais à la culture et je l'accompagnais au théâtre et dans les musées. En novembre, je rencontrai sa mère.

Mes professeurs avaient décidé de m'envoyer à Pékin pour enregistrer la musique d'un documentaire sur les Moso. J'étais très excitée parce que je n'étais pas retournée à la capitale depuis le concours avec Nankadroma, trois ans auparavant. Mais Umbalo était encore plus heureuse que moi. Elle voulait que je rende visite à ses parents.

Quand j'informai mes camarades que j'avais l'intention de loger chez la famille d'Umbalo à l'ambassade du Mexique, elles furent horrifiées.

– Tu veux loger à l'ambassade ! Mais tu es folle ! Il y a des caméras de surveillance partout. Tous les diplomates étrangers sont des espions. Tu vas avoir de sacrés ennuis !

Ces paroles m'inquiétèrent tellement que, lorsque je me retrouvai dans les belles avenues du quartier des ambassades à San Litun et que je vis les sentinelles debout devant tous les portails, je fis presque demi-tour. Mais Umbalo était mon amie, et j'avais parlé avec sa mère au téléphone il y avait tout juste une demi-heure ; je ne pouvais pas les décevoir au dernier moment. Je respirai profondément à plusieurs reprises, fis de mon mieux pour arrêter le tremblement de mes genoux, et continuai mon chemin. Je n'eus pas à mettre mon courage à l'épreuve longtemps avant d'entendre quelqu'un crier mon nom de l'autre côté de la rue :

– Namu !

C'était la mère d'Umbalo. Elle m'avait attendue devant la

porte de l'ambassade, et elle m'avait reconnue tout de suite d'après la description que je lui avais faite au téléphone.

À partir du moment où je vis la mère d'Umbalo, j'oubliai ma peur. J'étais entièrement sous son charme. J'avais toujours vu Umbalo habillée avec des jeans et des vieux pulls, mais madame l'ambassadrice était d'une élégance pure. Madame l'ambassadrice n'était pas seulement mieux habillée que sa fille, elle était la femme la plus élégante que j'aie jamais vue.

Elle m'accueillit très chaleureusement dans un très bon chinois, me prit par le bras et me fit passer devant la sentinelle dans la cour.

À l'intérieur de l'ambassade, tout n'était que confort, luxe, et d'un goût exquis que je n'avais jamais connu. Il y avait le chauffage central et des tapis multicolores au sol. Les pièces étaient meublées dans le style mexicain. Il y avait de gros oreillers carrés et duveteux sur le lit où j'allais dormir (le lit d'Umbalo), et les draps avaient été repassés. Au dîner, je fus hypnotisée par les chandeliers de cristal, les verres à pied, les couverts en argent, la gentillesse et le respect dont madame l'ambassadrice usait en s'adressant à la bonne, la façon dont elle mangeait, sans faire de bruit, avec la bouche fermée, comment elle parlait avec monsieur l'ambassadeur... Madame l'ambassadrice était très raffinée et très cultivée. J'avais l'impression qu'il y avait des livres partout, sur tous les sujets et dans toutes les langues. J'aimais beaucoup Umbalo, mais la rencontre avec sa mère fut une véritable révélation, tout comme celle que j'avais ressentie à Yanyuan, après mon premier voyage en voiture, en entrant dans l'obscurité humide des douches publiques. Avant de rencontrer madame l'ambassadrice, je croyais que la Chine était le monde entier, mais là je découvrais que, en dehors de notre empire du Milieu, il y avait un autre monde, peut-être aussi grand et aussi beau que la Chine. Et je voulais voir ce monde. Je voulais voyager. Je voulais être exactement comme madame l'ambassadrice.

Je restai à Pékin deux jours seulement, juste assez pour terminer l'enregistrement pour le documentaire – ce film gagnerait un prix majeur dans un festival international un an ou deux plus tard, mais il serait alors censuré par les autorités chinoises et ne serait donc pas vu par le public. J'étais très triste de quitter Mme l'ambassadrice, mais j'étais aussi très impatiente de rentrer au dortoir pour voir la tête de Hong Ling quand j'ouvrirais ma petite valise remplie des cadeaux merveilleux de Mme l'ambassadrice – des habits, des livres, des cassettes de musique, de la nourriture mexicaine.

Presque tous les étudiants du conservatoire recevaient des colis de nourriture, des vêtements et de l'argent de poche de leurs parents. Les privilégiés avaient peut-être une centaine de yuans par mois. Je n'avais que la bourse mensuelle de trente yuans que je recevais de l'école, et qui me donnait non seulement un sentiment d'infériorité mais me laissait avec la faim au ventre. C'était si peu d'argent que j'avais déjà tout dépensé à la fin de la troisième semaine de chaque mois juste en achetant des tickets de nourriture. Pour gagner un peu d'argent, je faisais des courses pour mes camarades, j'allais chercher leur courrier à la poste, leur Thermos d'eau chaude pour faire leur thé et leur toilette. Mais je n'avais jamais assez à manger. J'avais toujours faim, et en hiver, dans le dortoir qui n'était pas chauffé, j'étais transie de froid. Il m'arrivait d'avoir tellement froid que certains matins je ne pouvais pas sortir de mon lit. Je restais sous ma couette jusqu'à la dernière minute avant d'aller en cours, et je rêvais de notre feu de bois, de thé au beurre et de pommes de terre rôties dans la braise. Et puis, j'imaginais le visage de ma Ama dans la lueur du feu. Pensait-elle à moi ? Est-ce que je lui manquais ? Est-ce que je la reverrais ? Mais bien sûr je la reverrais. Quand je serais devenue célèbre. Quand je pourrais réparer les choses terribles que j'avais faites et qu'elle pourrait être fière de moi à nouveau. Après tout, c'était bien pour cela que j'étais ici, dans la meilleure école de musique de toute la Chine. Parce que je voulais montrer à ma mère que je pouvais réaliser mon rêve à moi.

En fin de semaine, ma camarade Hong Ling rentrait chez ses parents, et le dimanche soir elle rapportait toujours des beignets au dortoir. Le lendemain matin, elle en mangeait deux ou trois, et puis elle me regardait, poussait un soupir et me donnait le reste

« Tiens, prends-les. J'en mange tout le temps. »

La condescendance était flagrante, mais je ne savais pas ce que c'était que d'avoir le ventre plein, et mon ventre passait toujours avant ma fierté, sinon mon ressentiment.

Parfois, le Pr Cui, notre professeur de musique ethnique, m'aidait à calmer ma faim en m'invitant chez lui pour manger toutes sortes de mets bien épicés. Une fois, il me fit passer un disque, à faible volume.

– Mais qu'est-ce que c'est ? m'écriai-je avec enthousiasme. C'est tellement beau. Pourquoi vous ne le mettez pas plus fort ?

– Chut, écoute ! C'est de la musique taïwanaise. On n'est pas supposé écouter ça ici. C'est de la musique décadente.

J'aimais la musique décadente. C'était tellement différent du répertoire communiste que nous étudiions, avec ses airs toujours un peu militaires, des airs pour élever l'âme collective et vous envoyer tambour battant faire la gloire du pays et la révolution. La musique taiwanaise était douce, romantique, et elle ne faisait battre que le cœur.

Un jour, au début du printemps, j'étais assise à la cantine, en train de manger un bol de nouilles et d'écouter une conversation entre deux garçons assis à la table d'à côté. L'un d'eux m'avait impressionnée par sa tenue vestimentaire plutôt voyante et ses cheveux, coupés très court, qui lui donnaient l'air d'un étranger. Il n'était pas étudiant au conservatoire. Mais il était guitariste, il avait son propre groupe, et il gagnait vingt-quatre yuans de l'heure en jouant dans des restaurants et des night-clubs. Il cherchait une chanteuse.

– Eh, je peux chanter dans ton groupe ! m'écriai-je. Je suis chanteuse !

Il s'appelait Zhu He, et nous devînmes tout de suite amis. En moins de deux heures, j'étais au restaurant en train de répéter avec le groupe, de la musique taïwanaise à l'eau de rose, belle et décadente. La plupart des chansons étaient de Den Lijun, dont la musique était officiellement interdite mais dont on trouvait des cassettes en vente à tous les coins de rue grâce au marché noir et à l'insouciance nationale quant aux droits d'auteur. Cette année-là, on entendait les chansons de Deng Lijun dans toutes les rues de Shanghai, elles s'échappaient des restaurants, des appartements, des petits commerces ; on les sifflait sur tous les chantiers de construction, on les fredonnait sur toutes les lèvres.

Dès la première répétition, Zhu He fut très content de moi, et le patron des Quatre Saisons aussi, surtout quand il apprit que j'étais étudiante et qu'il se rendit compte qu'il n'y avait pas de raison de me payer un cachet de professionnel. Si bien que, au lieu de gagner vingt-quatre yuans comme les autres, j'en recevais sept et on me donnait du jus d'orange, un bout de gâteau et une pomme dans un petit sac en papier. J'étais très contente. Dans les années quatre-vingt, le jus d'orange et le gâteau étaient des produits de luxe en Chine, et sept yuans de l'heure trois fois par semaine, cela ajoutait vingt et un yuans par semaine à ma bourse de trente yuans, ce qui n'était pas négligeable. Et puis, Zhu He m'offrit plus de travail. En quelques semaines, je chantai dans trois endroits – je commençais à sept heures du soir aux Quatre Saisons, et je finissais aux Cerisiers en Fleur juste à temps pour rentrer au conservatoire avant que le petit vieux ne ferme les portes. Zhu He me surnomma Yang-Yang parce que c'était mignon et que c'était plus facile à mémoriser pour les clients que Yang Erche Namu, et il m'apprit à me présenter en susurrant avec l'accent de Hong Kong :

« Bonjour tout le monde, je m'appelle Yang-Yang ! Bienvenue à tous ! »

L'effet était très kitsch – tellement kitsch que je n'eus jamais le courage d'inviter Umbalo (qui détestait le toc et le mélo) à venir m'écouter chanter. Eh oui, c'était du toc et c'était de mauvais goût, mais j'adorais être sur scène, et j'étais bien payée.

En fait, non seulement je commençais à bien manger, mais j'avais de l'argent à dépenser et j'aimais en mettre plein la vue. Je demandai à Umbalo de m'accompagner au magasin de l'Amitié pour m'aider à acheter une valise neuve, du rouge à lèvres, du café. J'empruntais des journaux de mode aux étudiantes étrangères et je me faisais faire des vêtements neufs, dont une salopette jaune et une minijupe rose. Un jour que je me promenais en minijupe, un étudiant américain me dit :

– Namu, tu as de très belles jambes !

Je le regardai et puis je regardai mes jambes. Comme je ne comprenais pas, il dit, en anglais cette fois :

– *Sexy !*

Sexy était un de ces mots anglais que tout le monde comprenait, mais je restai perplexe. Il ne m'était jamais venu à l'idée que des jambes puissent être belles ou provocantes ; pour moi, les jambes servaient tout bonnement à marcher. Je montrais les miennes pour ressembler aux modèles des revues de mode étrangères. Pour nous, les Moso, *sexy* et beau voulaient dire la même chose, et la beauté était un visage de femme, ou les mains longues et élégantes d'un homme, ou une taille élancée (pour les hommes et les femmes).

– *Yes, really sexy!* répéta l'Américain, en riant de l'expression confuse de mon visage.

Je ris aussi, parce que je trouvais le compliment plutôt drôle, et puis je pensai à Geko, qui n'aurait jamais pensé à me dire que j'avais des jambes *sexy.*

Dans le petit village qu'était le conservatoire de musique, faire étalage de sa frénésie de consommation et s'habiller de manière ostentatoire ne pouvaient que provoquer les mauvaises langues, et, comme j'avais gardé le secret sur la nature de mon travail, toutes sortes de rumeurs coururent bientôt à mon sujet. Il ne fallut pas longtemps avant que le bruit n'arrive aux oreilles de mes professeurs. Quand ils découvrirent quel était mon travail, ils ne furent pas particulièrement impressionnés.

« Les étudiants du conservatoire n'ont jamais chanté dans des night-clubs », dirent-ils.

Mais j'argumentai que ma bourse était très maigre, que je n'avais aucun soutien familial, que j'avais vraiment besoin d'argent – s'ils ne voulaient pas que je gagne de l'argent, ils n'avaient qu'à me nourrir. La bataille fit rage pendant plusieurs jours, et les professeurs se fatiguèrent avant moi. Après tout, nous vivions dans les années quatre-vingt, à une époque de libéralisation, de réformes économiques et sociales. Shanghai renouait avec son passé cosmopolite, et les jeunes faisaient l'expérience d'une liberté dont leurs parents n'auraient même pas pu rêver. À la fin, je n'entendis plus parler de rien et j'en conclus que j'avais gagné.

Après cela, je me lançai dans le commerce. À cette époque, en Chine, tout le monde raffolait de tout ce qui était *made in Taïwan* ou *Hong-Kong.* Tout ce qui provenait du monde capitaliste attirait, et le *made in Taïwan* avait aussi l'avantage d'appartenir à la langue et à la culture chinoises. Au conservatoire, les étudiants étaient fous des romans d'amour taïwanais pleins de sentimentalité bourgeoise et d'individualisme à vous briser le cœur, mais il était tellement difficile de se procurer ces livres que des étudiants vendaient des manuscrits qu'ils avaient recopiés à la main, tandis que d'autres formaient des queues interminables autour de la machine à photocopier de l'école. Sur un renseignement confidentiel obtenu au night-club, je décidai d'aller à Pékin pour acheter des livres des auteurs les plus prisés, San Mao et Chong Yao. J'avais gagné assez d'argent pour m'acheter un billet d'avion, et je m'envolai pour Pékin un matin (mon tout premier voyage en avion) et revins le soir même avec deux énormes boîtes remplies de livres, dont quelques douzaines d'exemplaires du livre de Chong Yao, *Sous ma fenêtre.* Je devins très vite la star du campus, je louais les livres cinq yuans chacun et, en un rien de temps, j'avais récupéré le prix de mon billet d'avion.

Pourtant, le roman de Chong Yao faillit me coûter ma place au conservatoire.

Selon le règlement de l'école, toutes les lumières devaient être éteintes dans les dortoirs à partir de onze heures. Si bien qu'après onze heures on lisait avec des lampes de poche. Un soir, Hong Ling, qui était en train de lire *Sous ma fenêtre,* m'appela du haut de son lit :

– Eh, Namu, tu peux me passer ta lampe de poche cinq minutes ? Je n'ai plus de piles.

Je lui tendis ma lampe et en profitai pour poser mon livre et aller aux toilettes. Quand je revins au dortoir, Hong Ling voulut garder la lampe un peu plus longtemps, juste pour finir de lire une phrase, et puis pour finir un paragraphe, et un autre, et une page...

Au bout d'un quart d'heure, je m'impatientai.

– Hong Ling ! Donne-moi ma lampe !

Mais elle n'avait aucune intention de me la rendre. Elle inventait d'autres excuses et faisait semblant de ne pas m'entendre ; et quand j'insistai, elle me lança :

– Mais qu'est-ce qui te démange, cul-terreux ?

Et elle me tourna le dos. Et ça, ça n'avait plus rien à voir avec le roman de Chong Yao. Hong Ling avait décidé de me faire la leçon, de me rappeler que, il n'y avait pas si longtemps, je lui apportais sa Thermos, je mangeais ses beignets avec reconnaissance. Je pouvais m'habiller comme je le voulais et gagner tout l'argent que je pouvais à chanter dans un night-club, je n'étais et ne serais jamais qu'une paysanne qui s'était sali les fesses dans la boue des champs.

– C'est ma lampe et je la veux maintenant ! dis-je en élevant la voix. Tu n'as qu'à te lever et aller chercher tes piles !

– Oh, va te faire foutre, toi, ta mère et le reste de ta famille !

Elle n'en dit pas plus. J'en avais assez entendu. J'en avais assez entendu dès le premier jour où j'étais entrée dans le dortoir, il y avait trois ans. J'empoignai ses couvertures et son haut de pyjama. La lampe de poche vola à travers la pièce et, enfin, j'attrapai Hong Ling par les cheveux, je la sortis du lit, hurlant et pleurant de terreur, et je la rouai de coups. Quand enfin je la relâchai pour allumer la lumière, elle gisait par terre, gémissante, la figure toute rouge, les cheveux défaits, le pyjama complètement déchiré. Les trois autres filles contemplaient la scène assises sur leur lit, visiblement terrorisées. Comme j'étais encore folle de rage, j'empoignai tout ce que je trouvais qui lui appartenait, même ses valises, et je le balançai par la fenêtre. On avait allumé la lumière dans le couloir et d'autres filles apparurent à la porte.

– Mais qu'est-ce qui s'est passé ?

– Hong Ling, tu vas bien ?

Alors, en voyant la peur sur leur visage, je me forçai un passage dans le couloir où j'allai frapper à toutes les portes qui n'étaient pas encore ouvertes.

– Si vous voulez savoir ce que cette péquenaude d'indigène au cul terreux vient de faire à Hong Ling, sortez de vos lits, et allez voir de vos propres yeux !

Cette nuit-là, quand tout le monde rentra se coucher, je dormis très bien. Mais, le lendemain après-midi, je fus appelée au bureau du directeur où Hong Ling, sa mère, son père, son frère et trois membres de l'administration m'attendaient. Je fus fortement corrigée, critiquée, et sommée de présenter des excuses. Mais je ne pouvais pas. Hong Ling avait insulté ma mère. Ce qu'elle avait fait était pire que tout. Elle n'aurait pu me blesser davantage si elle m'avait enfoncé un couteau dans le cœur. Je me tournai vers la mère de Hong Ling :

– Je sais que je n'aurais pas dû la frapper. Vous êtes sa mère et elle est votre chair, mais moi aussi je suis la chair de ma mère. Hong Ling devrait respecter ma mère. Elle ne peut pas insulter ma mère. Et elle ne devrait pas m'insulter moi, juste parce que je suis d'une ethnie minoritaire et que je viens de la campagne. Même un lapin peut mordre si on lui fait trop de misères.

Pour finir, il me fallut écrire une autocritique, et mon nom, avec l'histoire de Hong Ling, apparut sur le tableau disciplinaire à la vue de tous. Pendant les semaines qui suivirent, j'entendis les étudiants chuchoter sur mon passage ·

« Cette fille de minorité sait vraiment se battre. »

Mais c'était mieux que d'être renvoyée. Et je ne doute pas que, si j'avais été une étudiante han, j'aurais été renvoyée. J'avais commis une faute très grave en battant ma camarade, car Hong Ling était la fille d'une famille importante – mais personne au conservatoire ne voulait prendre le risque de me voir porter plainte à l'institut des Minorités de Pékin.

Tout de même, l'idée d'avoir failli perdre ma place au conservatoire me faisait froid dans le dos. Où aurais-je bien pu aller ? Que ferais-je de moi, si je perdais mon rêve ? Où trouverais-je le courage de revoir ma mère ? Parce qu'un jour je reviendrais à la maison, chez ma Ama. Je deviendrais une chanteuse célèbre, j'apporterais la gloire aux gens du village et je rentrerais à la maison, la tête haute, et elle me pardonnerait tout. Il faudrait bien qu'elle me pardonne.

Ce qui s'était passé avec Hong Ling m'angoissa pendant

longtemps, et me fit prendre encore plus conscience des limites à ne pas dépasser. Deux choses m'avaient toujours paru valoir la peine d'être évitées : la politique et le sexe, deux sujets sur lesquels mes connaissances étaient extrêmement rudimentaires, obtenues par des cours obligatoires auxquels tout le monde, partout en Chine, était officiellement soumis.

En fait, à cette époque, personne en Chine ne s'intéressait à la politique, ou, pour être plus précise, personne ne s'intéressait aux cours de politique, mais, durant les cinq années que je passai au conservatoire, je n'osai jamais rater un cours – parce que je n'étais pas tout à fait sûre de ma situation, d'abord en raison de mon mauvais niveau de chinois, puis plus tard à cause de mon travail au night-club, et finalement à cause de l'incident avec Hong Ling. Ou peut-être, tout simplement, je n'osais pas rater les cours de politique parce que le conservatoire était mon rêve et je n'aurais risqué ma place pour rien au monde, encore moins pour enfreindre une règle à laquelle personne ne tenait. Même si les cours de politique étaient obligatoires, il m'arrivait souvent d'être toute seule en classe. Presque personne ne se donnait la peine de venir et les quelques étudiants présents s'ennuyaient tellement qu'ils s'endormaient sur leur bureau bien avant la fin de la classe. Parfois je me demandais même s'ils ne venaient pas en classe juste pour faire un petit somme et profiter de l'occasion pour se remettre de la fête de la veille.

Parfois, même les professeurs s'endormaient. Mais il arrivait aussi qu'ils parlent ouvertement de ce qu'ils avaient vécu durant la Révolution culturelle. Bien sûr, moi aussi, je me rappelais les Gardes rouges qui avaient collé leurs affiches aux murs de notre village, et je n'avais pas oublié les détails les plus affreux des histoires que les hommes racontaient autour du feu de camp. Mais j'avais toujours pensé que les Han – ces ogres imaginaires dont nos mères nous parlaient pour nous terroriser quand nous étions vilaines – nous avaient fait ça à *nous*, quand ils étaient venus nous chercher. Avant d'entendre mes professeurs parler pendant le cours de politique, je ne savais pas que la Révolution culturelle s'était faite dans toute la Chine – les voisins qui s'espionnaient, les amis qui se dénonçaient, les enfants qui crachaient sur leurs parents, les étudiants qui frappaient leurs professeurs. En voyant mes professeurs parler les mains tremblantes, de ces dix années d'amertume, je me disais que ces gens-là étaient vraiment fous. Ces gens-là étaient fous et dangereux. Mais, quant à savoir qui ils étaient, je n'en avais pas la moindre idée.

Les cours d'éducation sexuelle attiraient un plus grand nombre d'auditeurs, mais ils étaient complètement dépourvus de poésie. Au conservatoire, on n'enseignait pas l'amour avec des chansons et des improvisations spirituelles, mais dans le contexte d'un enseignement général sur l'hygiène physique où on apprenait le nom des parties du corps qui différenciaient les hommes et les femmes, et desquelles découlait la mécanique de la procréation. Quant au sexe sans procréation, notre professeur nous enseigna que c'était un passe-temps sain, auquel les couples mariés pouvaient s'adonner en toute sécurité jusqu'à deux fois par semaine. Je pensais aux femmes moso qui chantaient autour des feux de camp, qui faisaient l'amour sous les étoiles, qui allumaient le petit feu dans leur chambre des fleurs, pas trop fort, pas trop chaud, mais juste assez pour que leur corps se détende. Peut-être que les corps moso étaient différents des corps han. Quand j'étais entrée dans les douches communes du conservatoire la première fois, j'avais trouvé les filles han très blanches, leur corps plat, leurs seins tout petits. Et j'écoutais le professeur en me disant que ce n'était pas étonnant que les Han n'aient pas besoin de faire l'amour. Les filles han m'avaient regardée elles aussi. Elles s'étaient arrêtées de parler et avaient fixé leurs regards curieux sur mon corps brun. L'une d'entre elles avait dit :

– Pourquoi a-t-elle de si gros seins ?

– Toutes les femmes des minorités sont comme ça, elles sont comme les étrangères. C'est parce qu'elles mangent des produits laitiers, avait répondu une autre en guise de diagnostic.

Mais, après ma première année d'école, je découvris que ce n'étaient pas les corps han et moso qui étaient différents, c'était notre façon de penser. Les étudiants du conservatoire avaient autant envie de faire l'amour que les paysans moso, et ils n'hésitaient pas à profiter des petits recoins obscurs qui leur offraient un peu d'intimité. D'autres aussi appréciaient ces cachettes : les agents de sécurité, qui semblaient trouver encore plus de plaisir à épier les couples qu'à les arrêter. Toutefois, si et quand les étudiants se faisaient prendre, il n'y avait qu'une sanction, et elle était dure et rapide : c'était le renvoi définitif de l'école, comme cela était arrivé à la Chinoise qui avait eu une aventure avec l'Africain.

Une autre étudiante avait aussi fait parler d'elle – une jeune fille han, très belle, qui était tombée amoureuse d'un garçon de sa classe. Elle avait pris le train pour subir un avortement illégal dans une petite ville de campagne, et elle était revenue dans un état tellement pitoyable que les professeurs avaient vite découvert ce qui s'était passé. En sortant de l'hôpital, elle avait été convoquée par l'administration de l'école. Elle avait été critiquée et on lui avait ordonné d'écrire une confession, de dénoncer le père du bébé et de rendre compte de tous ses rendez-vous amoureux dans tous les détails. Mais elle ne se soumit pas si facilement. Au lieu de donner le nom de son petit ami, elle donna le nom de onze professeurs. Quand l'administration et les professeurs lurent sa déposition, ils décidèrent d'oublier la confession et elle ne fut pas renvoyée. L'école voulut quand même faire un exemple et l'histoire de son avortement fut publiée sur le tableau disciplinaire pour que tout le monde se moque d'elle. Cette histoire m'avait terrifiée.

Quand les garçons me regardaient, j'évitais toujours leurs yeux, même s'ils brillaient comme des étoiles. J'aimais rire, j'aimais plaisanter, aller aux fêtes où on dansait joue contre joue sur de la musique lente et décadente, mais je ne dansais jamais deux fois de suite avec le même garçon, et je ne me faisais jamais raccompagner au dortoir tard dans la nuit. Pourtant, avant de m'endormir, je pensais souvent à Geko. Et, au fil des mois et des années, je pensais de plus en plus à lui. Que faisait-il? Qui l'aimait? Que penserait-il de moi s'il me voyait pédaler sur ma bicyclette dans les rues de Shanghai? Dans des rêves éveillés et doux, je m'imaginais seule dans ma chambre des fleurs. Geko frappait à ma fenêtre. Et je me levais toujours pour lui ouvrir la porte. Mais tout cela se passait dans mon village, dans mon imagination. Ici, à Shanghai, l'amour était beaucoup trop dangereux et je gardais mes distances.

Un jour, une camarade de classe me dit qu'il y avait une lettre pour moi à la poste.

– Tu es sûre? demandai-je sans y croire.

Je n'avais encore jamais reçu de lettre. J'avais pensé écrire à ma mère à plusieurs reprises – sûrement, elle était anxieuse de savoir ce que je devenais. Mais, à chaque fois que je pensais écrire, je décidais que ça ne valait pas la peine. Ma Ama ne savait pas lire. Si j'écrivais, il lui faudrait trouver quelqu'un pour lui lire la lettre et ça lui coûterait au moins un poulet. Je ne voyais pas l'intérêt de lui rendre la vie encore plus dure.

Qui donc aurait pu m'écrire? Était-il possible que cette lettre vienne de Zuosuo? Était-il arrivé quelque chose à ma mère? Je courus à la poste. Ma camarade de classe avait raison. Mon nom était bien écrit sur le panneau.

L'enveloppe était épaisse. La lettre ne venait pas de Zuosuo, mais elle ne venait pas non plus de très loin de mon village. L'adresse de l'expéditeur était à Lijiang. Je retournai la lettre. L'écriture était très belle, tellement belle que j'eus un moment d'hésitation avant de déchirer l'enveloppe. Dedans, il y avait huit pages. En haut de chaque page, on lisait, imprimé dans une belle calligraphie, *Le Journal des Camélias.* Alors, je lus :

Chère petite sœur Namu.

Je m'appelle Lamu Gatusa. Excuse-moi de t'écrire sans avoir été présenté. Je viens du village moso de Labei, dans les montagnes. L'année dernière j'ai obtenu une licence de lettres de l'université normale de Kunming et je travaille à présent à Lijiang où j'écris pour Le Journal des Camélias. *Il y a deux mois, je suis rentré voir ma famille, et je me suis arrêté à Ninglang en passant pour rendre visite à notre Bouddha vivant qui vient d'être rétabli dans ses fonctions par le gouvernement. Il m'a raconté ton histoire et m'a demandé de t'écrire parce que nous sommes deux jeunes Moso qui faisons notre vie dans le monde. Notre Guru dit que les Moso ont été coupés du monde par les montagnes depuis très longtemps et que notre peuple a besoin d'intellectuels et d'artistes de talent. Il dit aussi que tu es la gloire de notre peuple.*

Chère petite Namu, j'aurais voulu t'avoir connue avant que tu partes. Tout le monde dit beaucoup de bien de toi, et je suis encore célibataire…

Mais comment vas-tu ? Toi qui aimais tant le thé au beurre, as-tu pris goût au porridge au riz ? Toi qui courais pieds nus dans la montagne, as-tu appris à marcher en hauts talons dans les rues de Shanghai ? Toi qui as grandi sous les murmures des sapins, supportes-tu le vacarme de la ville ?…

Je lus et relus la lettre encore plusieurs fois. Tout à coup, mon village semblait si proche. J'avais l'impression que ma Ama se tenait à côté de moi, qu'elle me souriait, que son beau visage rayonnait de fierté, exactement comme elle était quand j'étais rentrée de Pékin avec les deux cents yuans enroulés dans le joli papier rouge. Et Gatusa qui avait écrit : *Je suis encore célibataire...* J'éclatai de rire. On pouvait faire confiance à un Moso pour ne pas vouloir laisser passer une occasion ! Et le Bouddha vivant, qui était revenu des travaux à la ferme et qui disait de telles choses sur mon compte. Et tous les gens qui étaient fiers de moi ! Je me dis, ils m'ont pardonné. Ma Ama m'a pardonné ! Je peux rentrer à la maison maintenant ! Je peux rentrer quand je veux. Je vais revoir ma mère et Zhema et mes frères et ma petite sœur Jiama qui doit être grande maintenant.

Je rentrai au dortoir en courant, pris du papier à lettres et m'installai pour écrire la toute première lettre de ma vie. Je m'assis, je réfléchis, très consciente que ce que j'allais écrire ne serait pas seulement pour Gatusa mais aussi pour ma Ama, mes petits frères et mes sœurs, les voisins – peut-être même pour le Bouddha vivant. Ce qui en fin de compte me parut faire beaucoup de monde. Je ne savais pas quoi dire ni même par où commencer. Quand, enfin, je réussis à couvrir le papier de quelques lignes, mon écriture me parut tellement maladroite, mes phrases tellement banales, à côté de la belle prose de Gatusa, que je recommençai tout. J'essayai d'écrire pendant une semaine entière, mais j'écrivais une ou deux pages puis je déchirais la lettre et la jetais dans la corbeille.

Au bout d'une semaine, je me dis : Lijiang est un trou perdu dans la montagne. Personne n'aura entendu parler de *Sous ma fenêtre*, là-bas. J'allai chercher le livre sur l'étagère. Chong Yao écrivait avec tant de finesse, j'étais certaine de trouver quelque chose dans son roman qui puisse exprimer mes sentiments – quelque chose de beau, digne de la lettre de Gatusa. Alors je sélectionnai des passages avec soin, je recopiai en changeant les noms, les endroits, et je terminai ma lettre longue de huit pages. Je la mis à la poste et, la semaine suivante, j'eus une réponse de Gatusa. Il avait trouvé que j'écrivais très bien.

Durant le reste de l'année scolaire, je reçus une lettre de Gatusa par semaine, et je ne manquai jamais de lui répondre en lui renvoyant un nombre correspondant de pages. Au cours des mois, il écrivit des lettres de plus en plus poétiques, et moi je fis des plagiats de plus en plus convaincants. Je passais tout mon temps libre à la bibliothèque et dans les librairies, à lire, à me renseigner, à rechercher un poème, une dédicace, un prologue, une histoire qui pourraient exprimer ce que mon cœur ressentait et que mes talents ne me permettaient pas d'écrire. Il m'arrivait de penser que même si, à la fin, tout cela ne menait à rien, j'aurais au moins fait des progrès remarquables en lecture.

Je gardais toutes les lettres de Gatusa dans la taie de mon oreiller d'où je les sortais à maintes reprises pour les relire. Je pensais à lui sans arrêt. J'étais amoureuse. J'imaginais tout naturellement qu'il ressemblait à Geko, qu'il était grand avec une peau brune, des doigts longs et forts. Je le voyais assis devant son bureau, au *Journal des Camélias*, en train d'écrire, de fumer une cigarette bon marché, de chercher l'inspiration en soufflant par le nez, en faisant des ronds de fumée dans l'air. Je me voyais, moi, en train de lui servir un bol de thé au beurre, debout à ses côtés, la main posée sur son épaule, mes ongles peints en rose. Je massais ses épaules fatiguées, je baissais la tête pour lui chuchoter une douceur à l'oreille et je laissais une trace de rouge à lèvres, à peine visible, sur le lobe de son oreille. J'imaginais que nous étions comme les amants dans *Sous ma fenêtre*.

Je n'avais jamais été aussi heureuse. Mon cœur débordait de poésie – des poèmes de Gatusa. Je me pliais même de bon gré aux leçons de chant. J'écoutais mon professeur et je lui souriais. Cette année-là, je fis aussi mon premier enregistrement professionnel. Le titre était : *Une jeune fille moso chante l'amour* et je chantai chaque chanson pour Gatusa. Le monde me semblait être rempli de joie et l'avenir plein d'espoir. Le temps passa très vite. Pendant l'été, je passai une partie des grandes vacances à Pékin avec Umbalo et sa famille, et, quand l'école reprit en septembre, j'attendais déjà le Nouvel An et les vacances d'hiver. J'avais décidé de rentrer à la maison, pour voir ma mère et rencontrer Gatusa.

De retour à la maison

En Chine, l'idée de passer le Nouvel An sans sa famille est presque insupportable, et j'avais passé trop de fêtes toute seule dans mon dortoir froid, à rêver de rentrer à la maison. Au début de l'automne 1986, j'écrivis à Gatusa que j'avais enfin décidé de rentrer pour le Nouvel An. Cela faisait trop longtemps que je n'avais pas vu ma famille. Et cela faisait très longtemps que j'avais cassé la cuisine de l'école. Je n'avais sûrement plus rien à craindre. J'étais la gloire de mon peuple, j'avais enregistré ma première cassette en tant que professionnelle, et dans deux ans je serais diplômée de la meilleure école de musique de toute la Chine.

Je ne pris pas le train pour Chengdu, mais pour Kunming. Gatusa avait prévu de me rencontrer à Ninglang où nous irions rendre visite au Bouddha vivant. De Ninglang, je pourrais faire tout le voyage en Jeep, jusqu'à la rive occidentale du lac Lugu.

J'emportai deux valises bourrées de cadeaux, de vêtements, de café, de thé, de bonbons, de baume de tigre. J'avais aussi une bague en or pour ma mère, un long manteau en laine pour mon père et deux boîtes de cigarettes américaines pour Gatusa. Les cadeaux avaient un peu dépassé mes ressources financières et je dus voyager en troisième classe, mais l'idée que Gatusa m'attendait au bout du chemin me rendait tout plus facile à supporter. Surtout, j'étais avec cinq autres camarades du conservatoire – des étudiants han, bai et yi de la province du Yunnan qui rentraient chez eux. Nous avions quatre sièges pour nous tous, ce qui offrait un certain confort. La nuit, nous nous relayions pour nous asseoir sur les banquettes ou nous endormir en nous appuyant sur l'épaule de l'un ou l'autre. Pendant la journée, nous jouions aux cartes, nous chantions, nous plaisantions et nous occupions de notre mieux pour passer le temps. Arrivée à Kunming, je dis au revoir à mes amis et montai dans le car pour faire le voyage de vingt-quatre heures jusqu'à Lijiang et, après une nuit de repos à Lijiang, je montai dans un autre car pour un voyage de douze heures en direction de Ninglang, en passant par Huapin et Yongshen. Pendant la dernière partie du voyage, tout le monde se mit à vomir, alors, pour ne pas perdre patience, je me dis que moi aussi je n'avais pas arrêté de vomir la première fois que j'avais voyagé en voiture sur une route de montagne. Et puis, en nous rapprochant de Ninglang, le grand ciel bleu et les montagnes rouges me firent presque oublier mes contrariétés.

Le car entra dans la gare routière et s'arrêta. Les passagers, qui n'en pouvaient plus, bondirent de leur siège pour descendre, allumant des cigarettes, se bousculant, trébuchant sur des sacs et sur des pieds. Je prenais mon temps. Je versai un peu d'eau de ma bouteille sur un petit bout de tissu pour me nettoyer le visage. J'appliquai du rouge à lèvres rose, je brossai mes cheveux, coupés mi-long. Je voulais être présentable.

En prenant soin de ne pas marcher dans quelque chose de dégoûtant avec mes belles chaussures de ville, je descendis du car et trébuchai sur le trottoir devant les autres passagers, alors que je me dirigeais vers l'arrière du car pour retrouver mes deux valises. Puis j'attendis sous le porche. Un peu angoissée, je promenai mon regard autour de la cour, cherchant, parmi les paysans en bleu de travail et les femmes yi en jupe multicolore, un écrivain moso, beau, grand, avec un pull gris, une chemise à col blanc et un long manteau noir.

Je ne voyais personne répondant à cette description.

Mais je remarquai, à quelques pas de moi, un homme de taille moyenne qui portait des chaussures de sport blanches et une espèce de veste blanche, et qui me regardait. Nos yeux se croisèrent et je détournai le regard, un peu mal à l'aise. Quand l'homme à la veste blanche se rapprocha de moi, je fus soudain terriblement impatiente de voir Gatusa.

– Le car est arrivé en avance, dit-il en moso.

– Où est Gatusa ? répondis-je en le regardant à peine, très inquiète, pensant que Gatusa avait peut-être eu un accident.

– Mais c'est moi, Gatusa.

Je le regardai. Je ne pouvais y croire. C'était Gatusa ? Mais non, ce n'était pas possible !

Une petite étincelle moqueuse jaillit au fond de ses yeux noirs.

– Peut-être que je ne corresponds pas à ce que tu avais imaginé… dit-il en souriant.

Je lui lançai un regard furieux.

– Mais c'est vrai. Je suis Gatusa, répéta-t-il.

Alors là, il avait raison. Il ne correspondait pas du tout à ce que j'avais imaginé ! Il ne ressemblait pas du tout à Geko ! Et cet affreux sourire ! Comment osait-il me sourire comme ça ?

– Tu es Gatusa ?

Je lui jetai mon sac à la figure et je criai en chinois :

– Comment oses-tu être aussi moche ?

Nous restâmes plantés là, face à face, à nous regarder en silence, à ne pas en croire nos yeux et nos oreilles.

Gatusa ne s'abaissa pas à me répondre. Il se baissa seulement pour ramasser mon sac à main, qu'il me rendit. Puis il prit mes valises et dit d'une voix calme :

– Allons-y ! Tu dois avoir faim.

Oh, mais pourquoi n'avais-je pas pensé à lui demander de

m'envoyer une photo ? Mais je n'avais même pas pensé à lui envoyer une photo de moi ! Pourquoi lui en aurais-je demandé une, à lui ? Nous étions moso. Échanger des photos ne faisait pas partie de nos coutumes. Et, pourtant, j'avais l'impression d'avoir été trahie. Comment pouvait-il écrire de si belles choses et s'habiller comme ça ? Je ne voulais pas marcher à ses côtés. Je le suivis à un mètre de distance.

Gatusa s'était arrangé pour nous faire héberger chez son ami Qin Zhengxing et sa famille. La femme de Qin avait préparé un véritable festin en mon honneur et, quand nous arrivâmes, elle était prête à servir. Émue de toute cette gentillesse et revigorée par l'excellence des plats, j'arrivai à sourire et même à me sentir un peu honteuse. Mais quand, après dîner, Qin appela les enfants et qu'ils se retirèrent tous pour nous laisser seuls, je me sentis de nouveau furieuse. Je restai sur ma chaise le regard fixe, comme si Gatusa était devenu invisible.

Il but son thé tranquillement, sans s'inquiéter de ma mauvaise humeur, et il se mit à me parler de son travail, de ses rêves. Il voulait réunir et traduire toute la littérature orale des Moso pour le *Journal des Camélias*, et il rêvait d'enregistrer toutes les cérémonies des daba, toutes les chansons et toutes les histoires.

– Cela me prendra des années, mais je suis encore jeune... Tu verras, les choses ont beaucoup changé depuis que tu es partie. Presque tous les enfants vont à l'école maintenant. On leur enseigne la culture han et toutes sortes de choses sur le monde moderne. Si nous ne prenons pas le temps de recueillir notre culture, dans une génération tout sera peut-être perdu. Bien sûr, nous ne devons pas rester en dehors du monde.

Il me regarda avec une certaine intensité, les yeux brillants d'intelligence, et peut-être aussi d'un peu de mépris.

– Le problème est de savoir comment rejoindre le monde sans nous y perdre complètement.

Comme je n'avais pas de réponse à cette question, il parla d'autres choses qui concernaient notre peuple, notre histoire et notre avenir – des choses dont je ne savais rien. Il était souvent très drôle, et il s'exprimait avec une grande beauté et beaucoup d'intelligence. Je n'avais jamais rencontré un homme plus intelligent, plus charmant que Gatusa. Sa conversation m'enchantait, tout comme ses lettres m'avaient enchantée, jusqu'au moment où, très tard dans la soirée, quand il fut l'heure de dormir, je demandai à l'épouse de Qin de me montrer la chambre des enfants.

Le lendemain matin, au petit déjeuner, j'étais encore une fois de très mauvaise humeur, ce qui mit tout le monde très mal à l'aise. La tension, à peine atténuée par les rires des enfants, était palpable, et les Qin se sentirent bien soulagés quand Gatusa regarda sa montre et annonça qu'il nous fallait partir parce que le Bouddha vivant nous attendait.

Nous pressâmes le pas en direction du bâtiment moderne et laid dans lequel notre Guru résidait avec le titre officiel de président de la Conférence consultative politique du peuple chinois, la CCPPC. Gatusa ouvrit la porte. Un parfum d'encens nous enveloppa. Je le suivis à l'intérieur, dans des escaliers très noirs en haut desquels nous pénétrâmes dans un large hall animé par la lueur dansante de lampes à beurre. Quand mes yeux se furent accoutumés à la pénombre, je perçus les divans et les tables basses, les peintures murales, les sculptures en beurre, les encensoirs, un portrait de notre Bouddha vivant en chasuble jaune et, à côté, un autre portrait, plus large, de Mao Zedong. Le hall faisait mi-salle de réunion du Parti communiste et mi-temple tibétain, mais tout ici était propre, pur, tranquille. Je contemplai le grain de beauté sur le menton de Mao... comme celui de ma Ama, et je réalisai que c'était la première fois depuis que j'étais descendue du car à la gare routière de Ninglang que je pensais à ma mère. Je me rendis compte que, pendant tout ce temps, j'avais été tellement en colère contre Gatusa que j'avais complètement oublié ma Ama. Pourtant, je n'étais pas revenue au pays moso après tant d'années seulement pour rencontrer Gatusa.

La vérité, c'était que tout cela n'avait rien à voir avec Gatusa. La vérité, c'était que j'avais peur. J'avais très peur de rentrer à la maison. Ma Ama ne m'avait peut-être pas vraiment pardonné. Alors, pourquoi serais-je rentrée chez nous ? Et à quoi servaient tous les rêves du monde entier si je ne méritais même pas l'amour de ma mère ?

Notre Guru entra par une petite porte latérale, vêtu d'une veste grise de style Mao, et, sur la tête, il portait un chapeau d'hiver de l'Armée populaire de libération avec les oreilles en fourrure nouées par-dessus. Sans le rosaire qui lui pendait du cou, l'expression de bonté sur son visage, les sourcils épais et le front large qui brillait d'intelligence, on l'aurait pris pour un cadre du Parti. Mais c'était un dieu vivant et, même sous son chapeau de l'APL, il avait ce qu'on appelle un visage de bouddha. En le voyant entrer, je me sentis indigne d'être ainsi honorée.

Nous nous prosternâmes devant lui, le front au sol. Guru posa sa main sur ma tête et ensuite sur la tête de Gatusa, et il nous invita à nous asseoir à ses côtés sur un divan, tandis qu'un serviteur nous apportait du thé au beurre. Je bus une petite gorgée et relevai les yeux vers le portrait de Guru. Il était tellement plus beau avec son grand chapeau jaune qu'avec ce chapeau de l'APL.

– Parle-moi un peu de ta vie au conservatoire, demanda Guru.

Je lui racontai ma vie du mieux que je pouvais. Je lui parlai de Shanghai, de mes amis, de mes professeurs de chant, tout en lui épargnant les histoires de mon travail dans les night-clubs.

Guru m'écouta avec beaucoup d'intérêt, en souriant, en

hochant la tête, et, quand j'eus terminé, il croisa ses mains sur ses genoux et dit :

– Tu dois bien étudier. Tu dois devenir une chanteuse célèbre. Et toi, Gatusa, tu dois continuer à écrire et à consigner les coutumes et les histoires de notre peuple. Tous les deux, vous ferez connaître les Moso au reste du monde. Tous les deux, vous ferez connaître notre culture. N'oubliez pas vos origines et vos ancêtres.

Il fit une pause, but un peu de thé et reprit sur le même ton.

– Tous les deux, vous donnerez l'exemple à la jeune génération. Je suis vieux. Vous deux, vous devez travailler ensemble.

Gatusa me regarda du coin de l'œil et je lui retournai un regard furibond. Bien que l'attention que me prêtait le Guru me remplît de fierté, je commençais à trouver ses conseils agaçants, et surtout sa manière de répéter « vous deux » – comme si Gatusa et moi formions déjà un couple. J'avais l'impression de revivre l'expérience que j'avais eue avec Geko, quand ma mère nous avait laissés seuls dans la maison. J'avais l'impression qu'on voulait toujours organiser ma vie à ma place. Et puis, pourquoi aurais-je dû m'enticher d'un Moso ? Pourquoi voulaient-ils tous me garder dans les montagnes ?

Guru parla pendant plus d'une heure. Avant de nous dire au revoir, il me donna cent yuans pour m'aider dans mes études. J'étais très touchée et très gênée. Cent yuans n'étaient plus une grosse somme pour moi, grâce à mon travail dans les night-clubs, mais cela représentait plus d'un mois de salaire pour notre Guru. Je refusai de prendre l'argent, mais il insista, et Gatusa aussi insista. Alors je le remerciai de sa gentillesse et je lui fis un dernier *koutou*. En sortant, Gatusa tenta de me prendre la main pour m'aider à descendre les escaliers. Il était bien intentionné, car il n'y avait pas d'électricité et les escaliers étaient plongés dans l'obscurité, mais je le repoussai. Nous rentrâmes chez Qin Zhengxing sans échanger un mot. La femme de Qin nous apporta une tasse de thé. Gatusa alluma une cigarette. Voyant que je n'étais pas d'humeur à bavarder, il me raconta l'histoire de Guru.

Notre Bouddha vivant, Losan, était né sur la petite île de Nyropu, sur le lac Lugu. Sa mère était la femme du vieux seigneur féodal de Yongning. Durant sa grossesse, elle rêva à plusieurs reprises qu'elle se tenait dans la bibliothèque d'un monastère. Il n'y avait pas de portes, seulement des étagères pleines de livres. Dans un autre rêve, une voix l'appela.

« Très chère dame, ne vous inquiétez pas. Vous allez mettre au monde un petit Bouddha. »

Le jour où notre Guru naquit, la moitié du ciel prit une couleur rouge feu, un dragon sortit du lac Mère et s'envola vers le ciel, brassant des torrents d'eau dans son sillage. Il plana au-dessus de la déesse de la Montagne Gamu jusqu'à ce que notre dame donne naissance à son fils. Quand le petit Losan eut trois ans, des lamas tibétains arrivèrent de Lhassa pour chercher la réincarnation d'un saint du monastère de Delimin dans le Sichuan. Ils repartirent avec Losan. Ce dernier ne retourna au pays moso qu'en 1954, quand il prit la direction du monastère et des temples de Yongning. Mais, l'année suivante, l'Armée populaire de libération nous libéra de nos oppresseurs féodaux et notre Guru fut envoyé vivre à Ninglang. Pendant la Révolution culturelle, quand Mao Zedong déclara que la religion était un poison, notre Guru fut envoyé travailler dans une ferme collective, où il vécut comme un simple paysan, à faire pousser des légumes et à emmener les chèvres dans les montagnes. Tout ce qu'il avait appris ne servait plus à rien, mais il ne désespéra jamais. Il ne perdit jamais confiance en notre peuple. Après la Révolution culturelle, notre Guru fut de nouveau muté à Ninglang, où on lui donna le titre de président de la CCPPC.

L'année auparavant, il avait même pris part aux fêtes de la déesse Gamu, pour la première fois en plus de vingt ans.

Gatusa fit une pause.

– Tu sais que le gouvernement régional a insisté pour qu'on construise un mur qui sépare les femmes et les hommes aux sources chaudes ?

Il rit.

– Il arrive tout juste à l'épaule et ne sert strictement à rien !

Mais j'avais envie de parler d'autre chose. Mieux même, j'avais envie de ne pas parler du tout. Je m'excusai du bout des lèvres et je sortis me promener. Je ne pouvais plus supporter d'entendre parler de notre pays et de notre peuple. Je ne pouvais pas supporter de penser à mon pays avant d'avoir vu ma mère.

Le lendemain matin, je me réveillai très tôt. Gatusa était déjà debout. Il m'attendait dans la salle de séjour des Qin. Il me proposa, peut-être par politesse, de rester quelques jours de plus à Ninglang, mais je déclinai :

– Ma mère me manque trop. Je veux rentrer à la maison.

Et puis, j'avais convenu avec le chauffeur du Bouddha vivant qu'il me conduirait en Jeep jusqu'à Luo Shui, et il m'attendait déjà, certainement. Je donnai à Gatusa les cigarettes américaines que j'avais apportées pour lui, et du thé et des bonbons pour sa mère.

Dehors, une pluie fine et froide tombait. Je n'avais fait que quelques pas dans la rue, quand j'entendis courir derrière moi. Je me retournai. C'était Gatusa, il portait un parapluie. Qu'est-ce qu'il y a encore ? pensai-je. Il voulait que je prenne le parapluie. Je lui répondis d'un ton hargneux :

– Je n'en ai pas besoin !

– Oh ! Mais où as-tu donc attrapé ce mauvais caractère ?

répondit-il comme s'il s'était posé la question à lui-même plutôt qu'à moi.

Il reprit son parapluie, fit demi-tour et s'en alla sans se retourner une seule fois.

Je m'assis à côté du chauffeur et on se mit en route pour Luo Shui, un voyage d'une cinquantaine de kilomètres et cinq heures de voiture. Il faisait encore nuit. Je regardais la pluie froide couler sur la vitre noire et les mots de Gatusa résonnaient dans ma tête – mais où as-tu attrapé ce mauvais caractère ? Oui, où avais-je donc attrapé ce mauvais caractère ? Je repensai à Geko, au mal que je lui avais fait, et à Hong Ling. Mais Hong Ling l'avait bien mérité ! Et Gatusa, qu'est-ce qu'il avait mérité, lui ? Pendant des mois, je n'avais vécu que pour lui, le cœur rempli de joie et de lumière, mes pensées n'aspirant qu'à la beauté. J'avais vécu les moments les plus heureux de ma vie et j'avais accompli tant de choses : je savais lire et écrire parfaitement – à force de lire tous ces livres, juste pour trouver la phrase parfaite, le mot exact pour exprimer l'amour qui chantait dans mon cœur –, j'avais enregistré ma première cassette. Je n'étais plus seule au monde, j'avais trouvé l'âme sœur, j'étais amoureuse... Et puis, en un seul instant, l'instant de rattacher un nom à un visage inconnu, j'avais tout cassé ! Comment avais-je pu faire ça ?

Il ne me vint pas du tout à l'idée que j'avais l'esprit frivole, que j'étais superficielle. Je me faisais de la peine et je m'en voulais aussi, mais surtout j'en voulais à Gatusa. Et puis, au-dessous, juste au-dessous de ma peau, là où la colère me brûlait, il y avait un désir, une faim de quelque chose que je ne reconnaissais pas. Et cette faim, je l'ai encore, et je la connais bien maintenant, tout comme je me reconnais dans ce souvenir d'une nuit, quand je m'accrochais au bord du précipice sur le chemin de Yanyuan, en avançant à quatre pattes dans la boue vers mon rêve, sans prendre garde aux eaux torrentielles au fond de la vallée, sans me rendre compte que si je tombais, je serais perdue à jamais. Non, je n'étais pas superficielle. Mais j'enrageais et, cette rage, je n'en voyais pas la fin.

Je restai comme ça, à broyer du noir, pendant le reste du voyage, sans dire un mot au chauffeur, sans même faire attention au lever du soleil ou à la pluie qui avait cessé, aux cimes toutes blanches des montagnes – jusqu'à ce qu'enfin on atteigne le dernier col, et que le lac Lugu apparaisse devant nos yeux dans sa magnificence éternelle.

Notre lac Mère au bleu éternel, et notre déesse de la Montagne avec sa couronne de nuages. Il n'existait pas de beauté plus pure que celle de mon pays.

Le nuage noir qui recouvrait mon cœur se dissipa. Je voyais déjà ma mère dans ses habits de fête, avec sa longue jupe bleue et sa veste rouge, notre jardin, ma grande sœur qui souriait, les petits Homi, et Jiama, et Howei, et Ache... Je goûtais déjà le thé au beurre. Je sentais déjà la chaleur du feu de bois.

Arrivée à Luo Shui, j'allai présenter mes respects aux vieilles personnes pendant que mes cousins préparaient la barque. Tout le monde était très content de me voir, et très étonné de mes vêtements, de mes cheveux courts, de mes bottes... Il nous fallut ramer pendant une heure et demie, jusqu'à l'autre rive du lac, puis marcher pendant deux heures pour arriver au village. Enfin des enfants parurent pour nous accueillir, mais je ne savais pas qui ils étaient, ou je ne les reconnaissais pas. Ils se tenaient devant moi, en souriant, fascinés, perplexes. Ils savaient que j'étais des leurs et pourtant ils ne pouvaient nier le manque de ressemblance qu'ils constataient de leurs propres yeux.

Ma Ama était seule dans la cour. Elle fendait du bois. Elle me tournait le dos. Je n'osai pas approcher. Je ne voulais pas lui faire un choc. Et puis, j'étais terrifiée. Mes genoux tremblaient, mon cœur battait follement. Qu'allait-elle dire ? Qu'allait-elle faire ? Et qu'allais-je faire, moi ? Je demandai aux enfants d'aller la prévenir que j'étais arrivée. Elle déposa sa hache et se retourna pour me regarder, mais elle ne bougea pas. Elle me sourit. Elle essuya ses mains sur son pantalon en coton.

– Ami, j'ai faim, dis-je la voix cassée.

Ma mère essuya ses yeux.

– Viens ! Rentre dans la maison.

Et elle cria :

– Howei ! Va vite tuer un poulet, Namu a faim. Elle est venue de si loin !

On porta mes valises dans la maison et je sortis mes cadeaux. Avant même d'ouvrir le troisième sac de bonbons, notre maison se remplit de petits enfants, et je donnai tout ce que j'avais. Je donnai ma montre à Howei. Et enfin nous nous assîmes près du feu, tous ensemble. Les choses semblaient tellement simples. Nous étions ensemble, assis autour de l'âtre comme si rien ne s'était jamais passé, et je me dis qu'il ne se passait jamais rien dans mon village.

Cela faisait presque cinq ans que je m'étais sauvée sur le sentier de montagne. Tout me paraissait familier et en même temps étrange, perdu dans le temps, décalé. Pourraient-ils imaginer ce que j'avais vu du monde ? Ou même comprendre à quel point j'avais changé ? Homi et Jiama ne me quittaient pas des yeux, mais ils avaient tellement grandi que je n'arrêtais pas de les regarder moi aussi. Ils allaient à l'école, et Jiama savait déjà lire et écrire, m'informa Ama. Et mon petit frère, Howei, était devenu si bel homme ! Il devait avoir des dizaines de petites amies. Je gardai cette pensée pour moi bien sûr, car ce n'était pas le genre de choses dont on pouvait discuter en famille. Ma Ama avait changé elle aussi, mais elle était tellement heureuse que ça se voyait à peine.

Zhema nous apporta le thé. Elle aussi semblait différente – elle n'avait pas seulement cinq ans de plus, elle avait pris des airs de femme han. Elle était partie, elle aussi, environ un an après moi, pour aller travailler à Yanyuan, et elle était rentrée à la maison pour la même raison que moi, pour passer les fêtes du Nouvel An.

– Les choses ont beaucoup changé ces dernières années, dit Howei comme s'il devinait mes pensées. Il y a même un cinéma maintenant. Ils passent des films de Hong-Kong et des films américains aussi. Tout le monde sait à quoi ressemblent les trains, les avions, les téléphones.

Et Ache, où était Ache ?

Il y eut un silence, puis Ama dit :

– Ache vit dans le village... comme un couple marié. Tu veux un autre bol de thé ?

Je regardai ma mère et mon cœur se serra. Que restait-il de son rêve ?

Après le déjeuner, Ama sortit le vin de Sulima et tous les gens du village, y compris mon frère, vinrent à la maison pour nous rendre visite. Tout le monde était là, sauf Geko.

J'avais apporté avec moi trois albums de photos : Shanghai, Pékin, le conservatoire, l'ambassade du Mexique, Umbalo et moi devant l'hôtel de la Paix, moi au night-club, moi en minijupe – Dujema éclata de rire :

– Ils manquent de tissu à Shanghai ?

J'étais au centre des regards, comme autrefois, et comme autrefois j'étais l'orgueil de ma mère. Elle versait le vin, faisait des plaisanteries, souriait et montrait à tout le monde la belle bague en or que je lui avais offerte.

Quand les invités se retirèrent le soir, j'étais morte de fatigue, à cause du voyage et de toutes les émotions, mais, avant de monter dans ma chambre, je pensai à sortir le café de ma valise et à le ranger sur une étagère dans le garde-manger pour qu'il soit prêt pour mon petit déjeuner le lendemain matin. Je me sentais un peu prétentieuse, mais je vivais dans le monde à présent, et j'avais beaucoup changé. Au petit déjeuner, je préférais le café au thé au beurre.

Le lendemain matin, dans la lumière d'hiver qui coulait

doucement à travers la fenêtre, je me rendis compte que tout était neuf dans ma chambre. Le lit, la petite table de chevet, ma couette. Tout d'abord, je me sentis très émue que ma Ama se soit donné cette peine et qu'elle ait dépensé tout cet argent pour me donner une chambre toute neuve. Et puis, je me dis que c'était tout de même un peu étrange, puisque je n'habitais plus à la maison. Et, tout à coup, ma vieille couette me manqua.

En bas, Zhema prenait le thé avec Ache. J'allai droit au garde-manger pour préparer le café, mais je trouvai la boîte remplie d'eau avec un beau camélia dedans.

– Eh ! Où est passé mon café ?

– Demande à Ama, dit Ache.

Ma mère était dans la porcherie.

– Ami, où est passé mon café ?

– Quel café ?

– Tu sais, le truc noir dans la boîte en fer.

– Oh, ça, je l'ai donné à la truie. Ça a un goût horrible !

Je regardai la truie. Elle grattait et tapait par terre avec ses pattes de devant. Elle avait creusé un gros trou. Puis je regardai ma mère. Elle tenait une cigarette de la main gauche et, de la main droite, elle touillait le lisier de cochon avec un long bout de bambou.

– Qu'est-ce que tu fais, Ami ?

– Hier soir, quand je lui ai donné à manger, elle m'a attrapé le doigt et je crois qu'elle a avalé ma bague.

Je considérai la merde de cochon.

– Tu crois que tu vas la retrouver ?

– J'espère bien. L'or doit être très mauvais pour les cochons. J'ai peur qu'elle tombe malade. Tu vois comment elle est toute bizarre ?

– Je ne crois pas que ce soit à cause de l'or.

La pauvre truie eut effectivement un comportement étrange durant la journée. Elle faisait des bonds soudains, se crispait, creusait des trous. Mais tout finit bien. La truie se remit de la caféine et ma sœur trouva la bague sous l'auge.

J'étais revenue à la maison pour seulement dix jours et tout le monde me traitait comme une invitée d'honneur. On m'invitait à déjeuner tous les midis. Et tous les soirs ma Ama préparait mes plats favoris. Elle me servait la première et me donnait plus qu'aux autres. Pourtant je n'osais pas la regarder dans les yeux et elle évitait les miens. On ne parla pas de ce qui s'était passé, de pourquoi j'étais partie. On ne dit pas qu'on regrettait ce qui s'était passé, qu'on s'était manqué. On ne formula pas d'explication, ni d'excuses, ni de regrets. On ne pardonna pas, on ne jugea pas, on ne promit rien pour l'avenir. On ne dit rien du tout. Pas par indifférence, mais parce que parler ne faisait pas partie de nos habitudes. On ne dit rien, parce qu'on voulait croire que rien de tout ça n'était arrivé, parce que c'était la seule façon de vraiment pardonner. On enterra le passé. On le chassa de nos conversations et de notre mémoire. On se souvint seulement de ce qui aurait dû se passer. Ainsi, on vécut dix jours ensemble, comme si rien n'était jamais arrivé, comme si je n'avais jamais quitté la maison que ma mère avait fait construire pour élever sa famille, où j'étais venue au monde en hurlant, où j'avais brûlé mes petites chaussures rouges et où elle m'avait donné son bracelet.

– Tiens ! Qu'est-ce que tu as fait de ton bracelet ? demanda Ama en remarquant mon poignet nu.

J'hésitai…

– Je l'ai vendu pour aller à Shanghai.

Ama se tut pendant un moment puis elle ajouta :

– Tu crois qu'on pourrait le racheter ?

– Non, Ami, je ne crois pas.

Ma mère hocha la tête et n'en reparla pas. Le bracelet avait disparu dans le vide-mémoire avec la cuisinière cassée et les autres choses dont on ne parlerait pas. Le passé était révolu, elle ne pouvait rien y changer. Tout ce qu'elle pouvait faire, c'était oublier, à petits coups de silence. Un soir, j'allai m'asseoir dans la chambre de Zhema pour parler, pour essayer de faire comme avant. Je voulais tellement que les choses soient comme avant. Mais, justement, c'était comment, « avant » ? Quand je vivais avec mon oncle dans la montagne et que je revenais passer une dizaine de jours à la maison ? Quand j'étais revenue à la maison pour la cérémonie de ma jupe ? Quand j'avais battu Geko ? Quelque chose me revint à l'esprit.

– Zhema, tu sais pourquoi tout est neuf dans ma chambre ?

Zhema fit une grimace. J'insistai :

– Qu'est-ce qui s'est passé ?

– Quand tu es partie, dit-elle enfin, lentement et sans me regarder, les instituteurs sont venus lui raconter ce que tu avais fait... Alors elle a compris que tu ne reviendrais pas. Un jour, elle a pris la hache et elle est allée dans ta chambre. Elle a tout cassé, ton lit, tes tiroirs. Elle a tout jeté par-dessus le balcon. Elle a fait un feu dans la cour. Elle a brûlé toutes tes affaires, même tes habits.

Zhema me regarda, les yeux pleins de larmes. Elle m'avait dit une chose terrible. D'un coup, je revoyais le précipice s'ouvrir devant moi sur le chemin de Yanyuan. J'aurais pu tomber, très facilement, et ma Ama avait voulu effacer toute trace de mon existence.

– Tu comprends ? hoquetait Zhema entre de gros sanglots. Elle croyait qu'elle t'avait perdue.

Je levai les yeux vers ma sœur. J'avais la nausée. J'imaginai ma mère qui brûlait mes affaires, qui cassait mon lit à coups de hache comme j'avais cassé la cuisinière de l'école... Mais qu'est-ce que je croyais ? Est-ce que je croyais vraiment que je pouvais me sauver de la maison et couvrir toute ma famille de honte, et que ma Ama continuerait son petit bonhomme de chemin comme si rien ne s'était passé ? Il fallait bien qu'elle fasse quelque chose !

– Oui, je comprends, dis-je à Zhema.

Le lendemain, quand ma mère me servit les meilleurs morceaux de viande, je ne protestai pas et, quand Zhema me donna une double ration de boudin, nous éclatâmes de rire. Quand mon père vint me rendre visite et me tendit deux petits sacs de musc qu'il avait gardés pour moi pendant toute une année, j'acceptai avec reconnaissance, mes yeux rouges de larmes, mon cœur plein d'amour.

– À Shanghai, tu en tireras un bon prix. Ça t'aidera pour tes études.

Je ne me sentais pas vraiment à l'aise, et je savais que c'était pareil pour eux, et que nous ferions avec. Après tout, j'étais à la maison pour quelques jours seulement. N'était-ce pas plus simple d'être heureux que tout soit fini, que nous puissions nous retrouver toujours, comme ça, assis ensemble autour du feu, à prendre du thé au beurre, à rire, à oublier ce dont nous ne voulions pas nous souvenir ?

Quand le moment de partir arriva, tous les gens du village vinrent à la maison me souhaiter un bon voyage. Tout le monde, sauf Geko. Ils arrivèrent avec des gamelles en bambou remplies des mêmes cadeaux : des œufs durs, du porc salé, du jambon, du blanc de poulet.

« Tiens, c'est pour le voyage. »

Il y avait tellement de gamelles que je m'inquiétai. Selon notre coutume, il faudrait rendre toutes ces boîtes remplies d'autres denrées et, comme je ne pouvais pas manger tout cela, il me faudrait laisser tout le travail à ma mère. Quant à ma Ama, elle me donna un pot de beurre frais et un jambon enveloppé dans de la soie rouge pour le Bouddha vivant et les offrandes au temple. Il ne lui importait pas que le Bouddha vivant, comme tous les saints bouddhiques, soit végétarien.

Ama m'accompagna jusqu'aux rives du lac, en fredonnant des mantras et en comptant les perles de son rosaire de la main droite, une cigarette à la main gauche. De temps en temps, elle s'arrêtait pour me donner des conseils, pour me dire de faire attention à moi, d'essayer de retrouver le bracelet de jade, d'écrire parce que Jiama pourrait lire les lettres, et de revenir bientôt. Tu peux prendre l'avion, c'est plus rapide. Reviens cet été... ou l'hiver prochain...

Mes cousins nous attendaient à côté de la barque. Ils chargèrent mes valises. Je montai dans le canoë et Ache le poussa dans l'eau. Je me retournai pour dire au revoir une dernière fois. Zhema me fit signe. Ama pleurait.

– Reviens bientôt !

Je hochai la tête. Nous savions toutes les deux que je reviendrais toujours. J'agitai la main pour un dernier adieu et je me tournai vers l'autre rive du lac, vers le village de Luo Shui et la route qui menait à la ville, où le monde entier attendait.

Postface
Petit exposé ethnographique et historique

Adieu au lac Mère est tout à la fois un témoignage personnel, un roman, un conte anthropologique et l'histoire d'une rencontre. Ce livre raconte l'enfance et l'adolescence de Yang Erche Namu au pays des Moso, réputés pour leurs coutumes matrilinéaires et leur rejet du mariage. Namu mène aujourd'hui une carrière de top model entre la Chine et les États-Unis. Mais ses nombreuses interviews, ses photos, son book montrent peu ce qu'a d'exceptionnelle son histoire née d'un peuple hors du commun. Tout en revendiquant sa culture moso, Namu s'est construit une autre destinée. En tant qu'anthropologue, mais aussi en tant que femme et amie, je crois lui avoir redonné le sens de ses origines.

Ma propre découverte de la culture moso remonte à 1988, quand Lü Binghong, mon professeur de chinois à l'université de Murdoch en Australie-Occidentale, me proposa de faire des recherches ethnographiques sur une tribu matriarcale des montagnes de la frontière sino-tibétaine. Il avait lui-même découvert les Moso deux années auparavant, au cours de la fabrication d'un documentaire intitulé *Le Pays des filles* – ce même documentaire pour lequel Namu s'était rendue à Pékin quand elle était étudiante au conservatoire de musique de Shanghai. Les Moso, m'expliqua le Pr Lü, pratiquent ce que les ethnologues chinois appellent le

« mariage ambulant », le rendez-vous galant à la dérobée, une coutume selon laquelle les hommes rendent visite à leurs amies la nuit. Chez les Moso, ce sont les femmes qui dominent la société et les filles ont plus de valeur que les fils. Je voulus en savoir davantage. Comme toute étudiante en anthropologie, j'avais appris qu'il n'existe pas de société matriarcale et que ce que l'on entend par matriarcat est en fait le matrilignage – un système de transmission du nom et des biens par l'ascendance des femmes. Car le matriarcat est l'opposé du patriarcat, c'est-à-dire un système politique et social dans lequel les femmes ont des droits et des privilèges que les hommes n'ont pas. Or, le matrilignage ne garantit pas le pouvoir politique. Comme l'avait remarqué un cher vieux professeur : « La différence entre une société matrilinéaire et une société patrilinéaire, c'est que, dans les sociétés matrilinéaires, ce sont les oncles et les frères qui commandent aux femmes, plutôt que les pères et les maris. » Parmi les sociétés matrilinéaires, certaines étaient peut-être égalitaires, mais aucune n'avait encore satisfait aux critères du matriarcat tels que les posait l'anthropologie occidentale. Les coupures de journaux du professeur Lü ne m'avaient pas entièrement convaincue que la société moso était l'exception à la règle, mais elles m'avaient fortement intriguée.

Mes recherches à la bibliothèque me laissèrent perplexe. Je trouvai peu d'informations au sujet des Moso, et ce que je découvris restait sans rapport avec ce dont le Pr Lü m'avait parlé. Les témoignages directs sur les Moso se limitaient à trois écrivains antérieurs à la révolution communiste : les célèbres orientalistes français Jacques Bacot et Édouard Chavannes, et un botaniste explorateur américain du nom de Joseph Rock. Jacques Bacot, le premier dont les écrits aient une véritable valeur scientifique, s'était rendu à Lijiang en 1912, où il avait obtenu une copie de la chronique généalogique des rois moso, déchus depuis déjà deux siècles. De retour à Paris, Bacot avait transmis ce document à

Chavannes, qui l'avait traduit en français et qui en avait perçu très vite la valeur historique. Mais, justement, cette chronique démontrait que les rois de Lijiang étaient en fait des seigneurs féodaux, vassaux de l'empereur de Chine, qui s'étaient succédé de père en fils pendant plusieurs siècles. Ni Bacot ni Chavannes ne faisaient mention de coutumes matriarcales ou même matrilinéaires.

Joseph Rock, quant à lui, avait vécu pendant presque trente ans dans le nord du Yunnan, jusqu'à son expulsion en 1949, après la révolution communiste. Il avait aussi fait un travail immense. Par Rock, j'appris que ceux que le Pr Lü nommait Moso étaient en fait les voisins des Moso décrits par Bacot et Chavannes, et que les « vrais Moso » vivaient dans la région de Yongning, et non pas à Lijiang, où les habitants s'appelaient Naxi (on prononce *nachi*). Pour une raison mystérieuse qui allait intéresser Rock pendant des années, les Chinois avaient donné le même nom de « tribu moso » aux Naxi de Lijiang et aux Moso de Yongning.

« Mais bien sûr ! m'éclaira aussitôt le Pr Lü, car les Moso et les Naxi formaient autrefois une seule tribu, la tribu moso. » Ainsi, paradoxalement, les Naxi et les Moso portaient un nom commun en République populaire de Chine : les Moso ne constituaient pas un groupe national officiel, mais une branche de la nationalité naxi, un des cinquante-six groupes nationaux de l'État socialiste chinois. Autrement dit, les Moso et les Naxi étaient à nouveau considérés comme une seule tribu, à présent sous le nom de Naxi.

Si je restai perplexe sur l'identité exacte des Naxi et des Moso et surtout sur les raisons pour lesquelles ces deux peuples partageaient un même nom, grâce à Rock je découvris néanmoins un trésor d'arcanes historiques et géographiques qu'il avait rassemblées dans un ouvrage monumental intitulé *The Ancient Na-khi Kingdom of Southwest China* (*L'Ancien Royaume naxi de la Chine sud-orientale*). J'appris alors qu'il avait existé au Yunnan du Nord un puissant royaume dont la capitale était Lijiang, qui avait été fondé lors de la conquête mongole de 1253 et annexé en 1723 par l'empereur de Chine. Jusqu'au XIVe siècle, les rois de Lijiang avaient administré un vaste territoire dont Yongning faisait partie. Était-il possible que l'origine du nom commun des Moso et des Naxi remonte à Kubilai Khan ?

À la première moitié du XXe siècle, il ne restait de l'ancien royaume naxi que quelques fiefs croulant sous le joug de petits tyrans, dévastés par le banditisme et l'opium. Seul le territoire de Yongning était à peu près viable. De leur côté, les Naxi de Lijiang avaient été soumis à l'administration confucéenne depuis deux siècles et ils avaient adopté un si grand nombre de coutumes chinoises que Jacques Bacot avait dit d'eux qu'ils étaient désormais identiques aux Chinois. Mais Rock avait mieux perçu que, tout en étant sinisés, les Naxi avaient conservé quelques traditions extraordinaires, et parmi celles-ci leur ancienne religion, le *dongba*, dont les cérémonies étaient transcrites dans une écriture hiéroglyphique inconnue dans le reste de la Chine. Rock était d'avis que le *dongba* trouvait sa source dans le *bön*, la religion qui précéda le bouddhisme au Tibet, et il consacra le restant de sa vie à la traduction des textes de cérémonies naxi. En fait, les Moso avaient eux aussi une tradition religieuse authentique, le *daba*, mais ils ne possédaient ni livres de cérémonies ni hiéroglyphes. Le *daba* était transmis oralement, et Rock en conclut très vite qu'il n'était qu'un parent pauvre du *dongba* naxi.

C'est une grande perte pour l'anthropologie que Rock se fût exclusivement passionné pour la religion naxi, et qu'il ait trouvé peu d'intérêt à la culture moso. Ses traductions des cérémonies naxi restent sans égales aujourd'hui encore, alors que ses observations sur les Moso ne sont que très superficielles. Rock était pourtant un ami fidèle du seigneur de Yongning, avec lequel il avait passé de « nombreux jours de bonheur » et duquel il n'avait à dire que du bien. Mais ses commentaires sur les Moso se résument à quelques remarques acerbes selon lesquelles les femmes étaient propriétaires de leur maison et prenaient des amants comme bon leur semblait, si bien qu'il en résultait un si grand nombre de bâtards que le mot « père » était complètement absent du vocabulaire. Rock attribuait la responsabilité partielle de ce phénomène social au grand nombre de lamas qui vivaient à Yongning et « poursuiv [aient] des activités sexuelles » malgré leur vœu de célibat.

Je découvrirais plus tard que, de leur côté, les Moso ont conservé de très bons souvenirs du Dr Rock, à qui ils attribuent maints gestes de générosité, dont la paternité de nombreux enfants blonds aux yeux bleus. Mais ces histoires ne sont peut-être que des histoires. Rock était un homme imposant, coléreux, imbu de ses opinions, qui ne se déplaçait jamais sans escorte armée et qui faisait transporter sa baignoire personnelle partout où il se rendait ; pourtant, d'après l'auteur de sa biographie, Sylvia Sutton, il nourrissait une timidité quasi maladive envers les femmes…

À l'automne 1990, je fus admise à l'Académie des sciences sociales du Yunnan dans le but de faire des recherches pour un doctorat dont j'avais encore bien des difficultés à définir le sujet. Je n'avais qu'une idée vague et bornée, une volonté d'en apprendre plus sur les Moso. J'avais lu tous les livres de Rock et je n'en savais pas beaucoup plus sur les Moso que ce que j'avais appris dans les coupures de journaux du Pr Lü. Pire, je m'étais rendue à Lijiang pour découvrir qu'il était impossible de voyager plus au nord, car le Pays des filles était interdit aux étrangers. La région est beaucoup trop arriérée, m'avait expliqué un camarade du bureau de la Sécurité publique, il n'y avait pas de route et aucun moyen de garantir la sécurité des « amis étrangers ». Un an plus tard, mes professeurs confirmaient ce que je savais déjà : les chercheurs d'origine non chinoise n'étaient pas autorisés à se rendre à Yongning. Mais ils me proposaient bientôt une solution. L'Académie venait de nommer un jeune homme brillant du nom de Lamu Gatusa – le premier et unique académicien moso. Je pourrais obtenir de lui toutes les informations dont j'avais besoin, et je pourrais aussi étudier la culture naxi avec les spécialistes naxi – puisque, après tout, les Naxi et les Moso ne formaient qu'un seul peuple.

– Vraiment, ils forment une seule ethnie ? demandai-je avec espoir.

– Peut-être que non, répondit Lamu Gatusa, qui m'informa que les Moso avaient transmis une pétition au gouvernement central dans le but de se faire identifier comme « nationalité moso » et de se différencier entièrement des Naxi.

Nous devînmes amis dès notre première rencontre et, comme tous les bons amis, nous parlâmes beaucoup et de toutes sortes de choses – des Moso bien sûr, de leur vie de famille, de leurs coutumes sexuelles extraordinaires, de leurs valeurs morales, de leurs croyances religieuses, et des différences entre eux et les Naxi. En l'espace de quelques semaines, et non sans difficultés, nous avions aussi obtenu la permission de voyager ensemble dans la vallée du Yangtsé Kiang, qui divise les territoires naxi et moso – où les Moso, que les ethnologues chinois décrivent comme une population intermédiaire entre les Moso et les Naxi, ne sont ni matriarcaux ni même matrilinéaires, mais patrilinéaires. Cette première rencontre avec les Moso, la beauté majestueuse de leur pays, la générosité et la chaleur de la famille de Gatusa, sont gravées dans mon cœur et dans ma mémoire pour toujours.

De retour à Kunming, nous nous mîmes au travail : la traduction en anglais des cérémonies daba que nous avions enregistrées à Labei plus celles que Gatusa avait collectées pendant plusieurs années. Et, bien entendu, nous continuâmes nos conversations. Un soir, Gatusa me parla de Yang Erche Namu, une belle chanteuse moso qui vivait à Pékin, et à qui il avait rendu visite quelques mois auparavant. « Nous avons correspondu pendant quelques mois, quand elle était étudiante au conservatoire de Shanghai. » Il éclata de rire, une petite étincelle brillait dans ses yeux noirs. « Elle s'est mariée avec un Américain. Il parle parfaitement chinois. Oh oui, ce mari américain, c'est vraiment quelqu'un ! »

Je me demandai alors si mon chinois serait jamais parfait et si je rencontrerais un jour Namu. Et puis, au fil des mois, je me demandai si Gatusa réaliserait son rêve d'enregistrer et de traduire en chinois le corpus daba dans son intégralité, et combien de cérémonies j'arriverais à traduire du chinois en anglais – car je me consacrais désormais à l'étude de la religion moso.

En faisant l'analyse de la liturgie et du rituel *daba,* j'avais été frappée par des différences qui me paraissaient fondamentales entre les religions naxi et moso, et qui ne faisaient que renforcer certaines idées que j'avais commencé à formuler lors de notre visite à Labei. Je n'étais pas du tout convaincue qu'il soit juste de considérer les Moso de Labei comme une population intermédiaire entre Naxi et Moso. Il me semblait que les Moso de Labei étaient très différents de leurs voisins naxi, même de ceux qui vivaient le plus près d'eux, sur la rive opposée du Yangtsé Kiang. Car les Moso de Labei étaient entièrement moso, à l'exception d'un seul trait culturel : ils étaient patrilinéaires.

Le travail de Gatusa sur le *daba* était absolument inédit. Car, si on avait alors très peu de connaissances sur les Moso, on en avait encore moins sur leur ancienne religion. Joseph Rock avait simplement présumé qu'elle n'était qu'une branche appauvrie de la religion naxi. Quelques décennies plus tard, les ethnologues chinois et d'autres s'étaient rangés au même avis, et ce faisant ils avaient aussi apporté la preuve de l'origine commune des Naxi et des Moso. Pourtant, cette dernière thèse manquait fortement de documentation historique et elle m'apparaissait comme de plus en plus problématique. Car la relation historique entre Naxi et Moso était loin d'être claire. Elle s'appuyait sur des théories et des reconstructions ethno-historiques fondées sur des lectures d'archives incomplètes et sur des preuves corrélationnelles – la linguistique, les coutumes, les généalogies, les religions. Tout était encore à discuter et à explorer, et c'était là un sujet de recherches propre à une thèse de doctorat. Mais c'était aussi, dans les circonstances du moment, un sujet politique que mes professeurs à l'Académie auraient préféré que j'évite. L'idée que, dans des temps historiques, les Naxi et les Moso avaient formé une seule ethnie légitimait la classification officielle des Moso dans la nationalité naxi – et cette classification, les Moso la contestaient.

Mais la curiosité s'était muée en idée fixe, et je consacrai les six années suivantes à résoudre les mystères de l'histoire des Naxi et des Moso. Pendant ces années, il se passa beaucoup de choses – entre autres, en 1992, j'obtins un permis limité pour visiter Yongning et, quelques mois plus tard, le nord du Yunnan était ouvert aux étrangers, sans conditions ; en 1997, j'obtins mon doctorat. Entre-temps, en 1993, le gouvernement chinois avait rejeté les demandes moso pour un changement de statut identitaire et, à San Francisco, j'avais rencontré Yang Erche Namu.

C'est seulement au début de l'an 2000 que Namu me demanda d'écrire son histoire. Elle s'installa à mes côtés, à mon bureau, et elle commença à me raconter son enfance au pays moso. Puis, trois jours par semaine pendant trois mois, elle vint chez moi pour travailler à ce livre, pour me parler, pour répondre à mes questions.

Namu était très consciente de la valeur de son histoire, car elle l'avait déjà racontée à maintes reprises, et elle s'était bâti une réputation en écrivant des livres autobiographiques sur des thèmes plutôt osés en Chine. Nous prîmes ensemble la décision de ne parler que de son enfance et de ne pas aborder sa vie de star. Et puis, l'histoire que Namu me racontait, le rêve acharné d'une petite fille qui voulait voir le monde au-delà de ses belles montagnes enneigées, nous conduisit bientôt à d'autres histoires, évoquées en passant ou pour répondre à mes questions importunes ou insistantes. En l'espace de quelques jours, nos conversations devinrent très intenses, nous conduisant à un véritable travail d'introspection entièrement nouveau pour Namu, et qui nous surprit toutes les deux. Bien que nous connaissant depuis plusieurs années, nous n'avions jamais abordé nos souvenirs d'enfance respectifs. En trois mois, nous avons beaucoup parlé, beaucoup pleuré, car Namu était loin d'avoir eu une enfance idyllique, mais aussi beaucoup ri. Et c'est à partir de toute cette expérience que nous avons composé ensemble les premières moutures d'après lesquelles j'allais écrire *Adieu au lac Mère*.

C'est aussi une aventure linguistique. Car ce récit dont je viens d'achever la traduction en français, ma langue maternelle, je l'ai d'abord écrit en anglais, à la suite de ces longues conversations avec Namu menées principalement en chinois, et cela bien que le chinois et l'anglais soient pour nous deux des deuxième et troisième langues, acquises durant nos vies passées en dehors de nos pays maternels – en Chine, aux États-Unis, en Australie.

Quand Namu quitta San Francisco en mai 2000, elle était prête à me laisser rédiger son histoire comme je le jugerais bon. Elle ne lirait le livre qu'une fois terminé, car c'était là le meilleur moyen pour elle d'en apprécier la valeur et la force. De mon côté, je décidai très vite de donner à cette histoire la forme d'un roman. Je voulais rendre à Namu *son* histoire, et surtout, et cela peut paraître paradoxal, je voulais lui rendre son histoire dans toute sa vérité, pour qu'elle se reconnaisse – qu'elle se découvre même – dans cette petite fille pas comme les autres, dans cette relation mère-fille si difficile, dans cette solitude extrême. Je mis un an à composer ce récit, que j'envoyai à Genève où Namu vivait alors, juste avant de partir moi-même pour la France pour rendre visite à mon père. Quelques jours plus tard, Namu me téléphonait. Elle venait de lire le manuscrit et elle était bouleversée.

L'histoire de Namu ne pouvait être une simple biographie. Elle devait être écrite dans une langue littéraire et belle, à la hauteur de cette histoire merveilleuse, et surtout parce que seule la beauté peut raconter l'innocence. Mais si cette histoire ne devait pas être seulement biographique, elle n'était pas non plus un simple sujet d'ethnographie. Bien que Namu mesurât l'intérêt culturel que son histoire représente, elle pensait que son enfance valait la peine d'être racontée sans pour autant servir d'instrument d'explication de la culture moso. Selon moi, si ce livre s'apparentait à une œuvre littéraire et si Namu en était la narratrice, la culture moso n'aurait pas besoin de traduction, d'explication, d'analyse – elle serait, tout simplement. Pourtant, il était évident que si le texte demeurait sans aucune précision culturelle, le contexte serait incompréhensible ou, au mieux, mal compris des lecteurs. Je pris donc la décision de laisser Namu s'adresser directement au lecteur à l'occasion, pour éclaircir quelques points de détail et pour orienter la lecture du récit. Et, c'est peut-être là aussi un nouveau paradoxe, il me semble que ce récit acquiert une vraie valeur anthropologique du fait même qu'il présente la culture et la société moso de l'intérieur, mais du point de vue d'un personnage marginal.

Du fait qu'il y a encore très peu d'écrits sur les Moso*, que les articles de presse abondent souvent en exagérations et en erreurs, et que les Moso ont assurément quelque chose d'important à enseigner au reste du monde sur notre humanité commune, il me semble important de proposer au lecteur intéressé d'en apprendre plus sur la société et l'his-

* En français : Cai Hua, *Une société sans père ni mari. Les Na de Chine*, Paris, PUF, 1997.

toire des Moso. C'est dans cet esprit que je présente, au cours des pages suivantes, ce petit exposé ethnographique et historique.

La nationalité naxi, à laquelle les Moso appartiennent, comptait à peu près trois cent neuf mille cinq cents personnes en 2000, qui vivent dans le nord-ouest de la province du Yunnan, de chaque côté de la rivière aux Sables d'Or, comme on appelle le Yangtsé Kiang dans cette région. Sur la rive ouest, dans le district autonome naxi, la population est identifiée en tant que naxi. Les Moso habitent plusieurs territoires de la rive est et ils sont trente mille personnes environ. Le Yangtsé Kiang a divisé les Naxi et les Moso pendant plusieurs siècles, au moins à partir de 1381, quand l'empereur des Ming fit de Lijiang et de Yongning deux seigneuries vassales. Cette division administrative entraîna des développements politiques et culturels importants. À Lijiang, les Naxi furent de plus en plus influencés par le confucianisme et la culture chinoise. En particulier, après l'annexion de Lijiang en 1723, sous les Qing, les Naxi participèrent à part entière à la vie politique chinoise, et en 1949 ils étaient à l'avant-garde de la révolution communiste. De leur côté, les Moso étaient orientés vers le Tibet et le bouddhisme tibétain, et ils sont encore aujourd'hui adeptes de l'Église des Bonnets jaunes (*geluk pa*), qui est l'église du Dalaï-lama. Bien que Yongning ait été une seigneurie par décret chinois, les Moso ont vécu très isolés du reste de la Chine jusqu'en 1956, quand l'Armée populaire de libération bouleversa leur monde.

Blotti dans les spectaculaires montagnes du sud de la frontière sino-tibétaine, le pays moso s'étend de la rive est du Yangtsé Kiang, des montagnes et rizières de la vallée de Labei, à la plaine de Yongning, et par-delà le lac Lugu (le lac Mère) dans les territoires de Qiansuo et Zuosuo dans la province du Sichuan. Le lac Lugu se situe donc à deux mille six cents mètres d'altitude. Il est immense et dominé par la montagne sacrée de Gamu, la déesse mère qui veille sur le peuple moso et peut-être aussi sur les touristes et autres visiteurs qui viennent aujourd'hui découvrir le Pays des filles.

La culture moso est plus complexe que les brochures touristiques et les médias ne le laissent entendre. Pour commencer, les Moso ne sont pas les seuls habitants du Pays des filles, mais l'ethnie dominante. Il y a aussi des Pumi, des Lissous, des Yi, des Tibétains, des Naxi et des Han, pour la plupart des paysans, mais aussi des commerçants, qui se sont installés dans les bourgs. Quant aux Moso, ils ne forment pas un groupe culturel strictement homogène, mais plusieurs groupes locaux. Les Moso de Labei, par exemple, dont fait partie la famille de Gatusa, tracent leur généalogie de père en fils et se marient selon une coutume himalayenne dont on retrouve des éléments communs de la Chine occidentale au Ladakh. Jusqu'en 1956, il y avait en fait trois districts moso : la seigneurie de Yongning et les petits territoires de Qiansuo et Zuosuo (d'où vient Namu) qui avaient fait sécession au début du XVIIIe siècle. Aujourd'hui, les Moso restent divisés par la frontière administrative des deux provinces du Yunnan et du Sichuan, car les Moso du Sichuan sont classés dans la nationalité mongole et ceux du Yunnan dans la nationalité naxi.

Pourtant, en dépit de ces différences administratives et territoriales, les Moso se reconnaissent comme tels et partagent un ensemble culturel qui non seulement explique leur identité commune, mais qui les différencie aussi des Mongols et des Naxi. Tous les Moso parlent la même langue, même s'il existe des différences locales. Ils croient aux mêmes dieux, font la même cuisine, chantent les mêmes airs, portent la même tenue vestimentaire. Pour tous les Moso, y compris les Moso patrilinéaires de Labei, la famille authentique moso, ce bloc social fondamental, est une large famille matrilinéaire.

Il va sans dire que, vue de l'autre côté des montagnes, cette famille moso ne peut que paraître fascinante. Les Moso ont la réputation d'être un peuple unique au monde, le seul à croire que le mariage détruit les familles. En fait, certaines formes de mariage ont probablement toujours existé dans la société moso et, depuis la révolution, les familles sont de plus en plus diversifiées, pourtant les mariages officiels et les familles nucléaires restent minoritaires. Hors des montagnes de Labei où les Moso sont donc patrilinéaires, la famille idéale est un groupe d'individus apparentés par la lignée maternelle – grands-mères, oncles maternels, mères, sœurs, filles, fils, petits-enfants, nièces et neveux, cousins. Au cœur de cette famille, il n'y a pas de couple mari et femme ou père et mère, mais des frères et sœurs, des mères et des oncles maternels. La famille idéale ne doit pas se diviser, la propriété est commune et l'héritage passe simplement d'une génération à la suivante quand les filles succèdent à leur mère et à leurs oncles dans la maison familiale. En fait, c'est surtout autour du lac que se trouvent les grandes familles matrilinéaires. Il arrive parfois que les membres d'une même famille se brouillent, et qu'un fils ou une fille fonde son propre foyer, comme l'a fait Latso, la mère de Namu. Il peut aussi arriver qu'une famille devienne trop nombreuse, ou qu'au contraire elle n'ait pas de filles ni de fils. Selon la tradition, les Moso règlent ce genre de problèmes par l'adoption, l'échange d'enfants ou la cohabitation sexuelle. Mais comme l'anthropologue Shih Chuan-kang l'a noté*, chez les Moso matrilinéaires, même la cohabitation sexuelle ressemble plus à une forme d'adoption qu'au mariage, car elle ne concerne que l'individu et sa belle-famille. De fait, les

* « Tisese and its anthropological significance. Issues around the visiting sexual system among the Moso », *L'Homme*, n° 154-155, 2000, p. 697-712.

conjoints peuvent mettre un terme à leur relation, demeurer « frère » et « sœur » et prendre librement des amants.

Dans une famille matrilinéaire, les relations sexuelles entre les personnes apparentées par la lignée maternelle sont formellement interdites – une règle de conduite qui est symbolisée par le fait que, dans la maison moso, seules les femmes ont leur chambre particulière, la *babahuago* – la chambre des fleurs. Les personnes âgées et les enfants de moins de treize ans dorment dans la pièce principale, autour du feu, ou dans des lits en alcôve. Les hommes sont supposés coucher chez leurs amies. La tradition moso exige non seulement que les hommes ne couchent pas sous le même toit que leurs sœurs, elle interdit également toute allusion à la sexualité dans la maison familiale, y compris les plaisanteries et les chansons d'amour. Avant la révolution communiste, les fêtes traditionnelles et les danses fournissaient des occasions de rencontre et d'ébats sous les étoiles, mais les relations dans le cadre du foyer familial doivent rester discrètes. Les amants sont libres de passer du temps ensemble en compagnie de leur famille respective, et ils sont libres d'avoir des relations amoureuses aussi longtemps qu'ils le désirent, mais ils ne parleront pas ouvertement de leur relation devant les membres de leur famille du sexe opposé, ni même devant leurs propres enfants. Ces règles de comportement sont tellement strictes que, avant la révolution communiste, il n'était pas rare qu'on apprenne indirectement qui était son père, et même qu'on ne l'apprenne jamais. Et bien que les Moso aient deux mots qui signifient père, *abo* et *ada*, on s'adresse au père par le mot *awu*, qui signifie simplement « oncle ».

Les ethnologues chinois appellent la coutume de la visite plus ou moins fortuite ou ostensible le « mariage ambulant », un terme dérivé du mot moso *sese*, qui veut dire « marcher » au sens propre et « rendre visite » au sens figuré. Mais les *sese* n'ont pas grand-chose à voir avec le mariage. Ces relations peuvent être d'ordre strictement privé, et d'ordinaire de courte durée, ou elles peuvent être plus stables et reconnues, mais elles n'impliquent ni promesses, ni vœux, ni l'alliance de deux familles, ni la responsabilité commune des enfants, ni même la fidélité sexuelle. Bien sûr, il peut y avoir chez les Moso, comme partout, des jaloux et des cœurs brisés. Mais le code moral réprime les comportements négatifs et décourage les scènes de jalousie ou de désespoir amoureux. Bien que cela arrive, un amant déchu qui ne sait pas se contrôler devient alors très vite ridicule. Seuls le désir mutuel et l'affection doivent décider de la durée des relations amoureuses. Tant et si bien que les premiers fonctionnaires chinois qui découvrirent les Moso dans les années cinquante furent abasourdis par le nombre d'amants que femmes et hommes disaient avoir eu, et cela sans aucun complexe apparent.

En fait, du point de vue moso, ces échanges renforcent la stabilité de la cellule familiale. Car, en présumant que les relations sexuelles ne sont pas durables, les Moso limitent les rapports amoureux aux heures de repos, et ils ne permettent pas que l'amour s'immisce dans la vie économique de la famille ou qu'il concurrence les liens entre frères et sœurs et mère et enfants, qui sont au cœur des relations de la vie de famille.

L'organisation traditionnelle de l'économie domestique reflète ce modèle sexuel. Pour en parler très simplement, le travail des femmes est centré sur la maison et celui des hommes sur le monde extérieur. Les femmes cultivent les champs alentour, font la cuisine et servent la nourriture tandis que les hommes bâtissent les maisons, emmènent les animaux paître dans les montagnes, font du commerce et du troc et rapportent à la maison argent ou denrées. De même, les femmes et les hommes ont la charge de sphères religieuses différentes. Les femmes offrent les libations aux divinités domestiques et aux ancêtres, tandis que les hommes participent aux cultes organisés comme le bouddhisme ou le *daba* (bien qu'il soit fort probable que les femmes aient eu un rôle actif dans cette tradition à une époque antérieure). Il est aussi important de souligner que, selon les circonstances et les familles, les rôles domestiques ne sont pas toujours strictement répartis, et au cours des dix dernières années la société moso a énormément changé. Le rôle des femmes a rapidement évolué sous l'influence de l'économie de marché et de la scolarisation. Aujourd'hui, les femmes comme les hommes participent à l'industrie locale du tourisme, et les filles aussi bien que les fils partent en ville chercher du travail à l'usine pour rapporter de l'argent à la maison.

Il n'est pas simple de juger du statut social des femmes dans la société moso. L'étiquette sociale met en valeur l'âge plutôt que le sexe des personnes et la société exige le respect de tous les gens âgés (femmes et hommes). Pour autant, une femme âgée qui est *dabu* (la maîtresse officielle de la maison) n'a pas une autorité absolue sur les membres de sa famille, car la famille modèle est une unité démocratique où tous les adultes ont droit à la parole et participent aux décisions. D'un autre côté, la division du travail et des cultes religieux est conforme aux règles de ségrégation qui séparent les frères et les sœurs. On peut considérer que ces rôles sont complémentaires plutôt que hiérarchiques : les oncles maternels sont doués pour le commerce extérieur, et les mères et les filles pour le travail domestique et agricole. Ces rôles ne sont pas plus valorisants les uns que les autres, ils sont également nécessaires. D'un point de vue occidental, pourtant, on ne peut s'empêcher de noter que les femmes fournissent un travail manuel apparemment disproportionné, et que les hommes acquièrent un certain prestige par le savoir que leur donnent leurs occupations dans le monde extérieur, tel leur rôle au sein de l'institution bouddhiste auquel les femmes n'ont pas accès. Mais il ne faut pas oublier que, dans une société agraire et une société de clan, le travail des champs et l'organisation de l'économie domestique sont plus que fondamentaux.

Contrairement à ce qu'en disent les médias, la société moso n'est certainement pas gouvernée par les femmes. Avant la révolution communiste, le pays moso était régi par des seigneurs féodaux qui se succédaient de père en fils. Et s'il est important de noter que les femmes pouvaient, elles aussi, occuper des postes importants dans l'administration du territoire (ce qui démontre l'égalité des sexes dans la société traditionnelle), il faut ajouter que ces postes leur revenaient parce qu'elles faisaient partie de l'aristocratie et non pas parce qu'elles étaient des femmes. Aujourd'hui, l'administration moso est presque entièrement dominée par les hommes. Bien qu'il n'y ait pas de règles qui empêchent les femmes de participer à la vie politique, ce sont les organes du gouvernement chinois qui nomment les cadres et les chefs de village. Et, tout comme il y a quelques siècles l'empereur de Chine avait imposé aux seigneurs moso le mariage et la succession par la lignée paternelle, les responsables chinois exigent aujourd'hui que les responsables moso soient des hommes mariés. Bien entendu, les familles moso restent en majorité unies par le lien maternel, mais cela fait de la société moso une société matrilinéaire et non pas un matriarcat.

Mais, si la société moso n'est pas matriarcale, elle n'en est pas moins remarquable. Dans de nombreuses sociétés, y compris les sociétés dites patriarcales, les femmes ont souvent beaucoup plus de pouvoir que les conventions sociales voudraient le laisser croire. On parle ainsi de « maîtresses femmes », et il est certain que de tout temps des femmes intelligentes, belles, fortes de caractère, ou simplement ambitieuses et rusées, ont su obtenir des pouvoirs sur les hommes, alors que d'autres ont tyrannisé leur famille et leur mari. Mais les femmes moso n'usurpent pas un pouvoir dont la société aurait investi les hommes. Elles sont des chefs de famille légitimes, et aussi les responsables de la fortune de la famille, les copropriétaires de la maison familiale, les gardiennes du culte des ancêtres et de leur lignée. Elles ont enfin des droits impensables dans de nombreux endroits au monde et le libre choix dans le domaine de la sexualité. Il ne fait pas de doute que le système des « mariages ambulants » fait des Moso un peuple extraordinaire. Car ils ont résolu le problème universel du désir sexuel et de la réconciliation entre l'amour et la nécessité d'assurer la continuation de la lignée et la vie économique de la famille.

Les anthropologues, et en particulier Claude Lévi-Strauss, ont démontré que le mariage est une forme d'échange à travers laquelle les lignées, les noms de famille, les biens, la propriété et d'autres formes de privilèges et de marques de statut social sont actualisés et légitimés. Autrement dit, c'est par l'échange des femmes et le mariage que les sociétés traditionnelles établissent les rapports sociaux et politiques. Doit-on en conclure que l'exception moso prouve que le mariage n'est pas une condition nécessaire à la société ? Peut-être. Mais il faut alors nuancer cette réponse.

Il est certain que le mariage, quelle que soit sa pratique, exige des accommodements. Dans les sociétés patrilinéaires et patriarcales, le mariage aurait tendance à sacrifier l'amour, et certainement la liberté sexuelle (et, plus généralement encore, la liberté sexuelle féminine). Dans les cas extrêmes, le statut et la légitimation des patrilignages dépendent tout entiers de la maîtrise sans partage du comportement sexuel féminin – une exigence à laquelle les femmes ne se plient pas par simple penchant naturel. Ce type de société œuvre pour le contrôle de la sexualité féminine à travers diverses formes d'exclusions sociale, religieuse, politique et économique, auxquelles peuvent s'ajouter des mesures symboliques, telles, parmi les plus controversées : les petits pieds, l'excision, le sacrifice des veuves, la burka…

En ce qui concerne le mariage moderne, qui est fondé sur l'idéal de l'amour, de la compatibilité sexuelle et de l'égalité des conjoints plutôt que sur les intérêts des lignées et de la propriété, ce sont l'équilibre économique et l'unité de la famille qui risquent d'éclater. Comme les statistiques du divorce en témoignent, l'amour sexuel est un bel idéal mais une base fragile pour établir des mariages durables. Et, dans nombre de mariages heureux, l'amour du début a fait place à une simple bonne entente, alors que d'autres durent par habitude, par attachement au confort matériel, et pour d'autres raisons qui n'ont pas grand-chose à voir avec l'idéal de la passion amoureuse.

Les Moso ont fait un choix culturel atypique : ils n'ont sacrifié ni la liberté sexuelle, ni l'amour, ni la sécurité économique de leur famille, ni même la continuation de leur lignée. Ils ont simplement abandonné le mariage. Ils y ont gagné une société où le nécessaire vital (la nourriture, l'affection, la propriété et la descendance) est un droit de naissance obtenu par le lien le plus évident possible et qui n'est autre que le lien maternel. Et il est intéressant de remarquer que les hommes se disent aussi satisfaits que les femmes de ce système de filiation qui les libère de la responsabilité d'assurer une descendance, parce que, avec de nombreuses sœurs à la maison, les familles moso sont presque certaines de pouvoir engendrer une nouvelle génération.

Les représentants moso sont d'avis que cette coutume est le meilleur moyen d'établir le bonheur et l'harmonie. Les coutumes de visite, disent-ils, conservent l'innocence et la joie dans les rapports entre hommes et femmes, et les gens qui vivent dans des familles matrilinéaires ne se disputent pas comme les gens mariés. On peut les croire, car de nombreux Moso ont fait l'expérience du mariage sous la pression des autorités communistes, et la plupart l'ont abandonné. Mais les Moso sont conscients des attributs positifs de leur culture parce qu'ils ont eu plus d'une occasion de réfléchir à ses avantages – ce que les autorités communistes manquèrent absolument de faire. Pour ces derniers, la coutume moso n'était qu'un mode féodal arriéré qui n'était pas compatible avec l'idéal socialiste.

Sans doute les seigneurs féodaux firent-ils de leur mieux pour encourager le système de famille matrilinéaire. On trouve aujourd'hui les grandes familles maternelles dans les centres politiques de l'ancienne seigneurie et non pas dans les montagnes de Labei. Durant la période féodale, les hommes rendaient visite aux femmes et, mise à part la lignée des seigneurs, toutes les familles, y compris les familles aristocratiques, tenaient compte de leur lignée maternelle. En fait, les seigneurs de Yongning perpétuaient ces coutumes par de nombreux moyens : les proverbes et les chansons folkloriques qui prônaient les avantages et la vertu morale de la famille matrilinéaire et indivisible ; le parrainage des cultes rendus à la déesse de la Montagne et à d'autres divinités féminines ; les taxes et les corvées imposées aux maisons sans tenir compte du nombre de personnes par famille, et qui encourageaient les familles à rester unies sous un même toit.

Il est aussi possible que d'autres éléments de nature systématique doivent être pris en compte, car le fait que les hommes fassent du commerce sur de longs parcours et qu'ils s'absentent pendant de très longues périodes rendait la fidélité sexuelle difficile et laissait, logiquement, la responsabilité du travail des champs et de l'économie domestique aux femmes. Enfin, si le bouddhisme ne contribuait pas directement à ce système, il y était certainement adapté. Dans l'ancienne société féodale, toutes les familles moso, qu'elles appartiennent à la classe des aristocrates, des vilains ou des serfs, étaient tenues d'envoyer un fils étudier les écritures bouddhistes au Tibet. On estimait en 1956 qu'un cinquième des hommes moso étaient des lamas qui avaient fait vœu de célibat, mais, comme Rock l'avait noté, sans pour autant faire vœu de chasteté. On peut donc avancer soit que les coutumes de visite se conformaient aux exigences de la société bouddhiste, soit que le bouddhisme était adapté aux exigences de la coutume du pays. Le fait que les Moso de la seigneurie de Zuosuo ne se soient pas convertis au bouddhisme (ils étaient des adeptes de la religion *bön*), mais qu'ils pratiquaient eux aussi les coutumes de visite, corrobore plutôt cette dernière hypothèse.

Mais, même si on accepte que le système féodal entretenait la culture moso, il reste bien des choses à comprendre : entre autres, pourquoi les seigneurs moso seraient-ils les seuls au Yunnan du Nord à avoir adopté un système matrilinéaire ? Serait-il possible que le système matrilinéaire ait une origine plus ancienne, qui remonte aux origines mêmes de la tribu moso ?

Le nom « Moso » apparaît dans les documents écrits à partir du VIIe siècle, mais ces archives sont très incomplètes et parfois obscures, car truffées de détails contradictoires. Il est aussi très difficile de faire le rapport entre les Moso et les Naxi contemporains et cet ancien nom de tribu « moso ». Bien que ce nom soit associé aux peuples de la région de Lijiang et Yongning depuis plusieurs siècles, il fait aujourd'hui offense aux Naxi, qui le rejettent catégoriquement, alors que les Moso le revendiquent pour se différencier des Naxi. Car ni les anciens manuscrits naxi ni les légendes et les cérémonies moso ne mentionnent ce nom. Le nom traditionnel des Naxi *et* des Moso est formé du mot *na* qui signifie « noir » auquel sont ajoutés les suffixes *xi, ri, zi,* qui signifient tous « personne » et dont les variantes sont dues à des différences de dialecte. Autrement dit, dans le langage traditionnel, les Moso s'autodésignent en tant que *Nari,* qui signifie « personnes noires », et qui renvoie non seulement aux Naxi de Lijiang mais aussi à leurs autres voisins, les Yi des Monts Liangshan, dont le nom de tribu est *Nosu* et a la même signification. Il est pour ainsi dire certain que le mot *na* découle d'un ancien système de caste qui partageait les diverses tribus de la Chine occidentale entre les Noirs et les Blancs.

Si on laisse de côté le nom Moso, l'ensemble des documents historiques, ajoutés à l'analyse de la tradition orale et à l'analyse linguistique, suggèrent que les origines des Naxi et des Moso ne remontent ni à une seule et ancienne tribu moso ni à deux peuples différents, mais plutôt à plusieurs peuples arrivés au Yunnan dans des circonstances et à des périodes diverses. Les Moso et les Naxi comptent parmi leurs ancêtres les Qiang, les Tibétains, les Mongols, et des tribus autochtones parmi lesquelles on compte une tribu moso. Non seulement les peuples du Yunnan subirent plusieurs invasions, mais ils se firent la guerre pendant des siècles – entre les conquêtes de territoire, les razzias et les vendettas, les tribus se dispersaient, se regroupaient sous la bannière d'une fédération tribale qui portait le nom de la tribu ou du chef dominants, ou sous la bannière d'un royaume, ou bien sûr d'un empire. Les vaincus étaient réduits en esclavage, contraints à la corvée ou au service militaire, ou bien ils étaient forcés de payer un tribut à un seigneur féodal. Les documents historiques citent de nombreux noms de tribus qui ont maintenant complètement disparu. À une époque aussi récente que le XVIe siècle, les témoignages écrits confirment que le Yunnan septentrional était habité par des tribus diverses et rebelles, que les seigneurs féodaux s'acharnaient à pacifier pour les soumettre à l'impôt et à la corvée.

C'est précisément dans ce contexte de guerres tribales qu'il faut comprendre l'intérêt porté par les seigneurs de Yongning aux coutumes de visite. Les rapports politiques des tribus du Yunnan étaient conditionnés par les alliances que les différents chefs entretenaient par le mariage. Le mariage était, comme partout ailleurs, à la base de la cohésion sociale, et surtout de la capacité militaire des tribus. Les mariages regroupaient les clans et les obligeaient à la défense commune. On comprend que les seigneurs de Yongning, dont le pouvoir dépendait du contrôle politique des tribus, aient trouvé avantage à interdire le mariage. Vue sous cet angle, même si la société moso demeure l'exception qui prouve que le mariage n'est pas une condition nécessaire à la société humaine, elle confirme la thèse de Lévi-Strauss sur un point fondamental : dans les sociétés primitives, le mariage est une condition et une dynamique à caractère essentiellement culturel et politique.

En 1956, les Moso et les Naxi étaient deux peuples avec des coutumes bien distinctes qui ne partageaient ni territoire, ni langue, ni religion – même si les historiens chinois les avaient confondus sous un même nom de tribu depuis des siècles et que les communistes allaient les catégoriser comme un seul groupe national. On ne peut douter que bon nombre d'éléments culturels et linguistiques qui différencient aujourd'hui les Moso et les Naxi remontent aux seigneurs féodaux qui s'efforcèrent d'imposer des lois et des coutumes aux générations précédentes. Mais, même si cette analyse est juste, elle n'explique pas entièrement le particularisme moso. Après tout, les seigneurs de Lijiang avaient les mêmes problèmes politiques que les seigneurs de Yongning et, s'ils réduisirent le mariage à l'alliance obligatoire avec la cousine paternelle (une forme d'alliance rare dans le monde en raison de ses limitations politiques), ils n'abolirent pas le mariage. Enfin, cette analyse ne tient pas compte d'autres données historiques importantes.

Sur les deux rives du Yangtsé Kiang, les seigneurs de Yongning et de Lijiang se disaient être les descendants d'un officier de Kubilai Khan, arrivé au Yunnan durant la conquête mongole du XIIIe siècle. Pourtant, même s'ils revendiquaient un passé mongol, la chronique familiale des seigneurs moso et celle des seigneurs naxi restent bien distinctes. Entre autres choses, la généalogie des seigneurs de

Lijiang indique une succession de père en fils conforme à un système de filiation patrilinéaire dès la conquête mongole, alors que la généalogie des seigneurs de Yongning indique des successions plutôt désordonnées, qui passent aussi souvent d'un frère à un autre et d'un oncle au neveu que de père en fils. Ce n'est qu'au XVIIIe siècle, suite à l'édit impérial qui imposait la primogéniture et la succession patrilinéaire, que les noms des épouses apparaissent dans la chronique moso. Les anthropologues (déjà mentionnés) Shih Chuankang et Cai Hua sont d'avis que les seigneurs moso se succédèrent d'oncle maternel à neveu, c'est-à-dire par la lignée maternelle, jusqu'à cette époque. J'ai également conclu, sur d'autres bases de recherche que les leurs, beaucoup trop compliquées pour cet exposé, à l'ascendance maternelle des seigneurs moso, et surtout j'ai relevé que les Moso peuvent légitimement revendiquer un passé remarquable et plus ancien que la conquête mongole*. Yongning, en effet, est situé à la frontière méridionale d'un ancien royaume des tribus Qiang que les chroniques impériales de la dynastie des Sui (581-618) et des Tang (618-907) appelaient le Royaume des femmes (*Nü guo*). Ce royaume était bien un matriarcat. Les documents chinois contiennent des détails très précis sur son emplacement géographique, nommant les rivières, les fleuves, les villes, les frontières territoriales, et ils fournissent aussi des informations sur l'organisation économique et politique. Le Royaume des femmes était gouverné par des reines et un Conseil d'État où siégeaient exclusivement des femmes ministres. D'après les chroniqueurs chinois, les hommes étaient peu estimés car ils portaient le nom de leur mère, cultivaient la terre et faisaient la guerre. Enfin, on apprend dans ces documents les noms de plusieurs reines

* Christine Mathieu, *A History and Anthropological Study of the Ancient Kingdoms of the Sino-Tibetan Borderland – Naxi and Mosuo*, Lewiston, Edwin Mellen Press, 2003.

qui payèrent le tribut à l'empereur de Chine, et parmi lesquels on trouve le nom Ngue, qui n'est autre que celui de l'aristocratie de Yongning et qui n'existe pas chez les Naxi de Lijiang.

Comme je l'avais affirmé au Pr Lü plusieurs années auparavant, l'anthropologie ne croit pas au matriarcat. Elle croit plutôt qu'il existe de nombreux mythes sur ce sujet – parmi lesquels on doit bien ranger le communisme primitif proposé par Engels dans son *Origine de la famille.* Mais le Royaume des femmes n'est pas un mythe. C'était un État parmi d'autres dont les chroniques chinoises ont conservé la mémoire. Après les guerres sino-tibétaines du IXe siècle qui ébranlèrent le contrôle des empereurs Tang sur les frontières occidentales, les archives chinoises ne parlent plus du Royaume des femmes. Il est possible que le royaume ait été détruit dès cette époque à la suite des nombreux conflits, mais il est tout aussi possible que les chroniques chinoises n'en fassent plus mention simplement parce que la relation de vasselage avec la Chine était rompue. Certains indices suggèrent que les Ngue s'installèrent dans la région de Yongning vers la fin de la dynastie des Tang (902). Il va sans dire que le Royaume des femmes n'explique pas seulement les différences culturelles entre les Moso et leurs voisins, y compris les Naxi, mais il démontre l'existence du matriarcat pour l'anthropologie.

À la fin des années quatre-vingt, les Moso étaient pratiquement inconnus en dehors de la Chine occidentale et ce pour plusieurs raisons, dont l'isolement géographique, mais aussi parce que, après la révolution, les Moso n'avaient pas de nom à eux. Ils étaient simplement reconnus comme Naxi. L'éloignement est un aspect important du pays moso car nul n'a besoin de s'aventurer trop loin en dehors des sentiers battus pour découvrir des villages pittoresques sans eau courante ni électricité, et qui dépendent du troc et du transport à dos de cheval. Parmi ces hautes montagnes, où les produits de consommation et les infrastructures modernes sont visiblement absents, l'illusion de revenir au passé est pour ainsi dire parfaite. On a l'impression que l'Histoire elle-même s'est arrêtée. Mais les apparences sont trompeuses. Car les Moso n'ont jamais été complètement coupés du monde extérieur, ni entièrement à l'abri des grands bouleversements historiques qui ont secoué la frontière sino-tibétaine au cours des siècles, et ils ne sont pas restés en marge de la libéralisation et de la mondialisation de l'économie.

Tant de choses ont changé depuis la révolution de 1949. Tant de choses ont changé pour la Chine, mais aussi pour les Moso. Alors que la Chine s'est urbanisée, qu'elle s'est enrichie et ouverte au reste du monde, les nouvelles de la culture moso se sont répandues au-delà du Yunnan, dans le reste du pays, et enfin dans le monde entier. Aujourd'hui, les journalistes et les cinéastes étrangers peuvent parcourir le pays moso en toute liberté, et même les ethnologues occidentaux peuvent désormais faire des recherches sur le terrain et vivre chez l'habitant aussi longtemps que leur visa les y autorise. En 2001, l'ethnologue américaine Eileen Walsh a été la première à achever une thèse de doctorat reposant entièrement sur une résidence à long terme, et à rejoindre ainsi les deux spécialistes d'origine chinoise Shih Chuan-kang et Cai Hua, dont les études sur le terrain avaient été parrainées par des universités américaine et française. Mais la grande majorité des visiteurs au pays moso ne sont pas des anthropologues ou des journalistes. Ce sont les touristes chinois et étrangers qui se rendent à Yongning par milliers et qui se font de plus en plus nombreux chaque année. La plupart ne restent que quelques jours, juste le temps de regarder, de faire un petit tour à dos de cheval, de ramer sur le lac, de chanter et de danser autour des feux de camp, et bien sûr de s'interroger sur ce que peut être la vie dans une société sans père ni mari, où l'amour est libre et où les femmes font la loi – et d'y voir là exotisme, innocence ou libertinage, suivant les dispositions de chacun vis-à-vis de la sexualité et de la morale.

En dix ans, le Yunnan est devenu une des destinations touristiques les plus prisées de Chine, et le tourisme a entraîné une évolution fulgurante des modes de vie, créant un véritable gouffre entre ceux qui ont la chance de profiter de cette manne économique et les autres. À Yongning, en dépit des efforts pour étendre les bénéfices de la nouvelle industrie aux moins fortunés, le tourisme reste largement concentré autour du village de Luo Shui, sur la rive ouest du lac, où des familles travailleuses et commerçantes ont ouvert des auberges confortables. Depuis quelques années, le niveau de vie de Luo Shui ne cesse de s'améliorer, et de nombreuses familles disposent à présent non seulement de l'eau courante, de postes de télévision, de machines à laver et du téléphone, mais aussi d'économies sur leur compte en banque – et ce confort matériel contraste avec une grande partie du pays moso.

Mais, alors que leur pays continue de s'ouvrir au monde extérieur, certains se demandent combien de temps encore le mode de vie moso pourra perdurer, et c'est là une ironie du sort, puisque maintenant le pouvoir central laisse les Moso vivre leur vie. Aujourd'hui, presque tous les enfants vont à l'école (même si beaucoup n'y restent pas) où ils suivent le programme chinois, où ils apprennent à penser au-delà de la langue et de la culture moso, au-delà aussi du travail agricole et peut-être de la grande famille maternelle. Dans les villages les plus retirés, les jeunes partent pour trouver du travail en ville, et certains finiront par y rester. Dans les communautés les plus riches, où les dollars du tourisme achètent des postes de télévision, les jeunes ont accès à un monde que leurs aînés n'auraient jamais pu imaginer.

On rencontre très peu de gens au pays moso qui ne pensent pas que le tourisme est le meilleur moyen d'améliorer le niveau de vie. Mais le tourisme peut-il seul suffire au développement économique à long terme et, entre autres choses, à arrêter l'émigration des jeunes vers les villes ? S'il ne le peut pas, alors que faire ? Et s'il le peut, quel sera le prix de ce développement ?

La tradition moso serait en voie de disparition selon certains médias, et le tourisme contribuerait à ces changements radicaux. En réalité, l'industrie du matrilignage rend la modernisation dépendante du passé et de la préservation culturelle. À cela, on doit ajouter que, depuis la révolution communiste, les coutumes de visite et la famille maternelle ont acquis une valeur qui dépasse les valeurs de marché, car ces dernières symbolisent à présent ce qu'il y a de meilleur dans la tradition, et le point de ralliement de l'identité moso. Et cela ne fait que renforcer la volonté des responsables moso de préserver leur culture. Les Moso disent souvent que le futur est derrière nous et que le passé est devant nous. Ils signalent par là que le passé est ce que l'on connaît, et donc qu'il est bien devant nos yeux, alors que le futur est derrière nous parce qu'on ne peut le voir. Cela me fait penser à ces images sacrées de serpents qui se mordent la queue, et qui nouent ainsi le commencement et la fin, dans un geste de régénération éternelle. Cela m'évoque enfin la force de ce système de famille qui au cours des siècles a surmonté les épreuves de l'Histoire, le génie unique de ce peuple qui a fait de la liberté d'aimer le gardien de son bonheur collectif. Un peuple qui danse aujourd'hui autour des feux de camp, bras dessus, bras dessous avec les visiteurs curieux.

Christine Mathieu

Le mot de la fin

J'ai depuis longtemps compris que ma vie sortait de l'ordinaire. Durant mon enfance au village et, plus tard, quand je suis partie pour Shanghai, Pékin, puis les États-Unis et l'Europe, j'ai toujours été consciente d'être différente des autres – différente de ma famille, de mon peuple aussi. Mais j'ai également toujours su que je portais en moi un trésor, le trésor de ma naissance au Pays des filles. Bien que j'aie choisi de faire ma vie en Occident, il n'y a que mon pays qui puisse me rendre cette paix intérieure que je ne trouve nulle part ailleurs, aussi loin que je puisse voyager. Je crois que j'ai toujours été consciente de cela, mais ce n'est qu'en travaillant sur ce livre avec Christine Mathieu que j'ai pu enfin trouver les mots pour exprimer mes sentiments, et pour m'expliquer aux autres. Après plusieurs années d'amitié, j'ai découvert que je pouvais me confier à Christine comme je ne l'avais jamais fait avec personne. Elle avait visité mon pays ; elle avait marché sur nos sentiers de montagne, bu notre thé au beurre salé. Elle s'était même assise dans notre maison à Zuosuo, aux côtés de ma mère. Surtout, elle pouvait donner un sens à mes souvenirs et à mes sentiments confus. Et, bien que j'aie déjà écrit sur ma vie et raconté mon histoire dans de nombreuses interviews pour les médias chinois, je n'avais fait qu'effleurer mon existence. J'ai passé trois mois à San

Francisco avec Christine, à lui raconter mon histoire. Nous avons parlé de tous les petits et grands événements de ma vie, et nous avons exploré ensemble tous les souvenirs, visuels et sensoriels, que je pouvais convoquer, si bien que j'ai fini par faire beaucoup plus que parler du passé, je l'ai revécu, et ce faisant j'ai redécouvert des sentiments et des incidents que je m'étais efforcée d'oublier, il y a très longtemps. Nos conversations étaient souvent douloureuses, mais parfois aussi très drôles, et elles étaient presque toujours surprenantes. Cette expérience de réflexion, d'exploration de la mémoire, était entièrement nouvelle pour moi. C'était comme si je voyais ma mère, mon village, que je me percevais tout entière dans une lumière complètement neuve, comme si nous nous rencontrions pour la première fois. Je découvrais là une profondeur et je me comprenais enfin.

Une année a passé et j'ai désormais lu le manuscrit final. Je ne m'attendais pas à ce récit de mon enfance, à voir autant de moi-même dans ces paroles anglaises, dans cette histoire racontée à travers l'imagination d'une autre. Pourtant c'est bien moi, celle que j'étais et celle que je suis, et c'est une belle histoire triste et pleine d'espoir. J'ai du mal à donner libre cours à mes émotions. Je n'ai pas pu laisser le manuscrit à Genève où je l'ai reçu, je l'ai emporté avec moi en Italie, et puis à Pékin, et enfin au lac Lugu où j'écris ces lignes, et où je me suis rendue pour voir ma mère, pour passer trois semaines dans mon village. C'est ma visite la plus longue depuis que je suis partie en colère, il y a si longtemps. Je suis assise près de l'âtre sur le sol en terre battue de la cuisine, et je relis le manuscrit. Le bois est humide à cause de la pluie tombée la nuit passée, et la fumée remplit la pièce, ce qui me donne une excuse parfaite pour laisser couler les larmes de mes yeux brûlants. J'ai toujours eu tellement de mal à pleurer, j'en étais pour ainsi dire incapable, mais, là, je ne peux plus m'arrêter !

Par la fenêtre, je vois ma mère qui donne à manger à la truie. Elle lui fait une caresse. Le visage de cette vieille dame est doux et tendre. C'est comme si elle était enveloppée de bonheur, et je me dis qu'elle est enfin en paix avec elle-même. Et, comme si elle avait entendu mes pensées, elle se retourne et regarde par-dessus son épaule. Ses yeux rencontrent les miens et elle sourit – une boule de feu me heurte la poitrine. Je lui rends son sourire et mes larmes coulent sur une autre page de ma vie.

J'ai très tôt compris que c'est mon passé qui a fait mon présent. J'ai toujours été à part, toujours différente. Je ne peux qu'espérer que mon histoire puisse apporter quelque chose de valeur à tous ceux qui se sont sentis hors normes, et espérer pouvoir servir d'ambassadrice à mon peuple pour lui donner la fierté et la confiance qu'il mérite.

Namu
Lac Lugu
Novembre 2001

Remerciements

Nous exprimons notre reconnaissance à notre agent, Richard Balkin, et à notre éditeur chez Little, Brown, Deborah Baker, pour l'enthousiasme, le travail et le soutien qui ont rendu cette aventure possible. Nous remercions aussi Eileen Walsh, Thoralf Stenvold pour leurs encouragements et leur soutien; Sandra Steele, Cassis Lumb, Harley Blakeman et Lisa Cody pour leur lecture du manuscrit en plusieurs étapes, et Paola Zuin et Matt Forney pour avoir transmis les messages entre San Francisco, Genève et Pékin. Pour la version française du texte, nous remercions Sylvie Gillet, éditrice, pour avoir cru à ce livre, Cathy Colin pour sa relecture très sensible et ses suggestions, et Axelle Sery et Frédéric Batistelli pour leurs commentaires sur le manuscrit.

Table

Photocomposition *CMB* Graphic
44800 Saint-Herblain

Impression réalisée
par Bussière
pour le compte des Éditions Calmann-Lévy
31, rue de Fleurus, 75006 Paris
en janvier 2005

Imprimé en France
Dépôt légal : février 2005.
N° d'édition : 13840/01. – N° d'impression : 050186/4.